VERRÜCKTE **WELT**

Titel der Originalausgabe: Back to Sanity

Herausgegeben von Hay House (UK) Ltd., 2012
Hay-House-Rundfunksendungen unter: www.hayhouseradio.com

Steve Taylor: Verrückte Welt
Projektmanagement:
Marianne Nentwig
© J. Kamphausen Verlag &
Distribution GmbH, Bielefeld 2013
info@j-kamphausen.de

Übersetzung: Ulrich Magin
Lektorat: Hendrik Bönisch
Umschlaggestaltung
und Satz: Wilfried Klei
Druck & Verarbeitung:
Westermann Druck Zwickau

www.weltinnenraum.de

1. Auflage 2013

Bibliografische Information der Deutschen Nationalbibliothek
Die Deutsche Nationalbibliothek verzeichnet diese
Publikation in der Deutschen Nationalbibliografie;
detaillierte bibliografische Daten sind im Internet
über **http://dnb.d-nb.de** abrufbar.

ISBN Printausgabe: 978-3-89901-703-8
ISBN E-Book: 978-3-89901-778-6

Dieses Buch wurde auf 100 % Altpapier gedruckt und ist alterungsbeständig.
Weitere Informationen hierzu finden Sie unter www.weltinnenraum.de

STEVE TAYLOR

VERRÜCKTE WELT

Zurück zu Harmonie und mentaler Gesundheit

Aus dem Englischen von Ulrich Magin

Für Bill,

der hoffentlich noch eine

bessere Welt erlebt.

Einleitung 9

TEIL 1: DIE VERRÜCKTHEIT DER MENSCHEN

1. Die Verrücktheit, dass wir außerhalb unserer selbst leben 17
2. Die Zerrissenheit des Egos – *Humanie* 33
3. Die subtilen Auswirkungen der *Humanie* 55
4. Die Verrücktheit der Anderswoseins 67
5. Die Verrücktheit des unablässigen Wünschens 83
6. Kollektive Verrücktheit 97
7. Das zerbrechliche Selbst 115
8. Vom Ursprung der *Humanie* 135

TEIL 2: ZURÜCK ZU HARMONIE UND GESUNDHEIT

9. Das Erleben der Harmonie des Seins 155
10. Nach innen gehen 173
11. Innere Harmonie schaffen 197
12. Ein neues Selbst, eine neue Welt 223

Über den Autor 241

EINLEITUNG

Seit die Europäer im 16. Jahrhundert damit begannen, die Welt zu erforschen und zu kolonisieren, haben sie mit Neugier die „eingeborenen" Völker beobachtet und Berichte über ihre Kultur verfasst. Noch heute reisen moderne Anthropologen regelmäßig in abgelegene Ecken der Welt, um Völker zu studieren und zu beschreiben, die noch nicht in Kontakt mit der globalisierten Welt gekommen sind und noch immer ihr traditionelles Leben führen.

Aber wie verhält es sich umgekehrt? Was hielten die eingeborenen Völker von den „entwickelten" Menschen, die sie studierten und deren Kultur sie schließlich unterjochte? Oder, um es abstrakter zu sagen: Was würde ein Mitglied eines isolierten Volkes wohl in einer anthropologischen Studie über uns sagen?

Carl Gustav Jung traf 1932 in New Mexico auf den Indianerhäuptling Mountain Lake. Als Jung ihn nach seiner Meinung über die Europäer fragte, die sein Land erobert hatten, war seine Einschätzung vernichtend: „Die Weißen wollen immer etwas. Sie sind immer unruhig und rastlos. Wir wissen nicht, was sie wollen. Wir verstehen sie nicht. Wir denken, dass sie verrückt sind."

Andere Eingeborene waren ebenso verblüfft wie Mountain Lake. Viele hielten die europäische Gier nach Besitz für eine Art des Wahnsinns. Sitting Bull, der Häuptling der Sioux, meinte: „Die Liebe zum Besitztum ist eine ihrer Krankheiten. ... Sie beanspruchen unsere Mutter, die Erde, für sich und bauen Zäune gegen ihre Nachbarn."

In gleicher Weise schockierte sie der europäische Mangel an Verbundenheit mit und Ehrfurcht vor der Natur. Einer der scharfsinnigsten Beobachter in Bezug auf die Unterschiede zwischen der europäischen und indianischen Weltsicht, der Häuptling Luther Standing Bear, schrieb:

Der Glaube der Indianer suchte nach dem Einklang zwischen dem Menschen und seiner Umwelt, der andere wollte seine Umwelt beherrschen ... Für [den Indianer] war die Welt voll Schönheit, für [den Weißen] ein Ort der Sünde und Hässlichkeit, die er ertragen musste, bis er in eine bessere Welt kam.
(Chief Luther Standing Bear, 2011)

Anders ausgedrückt: Eingeborene glauben, dass etwas mit uns nicht stimmt, dass wir sogar wahnsinnig sind. Ein eingeborener Anthropologe, der unsere Geschichte erforscht, würde wohl zahllose weitere Indizien dafür entdecken: Tausende von Jahren fortdauernder Kriege, eine gewaltige Unausgewogenenheit bei der Verteilung von Wohlstand und Macht, die brutale Unterdrückung der Frau, anderer Klassen und Kasten, schier endlose Brutalität, Gewalt und Gier – und dann, in den jüngsten Jahrzehnten, die selbstmörderische Zerstörung der Ökosysteme unseres Heimatplaneten. Er oder sie würde ebenfalls die gewaltige Ungleichheit untersuchen, die heute die Welt zunichtemacht, in der die drei reichsten Menschen mehr besitzen als die 48 ärmsten Länder zusammen und in der fast 800 Millionen Menschen an Unterernährung leiden und gleichzeitig Millionen Menschen fett sind, weil sie viel zu viel essen.

Was könnte verrückter sein?

Unsere psychische Störung

Dieses Buch ist mein Versuch, diese Verrücktheit des Menschen zu begreifen. Warum können wir nicht in Einklang miteinander, mit der Natur oder zumindest mit uns selbst leben? Warum liest sich die Geschichte der Menschheit wie eine endlose, enttäuschende Saga von Krieg, Konflikt und Unterdrückung? Was treibt uns an, unsere Umwelt und damit uns selbst als Spezies zu zerstören? Oder, auf einer psychischen Ebene, warum leiden wir ununterbrochen unter der Rastlosigkeit und dem Unbehagen, von dem Mountain Lake sprach? Was bringt viele von uns dazu, immer größere Berge an Vermögen, Status und Erfolg anzuhäufen, ohne einen Beweis dafür, dass diese uns zufrieden und glücklich machen? Warum empfinden wir, wenn wir unsere Ziele erst einmal erreicht haben, nur für so kurze Zeit Genugtuung, um dann doch wieder rastlos nach noch größeren Zielen zu streben?

Unser Grundproblem, so behaupte ich in diesem Buch, besteht darin, dass mit unserem Geist tatsächlich etwas nicht stimmt. Wir leiden an einer grundlegenden geistigen Störung, die unser dysfunktionales Verhalten erzeugt, und zwar sowohl als Individuen als auch als Spezies. Wir sind alle leicht irre – aber weil dieser Irrsinn ein uns wesenhafter ist, bemerken wir ihn nicht. Ich nenne diese Störung *„Humanie"*. (Manchmal bezeichne ich sie aber auch als „Ego-Verrücktheit", weil es sich – wie wir später noch sehen werden – um das Ergebnis einer Fehlfunktion und einer Fehlentwicklung des Egos handelt. Mit Ego meine ich unser Gefühl, ein „Ich" in einer eigenen geistigen Sphäre zu sein, ein „Selbst-System", das uns das Gefühl vermittelt, als Individuum zu existieren, mit eigenen Gedanken und Erfahrungen.)

Das *Diagnostic and Statistical Manual of Mental Disorders* oder *DSM*, das grundlegende Handbuch für amerikanische Psychiater, definiert eine psychische oder geistige Störung als ein „klinisch relevantes Verhaltensmuster oder psychologisches Syndrom, das mit Belastung einhergeht … oder mit einem signifikant gesteigerten Leidensrisiko".

Humanie ist so allgegenwärtig und wird als so gegeben hingenommen, dass sie nicht als klinisch relevant betrachtet wird, dennoch erzeugt sie Stress und Leiden. Das heißt, dass unser gewöhnlicher Geisteszustand einer der Zerrissenheit ist. Die erste der edlen Wahrheiten des Buddhismus lautet, dass „Leben ist Leiden" – und dieses innere Leiden beginnt in unserem Geist. Dieses innere Leiden – oder diese Zerrissenheit, wie ich sie nenne – ist für uns so normal geworden, dass wir es nicht einmal mehr bemerken, so wie ein Hintergrundgeräusch, an das wir uns so gewöhnt haben, dass wir es nicht mehr wahrnehmen. Und doch hat es massive Auswirkungen. Es bedeutet, dass wir unsere Aufmerksamkeit beständig auf unsere Außenwelt richten und unser Leben permanent mit Aktivitäten und Ablenkungen vollstopfen müssen, wie

Süchtige, die immer neue Dosen einer Droge brauchen. Dieses Leiden verhindert, dass wir zufrieden sind, und stiftet Zwietracht in unseren Beziehungen. Es treibt uns an, Erfüllung und Wohlbefinden außerhalb von uns selbst zu suchen, in Reichtum, Erfolg und Macht. Es ist sogar verantwortlich für die Konflikte, die Unterdrückung und Brutalität, an denen die Geschichte der Menschheit so reich ist. Die Gründe dafür erläutere ich später.

Doch trotz dieser zerstörerischen Auswirkungen ist die *Humanie* weder tief in uns verwurzelt noch unauflösbar. Sie existiert tatsächlich nur in einer Oberflächenschicht unseres Geistes. Wir alle kennen die Augenblicke, in denen unsere gewöhnliche innere Zerrissenheit verblasst und wir plötzlich ein Gefühl der Einfachheit, des Wohlbefindens und der Harmonie spüren. In solchen Augenblicken sind wir von dem Druck befreit, ständig beschäftigt zu sein, von dem Bedürfnis, stimuliert zu werden oder Besitz anzuhäufen – wir ruhen in uns und im gegenwärtigen Augenblick.

Diese Augenblicke des „harmonischen Seins" – wie ich sie nenne – ereignen sich gewöhnlich, wenn wir uns ruhig und entspannt fühlen und wenn uns Stille umgibt, beispielsweise wenn wir durch die Natur wandern, uns in aller Ruhe handwerklich betätigen, Musik hören oder machen, nach einer Meditation, nach Yoga oder nach dem Sex. Das Geschwätz in unserem Geist, das uns unentwegt umgibt, verstummt. Jetzt fühlen wir uns nicht länger abgetrennt, sondern mit uns selbst, unserer Umgebung oder unseren Mitmenschen in einem natürlichen Fluss verbunden. In solchen Augenblicken werden wir – zumindest für eine kurze Zeit – geistig gesund.

Diese Harmonie und Gesundheit tragen wir jedoch *immer* in uns, in der gleichen Weise, wie der große, stille Ozean beständig unter dem lauten Toben der Wogen ruht. Das Problem liegt darin, dass uns die oberflächliche Zerrissenheit unseres Geistes den Zugang dazu verstellt. Statt in uns zu gehen und die Harmonie unseres essenziellen Wesens zu erfahren, werden wir aus uns herausgezwungen, hinein in Ablenkungen und Aktivitäten. Wir sind nicht imstande, im gegenwärtigen Augenblick zu leben, unfähig, zufrieden zu sein.

Was dieses Buch will

Dieses Buch verfolgt zwei Ziele. Als Erstes untersuchen wir unsere psychische Störung, wir forschen nach ihren Symptomen und versuchen, die Ursachen zu verstehen, ungefähr so wie ein Arzt, der eine Krankheit untersucht und diagnostiziert. Wir betrachten die unterschiedlichen Arten des verrückten Verhaltens, die uns als menschliche Wesen ausmachen: zuerst unser pathologisches Verhalten als Individuen, etwa unsere ununterbrochene Aktivität und Ablenkung, den Materialismus und das Streben nach Status, dann unser kollektives pathologisches Verhalten, wie beispielsweise Krieg, Umweltzerstörung und dogmatische Religion. Dann nehmen wir unter die Lupe, wie die *Humanie* all diese Verhaltensweisen verursacht. Dieser Abschnitt des Buchs wirkt vermutlich manchmal recht trostlos. Bedenken Sie aber, dass man eine Krankheit notwendigerweise in allen Einzelheiten betrachten muss, um sie behandeln und heilen zu können.

Diese Heilung bildet die zweite Zielsetzung dieses Buchs. In den letzten vier Kapiteln werden wir untersuchen, wie wir unsere innere Zerrissenheit transzendieren können. Ich schlage verschiedene Methoden und Lebensweisen vor – ebenso wie ein paar praktische Übungen –, die uns helfen werden, unseren verwirrten Geist zu heilen und einen harmonischeren inneren Zustand zu erzeugen, damit wir endlich beginnen können, in uns selbst zu leben und in der Gegenwart. So können wir den Zustand echter Gesundheit erreichen.

Wenn Sie weder Glück noch Erfüllung finden, wenn Sie sich verwirrt fühlen, von Sorgen geplagt werden, verbittert oder voller Selbstvorwürfe sind, wenn Sie denken, das Leben sei so voller Leiden, dass (wie ein Freund kürzlich zu mir meinte) es besser wäre, nie geboren worden zu sein – dann mag Sie die Tatsache etwas trösten, dass es sich größtenteils nur um die Symptome eines psychischen Zustandes handelt – und dass dieser Zustand geheilt werden kann.

Es geht aber nicht nur darum, unser Leben zu verbessern oder zufriedenere Individuen zu werden, es geht letzten Endes darum, dass unsere Verrücktheit es uns unmöglich macht, in einer angemessenen und nachhaltigen Weise auf der Erde zu leben. Wie viele Eingeborenenvölker bereits festgestellt haben, steht am Ende unserer chronischen Rastlosigkeit und unseres zügellosen Materialismus die Selbstzerstörung. Wir können nur dann im Einklang mit unserer Erde, anderen Spezies und miteinander leben, wenn wir in der Lage sind, im Einklang mit uns selbst zu leben.

Teil 1
Die Verrücktheit der Menschen

KAPITEL 1

Die Verrücktheit, dass wir außerhalb unserer selbst leben

In gewisser Weise sind diejenigen von uns, die in den reichen Ländern der Welt wohnen – in Europa oder Nordamerika zum Beispiel –, die glücklichsten, die je gelebt haben. Noch vor wenigen Generationen lag die durchschnittliche Lebenserwartung zwischen 30 und 40 Jahren. Fast ein Drittel aller Menschen starb, bevor es das Erwachsenenalter erreicht hatte. Und die, die das schafften, führten ein Leben in bitterer Armut, sie litten und starben an Hunger und Kälte und vielen Krankheiten und Gesundheitsproblemen, die heute praktisch alle ausgerottet sind: ständige Zahnschmerzen (im 19. Jahrhundert litt ein Drittel der Menschheit darunter), Skorbut, Pocken, Tuberkulose und so weiter. Versagten die Augen, war man zu einem Leben mit einer verschwommenen oder eingetrübten Sicht verdammt, brach man sich einen Knochen, blieb man den Rest seines Lebens ein Krüppel. Steckten sich Kinder mit den Masern oder Tuberkulose an, dann starben sie mit großer Wahrscheinlichkeit daran.

Aber jetzt, im ersten Jahrzehnt des 21. Jahrhunderts, sind wir diese Sorgen größtenteils los. Unsere Lebenserwartung ist dramatisch gestiegen – in einigen Ländern auf 80 Jahre – und die meisten von uns verbringen diese zusätzlichen Jahrzehnte in relativem Luxus. Unsere Häuser sind geheizt, wir haben Nahrungsmittel im Schrank und können erstaunlich effektive Ärzte aufsuchen (zumindest in Europa und Kanada – die USA liegen bedauerlicherweise in dieser Hinsicht zurück).

Man kann sogar sagen, dass wir die ersten *freien* Menschen sind. Die meisten von uns sind im *materiellen* Sinne frei – frei von dem physischen Kampf, im Angesicht von Armut und Hunger am Leben zu bleiben. Wir sind ebenfalls in einem *gesellschaftlichen* Sinne frei – frei im Hinblick darauf, dass wir nicht mehr an die soziale Nische gebunden sind, in die wir hineingeboren wurden. Wir sind keine Bauern mehr, die kaum über den Rand ihres Dorfes hinauskommen, in dem sie geboren wurden. Wir besitzen einen hohen Grad an sozialer Mobilität. Man könnte sogar sagen, dass wir intellektuell frei sind: Waren Bildung und Wissen noch vor wenigen Jahrhunderten das Privileg einer winzigen Minderheit, sind sie nun für fast alle von uns erreichbar.

Wir sollten eigentlich die glücklichsten Menschen sein, die je gelebt haben. Wir sollten uns freuen, denn wir haben die Freiheit, das Vermögen und die Gesundheit erlangt, von denen unsere Vorfahren nur träumen konnten.

Aber so ist es natürlich nicht. Tatsächlich sind wir vermutlich *weniger* glücklich als unsere Vorfahren. Unsere Freiheit ist nicht der erwartete Segen geworden. Wir verbringen unsere zusätzlichen Jahrzehnte nicht in einem Zustand des Frohlockens. Viele von uns leiden an unterschiedlichen Formen psychischer Probleme, etwa Depressionen, Drogenmissbrauch oder Essstörungen, oder zumindest unter einer gewissen Lebensangst, Langeweile oder Unzufriedenheit. Es fühlt sich an, als „stimme etwas einfach nicht“. Wir empfinden unsere Freiheit als Last und lenken uns in unserer Freizeit beispielsweise mit Fernsehen ab.

Der Psychologe Abraham Maslow zeigte, dass unsere menschlichen Bedürfnisse hierarchisch geordnet sind. Wir haben bestimmte Grundbedürfnisse, die zuerst gestillt werden müssen, bevor wir nach den höheren streben können. Wir müssen also zuerst Essen und ein Dach über dem Kopf haben, bevor wir überhaupt daran denken können, höhere Bedürfnisse wie Liebe oder Selbstwert zu befriedigen. Das hat allerdings auch eine Schattenseite: Sobald wir erst einmal unsere grundlegenden physischen Bedürfnisse gestillt haben, stoßen wir auf emotionale und psychische Probleme, die uns vorher gar nicht bewusst waren. Wir waren zu stark mit dem Überleben beschäftigt, um unsere psychische Zerrissenheit zu bemerken – und diese bildet das größte Hindernis für unser Glück.

Es scheint so, als könnten wir nicht mit uns selbst leben. Nachdem wir jahrhundertelang unsere Aufmerksamkeit auf die Außenwelt konzentriert haben, stechen wir in ein Hornissennest – jetzt, da wir den Blick nach innen wenden und uns selbst betrachten.

Die Verrücktheit der Zerstreuung

Sie kommen von der Arbeit nach Hause und öffnen die Tür. Der Tag ist stressig gewesen, jetzt wirkt die Ruhe und Leere Ihres Heimes fast ein wenig ungemütlich. Also schalten Sie als Erstes das Radio an. Dann bereiten Sie sich ein paar Häppchen zu und setzen sich an den Tisch. Obwohl das Radio läuft, fühlt es sich an, als ob etwas fehle; es fühlt sich irgendwie nicht richtig an, einfach nur dazusitzen und zu essen, durch das Fenster auf die Straße oder den Garten hinter dem Haus zu schauen. Sie spüren, dass Sie Ihre Aufmerksamkeit auf etwas richten müssen. Etwas in Ihnen drängt Sie dazu, Ihre *Aufmerksamkeit ganz in etwas zu versenken*. Deshalb greifen Sie nach einer Zeitschrift und blättern sie beim Essen durch.

Dieser Drang, unsere Aufmerksamkeit ganz auf die äußeren Dinge zu richten, ist so instinktiv, dass wir uns dessen kaum bewusst sind. Unsere Aufmerksamkeit ist wie ein Lichtstrahl, der immer auf ein Objekt der Außenwelt gerichtet sein muss. Ist sie nicht völlig auf etwas konzentriert, dann fühlen wir uns unbehaglich. Wir spüren einen Mangel. Wann immer also unsere Aufmerksamkeit nicht auf ein Ziel fokussiert ist, durchforsten wir unsere Umgebung, ob wir nicht doch noch einen „Aufhänger" für sie finden – ein Buch, eine Zeitung, das Fernsehen oder das Internet.

Natürlich erleben wir diesen Drang, unsere Aufmerksamkeit auf etwas zu richten, oft auch ganz offenkundig. Wenn Sie nicht genug Geld haben, um abends auszugehen, sitzen Sie zu Hause fest und langweilen sich. Die Vorstellung, einfach nur daheim zu sein und nichts zu tun, ist schlichtweg unvorstellbar – das würde Ihre Laune nur noch verschlechtern. Und schließlich fühlen Sie sich deprimiert. Deshalb rufen Sie einen Freund an, um mal zu quatschen, oder schauen den Rest des Abends eine DVD und schreiben E-Mails.

Oder Sie befinden sich auf einer langen Bahnfahrt: Wieder einmal schlagen Sie die Zeit damit tot, einfach nur aus dem Fenster zu schauen und können nichts anderes tun. Schnell fühlen Sie sich unbehaglich. Vielleicht fangen Sie nun an, sich über alles Sorgen zu machen – dass der Zug Verspätung haben könnte, dass Ihr Geschäftstermin eine Katastrophe wird oder, ganz allgemein, dass Ihre Beziehung zu Ihrem Partner auch nicht gerade ideal ist. Also stellen Sie sicher, dass Sie genug zu tun haben und sich genug ablenken, damit Ihr Geist beschäftigt bleibt – Sie greifen zu einem Buch, einer Zeitung, Ihrem Notebook oder Smartphone. Das trifft auf jede Situation zu, in der wir Zeit vor uns haben, die nicht ausgefüllt ist – im Wartezimmer eines Arztes beispielsweise.

Deshalb ist das Fernsehen so beliebt: Es ist ein sehr effektiver „Aufhänger" für unsere Aufmerksamkeit, eine der besten bislang bekannten Methoden, um unsere Aufmerksamkeit auf etwas außerhalb von uns selbst zu konzentrieren. Der durchschnittliche US-Amerikaner sieht pro Woche 28 Stunden fern – er verbringt also vier Stunden am Tag außerhalb seiner selbst und versenkt sich in die alternative Wirklichkeit der Sendungen.

Ich will das Fernsehen nicht verdammen. Viele der Sendungen sind in der Tat amüsant oder regen zum Denken an. Jeder sieht aus einem anderen Grund fern, und der gleiche Mensch hat zu unterschiedlichen Gelegenheiten ganz verschiedene Beweggründe fernzusehen. Er will zum Beispiel informiert oder unterhalten werden. Dennoch besteht kein Zweifel daran, dass unser Hauptgrund, den Fernseher anzuschalten, der ist, dass wir aus uns selbst herausgeholt werden wollen.

Würden wir denn wirklich jede Woche 30 Stunden damit verbringen, in die alternative Welt der Fernsehserien einzutauchen – oder in andere alternative Wirklichkeiten wie etwa Computerspiele –, wenn wir mit *unserer* Realität wirklich zufrieden wären?

Die Verrücktheit der Aktivität

Viele von uns hegen und pflegen die Vorstellung, dass wir irgendwann einmal die Zeit haben werden, uns zurückzulehnen und *nichts* zu tun. Wir haben jahrelang hart gearbeitet, sind endlich zufrieden mit dem Wohlstand oder dem Status, den wir erreicht haben, und fühlen uns nun dazu berechtigt, uns auszuruhen und die Früchte unserer Arbeit zu genießen.

Aber in der Regel funktioniert das wieder mal nicht so. Wir sind auf Aktivität mindestens ebenso stark angewiesen wie auf die Zerstreuungen, die uns etwa das Fernsehen bietet. Wir sind aktiv, um uns auf andere Weise ständig auf etwas in der Außenwelt zu konzentrieren.

Kurz nach meinem Universitätsabschluss nahm ich einen befristeten Job in der Pensionsabteilung einer Baufirma an. Damals verrichtete ich zwar jede Menge öder Jobs, aber das war mit Sicherheit der allerödeste. Ich saß in einem winzigen Zimmer voller Regale, die vollgestopft waren mit Dutzenden von Kartons mit alten Pensionsformularen – eines für jeden ehemaligen Mitarbeiter der Firma. Meine Aufgabe war nun, all diese Formulare alphabetisch zu sortieren. Es gab Abertausende. Ich brauchte zwei ganze Monate.

Einer meiner Kollegen war ein älterer Mitarbeiter namens Jimmy. Als ich ihn fragte, wie lange er schon in der Firma arbeitete, antwortete er: „Erst seit ein paar Monaten. Ich komme auch von einer Zeitarbeitsfirma. Ich bin jetzt 66 Jahre alt und wurde vor einem Jahr bei meinem eigentlichen Job pensioniert. Ich arbeitete bei einer Versicherung."

„Warum haben Sie die Stelle so kurz nach Ihrer Pensionierung angetreten?"

„Es war schwer für mich, einfach nichts zu tun", antwortete er mir. „Ich mag es, wenn ich beschäftigt bin."

Das verblüffte mich damals. Warum sollte jemand, der endlich dem Hamsterrad der Büroarbeit entkommen war, freiwillig zurückkehren, selbst wenn er das finanziell gar nicht nötig hatte? Ich an seiner Stelle hätte lange geschlafen, Bücher gelesen, wäre spazieren gegangen oder hätte mir ein Hobby gesucht. Aber er hatte sich dafür entschieden, wieder den ganzen Tag in einem muffigen Büro zu verbringen.

Ein Freund erzählte mir vor kurzem, wie es war, als er eine Zeitlang wieder bei seinen Eltern wohnte, nachdem er sich von seiner Partnerin getrennt hatte. Er wunderte sich, warum seine Mutter das Haus jeden Tag von oben bis unten putzte, selbst wenn er nicht einmal das winzigste Staubkörnchen entdecken konnte. Sie saugte jeden Teppich, wischte überall Staub. Dabei war seine Mutter nicht einmal Hausfrau – nachmittags arbeitete sie halbtags. Aber ihre Arbeit begann eben erst zur Mittagszeit und sie genoss es, vorher etwas Hausarbeit zu erledigen.

„Warum putzt du denn *schon wieder*?“, fragte er sie eines Morgens. „Es ist doch gar nicht nötig.“

„Nun, *dir* gefällt es vielleicht, faul rumzuliegen und nichts zu tun“, entgegnete sie, „aber ich bin gern beschäftigt.“

Ich vermute, dass jeder von uns ähnliche Geschichten erzählen könnte. Die meisten von uns wollen nicht untätig sein, wollen nicht unverplante Zeit vor sich haben, deshalb suchen wir nach etwas, womit wir sie ausfüllen können. Davon kann manches sinnvoll und notwendig sein, anderes nicht.

In dieser Hinsicht ist der Begriff des „menschlichen Daseins“ eigentlich die falsche Bezeichnung. Eine der Haupteigenschaften des Menschen ist es, dass er nicht einfach nur *sein* kann. Wenn überhaupt, geht es uns um „menschliches *Handeln*“. Ein eingeborener Anthropologe würde uns im Scherz vielleicht als „die Wesen, die nicht nichts tun können“ bezeichnen oder vielleicht als „die Wesen, die einfach nicht mit sich selbst allein sein können“.

Die Gefahren des Nichtstuns

Ich möchte diesen Drang, der uns „beschäftigt hält“, nicht herabsetzen. Wir haben ja gar keine andere Wahl. Wir müssen hart daran arbeiten, damit unsere Aufmerksamkeit auf etwas außerhalb von uns selbst gerichtet bleibt. Tun wir das nicht, können wir mit negativen Konsequenzen rechnen.

Ich kannte mal eine Frau, die keinen einzigen Augenblick lang stillhalten konnte. Blieb sie auch nur für ein paar Sekunden mit sich selbst allein, ohne ihre Aufmerksamkeit auf irgendetwas lenken zu können, fühlte sie sich unwohl. Sie konnte sich nicht ruhig irgendwo hinsetzen. Selbst wenn der Fernseher lief, konnte sie nicht stillsitzen. Sie las nie ein Buch oder die Zeitung und hörte nur sehr selten Musik. All das waren viel zu gemächliche Tätigkeiten für sie. Sie konnten ihre Aufmerksamkeit nicht stark genug in Anspruch nehmen.

Sie übte jedoch einen anstrengenden Beruf als Lehrerin aus und während der Schulzeit hatte sie weniger Schwierigkeiten. Sie verfügte nur über wenig Freizeit und konnte diese einfach füllen, hauptsächlich indem sie shoppen ging oder Freunde traf. Ihre wahren Probleme begannen in den Ferien – die zwölf Wochen des Jahres, in denen sie nicht genug beschäftigt war. Dann verzweifelte sie. Man sah es in ihren Augen: ein panischer und verwirrter Blick, wie ein Kind, das sich verlaufen hat. Aktivität war für sie so lebensnotwendig wie Sauerstoff. Ohne acht Stunden Arbeit am Tag ging sie zugrunde. Sie versuchte, sich mit Shoppingtouren, Ausflügen und Besuchen bei Freunden auf Trab zu halten, aber das reichte nie aus. Sie wurde übellaunig und aggressiv und praktisch jedes Mal wurde sie innerhalb weniger Tage krank, gewöhnlich eine Erkältung oder Halsentzündung. So als säße ein Ungeheuer in ihr, das ihr immer dann Unbehagen und Furcht bereitete, wenn sie sich nicht auf das Außen konzentrieren konnte.

Das ist natürlich ein extremes Beispiel; dennoch stellt es in unterschiedlich starker Ausprägung eine Eigenschaft von uns allen dar. Wir alle leiden, wenn wir zu lange mit uns selbst allein sind.

Als großer Musikfan – und ehemaliger professioneller Musiker – fand ich es schon immer sehr interessant, dass Popmusiker so oft Opfer von Drogen und Alkohol oder anderen psychischen Problemen werden. Praktisch alle wichtigen Popmusiker der letzten vierzig Jahre hatten in ihrer Karriere einmal Drogen- oder Alkoholprobleme, einige ernster als andere: Elvis, Jimi Hendrix, Jim Morrison, Janis Joplin, Eric Clapton, Elton John, David Bowie, Kurt Cobain, Michael Jackson, Whitney Houston, Amy Winehouse und Tausende andere, die nicht so berühmt wurden. Einige hatten Glück und schafften den Entzug, andere starben an den Folgen ihres Drogenmissbrauchs. Man trifft nur selten auf einen Popmusiker – besonders aus den 1970ern und 1980ern –, der keine Probleme mit Kokain, Heroin, Alkohol oder einer anderen Droge hatte.

Für diesen Hang zum Drogenmissbrauch gibt es mögliche Erklärungen. Die Egos der Rockstars werden ununterbrochen von ihren Fans bestärkt, sie halten sich für etwas Besonderes und Bedeutendes. Eine das Ego aufblasende Droge wie Kokain ist also genau das Richtige, denn sie hält dieses Gefühl der eigenen Bedeutung aufrecht. Oder anders betrachtet: Wenn die Bestätigung des Egos plötzlich nachlässt, spüren sie diesen Mangel und greifen zu Drogen, um die Leere zu füllen.

Popmusiker sind oft extrem aufgeregt, wenn sie Konzerte geben. Der Übergang von diesem hochenergetisierten Modus zum ganz gewöhnlichen Alltag läuft möglicherweise viel zu abrupt ab und lässt sie mit einem Gefühl der Leere zurück. Es kann also sein, dass sie Drogen nehmen, um das Niveau der Aufregung und Stimulation beizubehalten. Natürlich ist auch Geld ein Faktor: Rockstars verfügen gewöhnlich über genug Bargeld, um sich Drogen leisten zu können. Schließlich mag für die introvertierteren und empfindsameren unter ihnen ein Sedativum wie Heroin von Nutzen sein, um sie vor der Isolation und dem beständigen Druck des Ruhms abzuschirmen.

Ich glaube jedoch, dass der Hauptgrund dafür, dass so viele Popmusiker zu Drogen- und Alkoholmissbrauch neigen, ganz einfach ist: Sie führen häufig ein unstrukturiertes, untätiges Leben, in dem sie sehr viel unterwegs sind und Zeit totschlagen müssen. Popstars haben viel mehr Freizeit als die meisten von uns. Sie müssen morgens nicht aufstehen, um zur Arbeit zu gehen und dann acht Stunden im Büro verbringen. Das wirkt auf den ersten Blick wie ein Segen. Wenn man aber nicht unbedingt ein selbstgenügsamer und selbstmotivierter Mensch ist, können sich ein Übermaß an freier Zeit und ein Mangel an Strukturen katastrophal auswirken. Wie fühlt es sich an, wenn man jeden Morgen aufwacht, ohne dass man irgendetwas tun muss und auch gar nichts geplant hat? Was macht man in all den langen Monaten zwischen den Tourneen und Plattenaufnahmen – außer einfach abzuhängen und sich zu langweilen? Ich kann mich an diese schier endlose Zeit in meinen vier Jahren als Musiker erinnern: Man sitzt stundenlang in einem schmutzigen, überfüllten Van fest, wenn man zu einem Auftritt fährt, wartet darauf, dass man endlich den Soundcheck machen kann, und dann noch ein paar weitere Stunden auf den eigentlichen Auftritt. Man verbringt endlos lange Stunden in Studios, wartet darauf, dass die Toningenieure den Drum-Sound hinkriegen, und wartet weiterhin, während die anderen Bandmitglieder ihre Parts einspielen. (Ende der 1980er fragte man Charlie Watts, den Drummer der Rolling Stones, wie es war, 25 Jahre in dieser Band zu spielen. Er meinte: „Nun, ich habe fünf Jahre gearbeitet und zwanzig Jahre rumgehangen.")

Theoretisch hätte ich diese leere Zeit sinnvoll nutzen können. Manchmal gelang mir das auch – indem ich beispielsweise las, schrieb oder meditierte. Aber häufig war ich einfach zu unruhig, müde oder erschöpft, um mich auf irgendetwas zu konzentrieren. Obwohl natürlich auch andere Faktoren eine Rolle spielten, verwundert es kaum, dass ich in diesen vier Jahren unter Depressionen litt. Es war auch die einzige Zeit in meinem Leben, in der ich zu viel trank.

Die Musiker haben das Problem, dass ihr Leben nicht aktiv genug ist, um ihre Aufmerksamkeit auf die Außenwelt zu konzentrieren – also wenden sie sich nach innen. Sie begegnen der psychischen Zerrissenheit in sich, und das führt zu Langeweile, Unzufriedenheit, Ängsten und sogar Depressionen. Für sie sind Drogen und Alkohol ein Mittel, diesen Gefühlen auszuweichen.

Natürlich sind Popstars nicht die Einzigen, die unter diesen Problemen leiden. Auch viele Filmstars sind anfällig für Drogenmissbrauch. Zudem gibt es zahllose Beispiele für reiche Leute, denen es ähnlich ergeht. Vor allem für diejenigen, die schon reich geboren werden, scheint es ein Problem zu sein. In Großbritannien zum Beispiel ist der Drogenmissbrauch besonders im Adel verbreitet. Es hat dort viele Fälle gegeben, in denen „privilegierte" junge Adelige wegen des

Besitzes von Heroin oder Kokain verhaftet wurden, eine Entzugsklinik aufsuchten oder an einer Überdosis starben.

Ein bekanntes Beispiel dafür ist der Marquis von Bristol, der 1999 an multiplem Organversagen starb. Er verfügte über ein Vermögen von 30 Millionen Pfund, mit dem er sich sein Unglücklichsein vom Leibe hielt. Er veranstaltete rauschende Partys, besaß eine ganze Flotte klassischer Oldtimer, einen Privathubschrauber, mehrere Häuser und Appartements in der ganzen Welt. Aber tief in sich spürte er immer eine Unzufriedenheit –, und schließlich nahm er Drogen, um diesem Gefühl zu entfliehen. Seine Drogensucht tötete ihn im Alter von 44 Jahren. Tatsächlich aber starb er, wie es ein Journalist auf den Punkt brachte, „an seiner Langeweile".

Ein weiteres Beispiel ist die tragische Geschichte von Constantine Niarchos, dem Sohn des griechischen Reeders Stavros Niarchos. Trotz eines Vermögens von einer Milliarde Dollar litt Niarchos an chronischen Depressionen und einem mangelnden Selbstwertgefühl. Als er Mitte 30 war, begann er mit dem Bergsteigen. Zuerst schien es so, als stabilisierte ihn das Gefühl von Sinnhaftigkeit, Zielbewusstsein und Selbstdisziplin bei diesem Sport. Aber dann beging er nur zwei Wochen, nachdem er den Mount Everest bestiegen hatte, mit einer erheblichen Überdosis Kokain Selbstmord.

In Anbetracht dessen verwundert es wenig, dass Psychologen herausgefunden haben, dass sehr reiche Leute nicht glücklicher sind als wir alle. Die Psychologen Solomon, Greenberg und Pyszcynski führen aus:

> *Menschen mit sehr viel Geld sind – entgegen dem, was allgemein geglaubt wird – nicht glücklicher als ihre Zeitgenossen mit weniger Geld. Statistisch betrachtet neigen sie eher zu Depressionen und anderen psychopathologischen Formen.*
> *(Solomon et al, 2004, p. 129)*

Es fällt Ihnen vermutlich schwer, das zu glauben. Wie können solche Menschen unglücklich sein, wenn sie doch so reich sind und über so viel freie Zeit verfügen? Sie werden doch nicht – wie die meisten von uns – von all den nagenden Sorgen geplagt, wie sie ihre Rechnungen oder die drückenden Hypotheken bezahlen sollen. Sie können sich jederzeit alles leisten, was sie sich wünschen, die ganze Welt bereisen und immer das tun, was sie gerade wollen.

Erneut ist hier der Hauptfaktor zu viel leere, unausgefüllte Zeit. Einfacher gesagt: Menschen, die nicht arbeiten müssen, verbringen zu viel Zeit nur mit sich selbst, ohne etwas Bestimmtes zu tun. Sie müssen ihre Aufmerksamkeit nicht acht oder neun Stunden pro Tag auf etwas außerhalb ihrer selbst richten, wie es wir Übrigen tun. Folglich erleben sie viel mehr innere Zerrissenheit und Unzufriedenheit.

Und das stellt nicht nur für Popstars und Aristokraten ein Problem dar. Es ist auch ein Problem für viele arbeitslose Menschen. Wissenschaftliche Untersuchungen haben ergeben, dass Arbeitslose weniger glücklich sind als Menschen mit Arbeit. Ihre Selbstmordrate liegt höher, aber auch der Anteil von Alkoholismus, Drogenabhängigkeit und geistigen Störungen. Das ist natürlich nicht nur das Ergebnis eines Mangels an Aktivität und Struktur – zu den zusätzlichen Faktoren gehören geringeres Einkommen, geringer gesellschaftlicher Status und weniger gesellschaftliche Kontakte –, doch dies ist sicherlich ein bedeutender Aspekt. Wie mein Kollege Jimmy leiden Rentner häufig an ähnlichen Problemen. Nach einer kurzen Zeit des Glücks, in der sie sich frei vom Termindruck der Arbeit fühlen, sind sie schnell desillusioniert und werden sogar depressiv.

Ein Freund meines Vaters freute sich so sehr auf seine Pensionierung, dass er schon die Tage zählte. Er rief meinen Vater an und meinte: „Nur noch 79 Arbeitstage von heute an! Ich kann es kaum erwarten!" Er war Buchhalter in einer Fabrik, sein Job war stressig und forderte ihn. Er freute sich also darauf, seine Tage damit zu verbringen, am Haus herumzuwerkeln, im Garten zu arbeiten und sich im Sommer Kricket anzusehen. Als er dann aber in den Ruhestand ging, fand er ihn stumpfsinnig und entmutigend. Nach nur wenigen Wochen beschwerte er sich, dass er nun viel zu viel Zeit hätte. Er erhielt eine gute Rente, Geld war also nicht sein Problem – er wusste nichts mit sich anzufangen. Jetzt rief er meinen Vater an und sagte: „Das Rentnerdasein hält nicht, was es verspricht" oder „Vermutlich hast du von deiner Arbeit die Schnauze voll, aber du wirst sie vermissen, wenn sie erst mal nicht mehr da ist". Zu seinem Glück fragte etwa sechs Monate später eine andere Firma an, für die er auf Honorarbasis arbeiten konnte.

Es ist seltsam, dass die gesamte Unterhaltungsindustrie – Fernsehen, Kino und DVD, Zeitungen und Zeitschriften, Computerspiele und so weiter – von unserer Unfähigkeit angetrieben wird, in uns selbst zu leben. Die moderne Welt bietet uns so viele – und auch sehr effektive – Wege an, unsere Aufmerksamkeit auf die Außenwelt zu richten, dass das schon fast furchterregend ist. Der Mathematiker und Philosoph Pascal, der im Frankreich des 16. Jahrhunderts lebte, schrieb: „Alles Unheil beruht auf einer einzigen Ursache, dass die Menschen nicht in Ruhe in ihrem Zimmer sitzen können." Pascal erkannte das grundlegende Unglück des Menschen, das ihn dazu antrieb, ständig nach Zerstreuung zu suchen. In seiner Zeit waren das Krieg, Tanz, Jagd und die Gier nach Status. Er begriff, dass dies „der Grund [ist], dass die Menschen so sehr den Lärm und den Umtrieb schätzen, der Grund, dass das Gefängnis eine so furchtbare Strafe ist [...]."

Aber im 21. Jahrhundert müssen wir nicht einmal in die Welt hinaus und jagen oder Krieg führen. Jede Menge Ablenkungsmöglichkeiten befinden sich *in* unseren „Zimmern", die meisten davon über das Internet: soziale Netzwerke, E-Mails, SMS, Computerspiele und so weiter. (Selbst das Gefängnis ist nicht mehr so schrecklich wie in Pascals Tagen, denn auch in modernen Gefängnissen gibt es Angebote zur Zerstreuung und zum Zeitvertreib.) Wenn Sie keine Zeit mit Ihren Gedanken oder sich selbst verbringen wollen, müssen Sie nur Ihren Computer oder iPod anschalten. Genau genommen ist es heute schwierig, etwas Zeit mit sich selbst zu finden. Pascal schrieb, ein König befände sich in einem privilegierten Zustand, weil er von Menschen umgeben wäre, „deren einziger Gedanke es ist, ihm etwas Zerstreuung zu bereiten und ihn davon abzuhalten, über sich selbst nachzudenken". In diesem Sinne sind wir heute alle privilegierte Könige.

Es ist ebenso merkwürdig, dass ein Großteil der Aktivität, die die Weltwirtschaft antreibt, unserer Unfähigkeit zum Nichtstun entstammt.

(Hier spreche ich selbstverständlich nicht von den Milliarden Menschen in den wirtschaftlich weniger entwickelten Staaten, die den ganzen Tag lang schuften, nur um zu überleben.) Sollte ein großer Prozentsatz der Menschen lernen, einfach nur zu *sein* – und daher die Zerstreuung nicht mehr benötigen –, würde die Unterhaltungsindustrie auf einmal sehr viel kleiner werden, viele Film- und Sportstars wären auf einen Schlag arbeitslos oder hätten ein deutlich geringeres Einkommen. Zudem würde eine große Menge des wirtschaftlichen Handelns plötzlich zum Erliegen kommen. Die Arbeitszeit würde reduziert, Menschen würden nur noch für das arbeiten, was sie wirklich brauchen, und benötigten Arbeit nicht mehr als ein Mittel, um ihre Aufmerksamkeit auf Dinge außerhalb ihrer selbst zu richten. Folglich würde die Weltwirtschaft ins Stocken geraten. Und dennoch dürfte das nicht allzu große Auswirkungen haben, weil Menschen, die *sein* können, keine unnötigen materiellen Güter erwerben müssen.

Natürlich ist die Notwendigkeit, geschäftig zu bleiben, zum Teil auch die Folge unserer sozialen Konditionierung. Unsere Regierungen müssen uns anspornen, weiterhin tätig zu sein, weil es das Wirtschaftswachstum ankurbelt. Das kapitalistische System behandelt Zeit wie eine Ware. Deshalb sagt man uns, dass wir unsere Zeit mit „produktiven" Tätigkeiten verbringen sollen. Aber die Wurzel reicht noch viel tiefer. Bei unserem Drang, aktiv zu sein, handelt es sich zweifelsohne um eine psychologische Notwendigkeit.

Dieses Verhalten wirkt so natürlich und normal, dass Sie sich sicher fragen, warum ich es zu einem Problem erhebe. Warum jedoch sollten wir praktisch unsere gesamte Zeit damit verbringen, unsere Aufmerksamkeit auf Dinge außerhalb unserer selbst zu richten? Warum spüren Menschen den Drang, geschäftig zu sein? Warum verbringen so viele von uns jede Woche 28 Stunden damit, auf Bilder zu starren, die über die Mattscheibe in der Ecke unseres Wohnzimmers flimmern?

Viele unserer Aktivitäten sind natürlich notwendig und darüber hinaus – für uns und für andere – äußerst sinnvoll. Beispielsweise kann die Art der aktiven Versenkung, die wir erleben, wenn wir uns kreativen und herausfordernden Aufgaben widmen (wie etwa einen

Roman schreiben oder ein Computerprogramm entwickeln, ein Kleid entwerfen oder Schach spielen), ein äußerst positiver Gemütszustand sein. Diese Aktivitäten konzentrieren unsere geistige Energie, wir fühlen uns dann quicklebendig. Sie dämpfen auch das übliche Geschnatter der Gedanken und geben uns das Gefühl, dass wir unseren Geist beherrschen. (Mihaly Csikszentmihalyi nennt diesen Grad der Versunkenheit den „Flow" und beschreibt seine positiven Auswirkungen in seinem Buch *Flow: Das Geheimnis des Glücks.*) Diese Arten der Aktivität reißen uns nicht aus der Gegenwärtigkeit *heraus*, sie machen uns in Wirklichkeit noch *gegenwärtiger*. Sie erlauben uns keine Flucht vor unserer inneren Zerrissenheit, sondern können diese *heilen*. (Wir betrachten diese Aktivitäten später noch genauer.)

Ich rede hier über Aktivitäten, der weder notwendig noch nützlich sind – Aktivitäten, die wir um ihrer selbst willen durchführen und die sich negativ auf uns auswirken. Leider erleben wir den „Flow" zu selten in unserem Leben. Wir verbringen die meiste Zeit mit *passiver* Versunkenheit, die uns nicht wirklich herausfordert und bei der wir uns nicht besonders konzentrieren müssen. Wenn wir fernsehen oder im Internet surfen, richten wir unsere geistige Energie nicht aus, deshalb erleben wir auch nicht die Wärme des Wohlbefindens. Tatsächlich geschieht häufig genau das Gegenteil: Nach ein paar Stunden Fernsehen fühlen wir uns unserer geistigen Kraft beraubt, sind innerlich gefrustet und fühlen uns unwohl.

Der Grund dafür, dass die Untätigkeit zu diesem Ergebnis führt – dass wir oft zusammenbrechen, wenn wir zu viel Zeit haben und diese lange mit uns allein verbringen –, ist unsere innere Zerrissenheit. Das Problem liegt darin, dass unser eigener geistiger Raum, den wir betreten, wenn unsere Aufmerksamkeit nicht auf das Außen gerichtet ist, ein recht ungastlicher Ort ist. Unsere „Psyche", das Bewusstsein, von dem wir glauben, dass es in unseren Köpfen sitzt, ist ein solch unangenehmer Ort, dass es uns schwerfällt, uns dort lange aufzuhalten.

Denken Sie an Eltern, die sich fortwährend in den Haaren liegen. Die Stimmung im Haus ist geladen. Jedes Mal, wenn ihre Tochter im Teenageralter nach Hause kommt, spürt sie eine Atmosphäre der Feindseligkeit. Sie weiß, dass diese jederzeit in offene Aggression umschlagen kann. Jedes Mal, wenn sie mit ihrer Mutter oder ihrem Vater spricht, sind diese gereizt und blaffen sie an. Sie sind so in ihrer gegenseitigen Feindschaft gefangen, dass keine Zeit mehr für die Tochter bleibt. Folglich verbringt sie so viel Zeit wie möglich außerhalb ihres Elternhauses, bei Freunden oder im Park oder in der Fußgängerzone. Sie geht nur dann nach Hause, wenn es absolut notwendig ist – zum Essen und zum Schlafen.

Die feindliche Atmosphäre im Haus ist natürlich die psychische Zerrissenheit, die von der *Humanie* ausgelöst wird. Sie stößt uns aus uns selbst heraus, so wie die Feindschaft die Tochter aus dem Haus treibt.

KAPITEL 2

Die Zerrissenheit des Egos – *Humanie*

Die *Humanie*, die dem Menschen innewohnende Zerrissenheit, hat zwei Hauptbestandteile, die ich nun nacheinander beschreiben werde. Zusammen haben diese beiden Elemente viele Folgen und Auswirkungen, die wir ebenfalls unter die Lupe nehmen. Das erste Element ist die „Ego-Abtrennung" (oder „Ego-Isolation"), das zweite die „kognitive Zerrissenheit".

Ego-Trennung/Ego-Isolation

Als ich 18 Jahre alt war, machte ich an der Universität von Warwick eine der schrecklichsten Erfahrungen meines Lebens. Ein Freund lud mich in sein Zimmer ein, um Marihuana zu rauchen. Ich hatte schon einmal Dope probiert, und zwar in Keksform, und es hatte mir gut gefallen. Ich fühlte mich damals leicht und entspannt und kicherte wie ein Kind. Ich dachte, jetzt würde das Gleiche passieren, aber der Unterschied hätte nicht größer sein können. Das Dope muss wohl ziemlich stark gewesen sein, denn ich fühlte mich bereits nach ein paar Zügen ziemlich seltsam. Wir waren zu sechst oder zu siebt und reichten den Joint weiter. Urplötzlich veränderte sich die Atmosphäre. Auf einmal lag Spannung in der Luft. Niemand sagte ein Wort, alle schienen verstummt zu sein. Und schlagartig wurde mir klar: Ich war der Grund für die schlechte Stimmung. Die anderen mochten mich nicht. Sie kannten sich untereinander, hatten alle ihr Zimmer auf diesem Flur, aber ich kannte nur Darren, weil der mit mir einen Kurs besuchte. Vielleicht lag es an meinem Dialekt. Sie stammten alle aus dem Süden und ich aus dem Norden Englands. Ganz offensichtlich gehörte ich nicht hierher.

Hätte ich nur ein paar nette Sachen gesagt oder Witze gemacht, um die Atmosphäre aufzulockern! Aber ich war nicht in der Lage zu sprechen. Ich war in mir gefangen. Der Mechanismus, der meine Gedanken in Worte verwandelte, funktionierte nicht mehr, so, als ob eine Verbindung gekappt worden wäre. Ich saß eine scheinbare Ewigkeit lang da, fühlte mich immer stärker abgelehnt und unwohl, bis es mir endlich gelang aufzustehen. „Ich muss jetzt los“, sagte ich zu Darren.

„Geht es dir gut, Steve?“

„Ja, toll. Ich muss halt los.“

Ich verließ die Wohnräume und ging durch die Mensa. Dort saßen Studenten und tranken und redeten miteinander und lachten, ich aber war vollkommen isoliert. Ich war hier völlig allein, gefangen in meiner eigenen geistigen Sphäre mit meinen Gedanken und meinem Gefühl, ein bewusstes Wesen zu sein. Niemand konnte mich je verstehen, erfahren, was ich erfuhr, spüren, was ich spürte. Ich fühlte mich unermesslich einsam, wie ein Planet – umgeben von der schier endlosen Leere des kalten Alls. Zwischen mir und jedem anderen tat sich eine unüberwindbare Kluft auf. Der Raum in meinem Kopf, in dem mein „Ich“ wohnte, wirkte beengt und bedrückend wie eine winzige, dunkle Gefängniszelle.

Ich spürte, dass ich die Wirklichkeit meines Dilemmas als Mensch durchlebte, eine schreckliche Wahrheit, die sich niemand auch nur im Geringsten eingestehen wollte und die unmöglich zu ertragen war. Allen anderen ging es ebenso – wir waren in uns selbst gefangen, voneinander isoliert, konnten uns nicht begreifen, und wir alle versuchten mit allen Mitteln, davor zu flüchten. Wir tranken und redeten und schauten fern, nur um die Leere in uns zu vergessen.

Nach einigen Stunden klang die Wirkung des Dopes ab. Aber das Gefühl der Isolation und Abtrennung blieb noch monatelang, wenn auch in milderer Form. Immer wenn ich mich unter Menschen befand, spürte ich unentwegt, dass jeder von jedem getrennt war, dass wir versuchten, die Kluft zwischen uns durch Reden und Gestikulieren zu überwinden, wir uns aber nie wirklich gegenseitig kannten, dass jeder allein war in seiner geistigen Welt, wie Inseln, die versuchten, mit Rauchzeichen über die Weiten des Meeres zu kommunizieren.

Man könnte diese Erfahrung als drogeninduzierte psychotische Episode betrachten, ich aber vermute, dass sie mir nur etwas verdeutlichte, was ich schon längst gespürt hatte – und zwar seit meinen Teenagerzeiten. Die Droge erlaubte mir ein präzises Verständnis einer der wesentlichen Wirklichkeiten unseres normalen menschlichen Befindens, die wir alle erleben, selbst wenn wir uns dessen nicht bewusst sind: die Tatsache, dass wir alle in einem Zustand der „Ego-Abtrennung" oder „Ego-Isolation" leben.

Trennung

Manche Völker der Erde – etwa Ureinwohner wie die australischen Aborigines oder manche Stammesvölker Polynesiens – leben nicht in der Weise als Individuen, wie wir das tun. Ihr Sinn für Individualität ist nicht so ausgeprägt wie der unsere. Ihre Identität *enthält* die Natur und andere Menschen. Sie tragen oft nicht einmal einen bestimmten Namen; ihr Name kann sich im Verlauf ihres Lebens ändern und schließt manchmal auch andere Mitglieder ihres Stammes ein. Einige Eingeborenenvölker benutzen Teknonyme – Begriffe, die das Verhältnis zwischen zwei Menschen beschreiben – statt Eigennamen. Wird beispielsweise ein Kind geboren, ändert sich der Name der Mutter in „Mutter-von ..." und der Vater wird zu „Vater-von ...".

In vergleichbarer Weise sehen viele Eingeborenenvölker ihre Identität als eng mit ihrem Land verbunden. Der in Fidschi geborene Anthropologe A. Ravuvu erklärt, dass die Bewohner der Fidschi-Inseln ihr Land als „Erweiterung ihrer Vorstellung des Selbst" verstehen. Für die Menschen von Fidschi bedeutet das Verlassen des eigenen *Vanua* oder Landes praktisch den Tod. Deshalb drohen manche indigenen Völker – man denke an die U'wa in Kolumbien oder die Kaiowa in Brasilien – mit kollektivem Selbstmord, sollte man ihnen ihr Land wegnehmen. Laut den Kulturpsychologen Hazel Markus und Shinobu Kitayama funktioniert der europäische und amerikanische Mensch anscheinend als „unabhängiges Selbst", wobei indigene Menschen „voneinander abhängige Selbste" aufweisen.

Die meisten Stammesvölker, zumindest wenn sie noch ihr traditionelles Leben führen, sind äußerst egalitär. Sie haben, wenn überhaupt, nur sehr wenig persönlichen Besitz. Als Einzelpersonen besitzen sie kein Land, die gesammelten Nahrungsmittel werden geteilt. Viele Anthropologen haben festgestellt, dass indigene Gruppen nicht einmal ein Wort für Konzepte wie „Besitz" oder „Eigentum" haben oder Verben, die „besitzen" bedeuten. Es scheint so, als wäre die Vorstellung, etwas zu besitzen, für sie ohne Bedeutung, weil sie sich nicht als abgetrennte Individuen begreifen. Wenn man sich nicht als getrennt von seinen Mitmenschen versteht, warum sollte man sein Land oder seine Nahrungsmittel als separates Eigentum betrachten?

Auch Kinder kennen dieses Gefühl der Trennung kaum. Sie verstehen sich nicht als abgetrennt von ihrer Erfahrung, sie verfügen über kein „Ich", das von dem, was sie tun oder erleben, getrennt ist und ihre Erfahrungen verarbeitet. Dies ist einer der Gründe, weshalb wir unsere Kindheit als etwas Wunderbares empfinden. Kinder fühlen sich mit ihrer gesamten Umwelt verbunden, erleben sich als Teil des Flows mit allen Erfahrungen – ohne „hier drinnen" oder „da draußen". Das Gefühl der Abtrennung entwickelt sich allmählich, wenn wir heranwachsen, und etabliert sich in der späten Teenagerzeit. Das Ego entwickelt eine Struktur und erzeugt ein Gefühl der „Innerlichkeit" und der „Abgrenzung".

Wir verfügen jedoch über ein stärkeres Gefühl der Individualität als die traditionellen indigenen Menschen oder als Kinder. Die Grenzen unseres Egos sind stärker ausgeprägt und klarer festgelegt und erzeugen ein Gefühl der Dualität zwischen uns und der Welt. Wir sind „hier drinnen", in unserem Kopf gefangen, das übrige Universum und die anderen Menschen sind „da draußen". Folglich sind unsere egalitären Impulse weniger ausgeprägt, unser Drang, Vermögen und Besitz *für uns* anzuhäufen, ist stärker.

Dieses starke Gefühl der Individualität führt zu großen psychischen Problemen. Einerseits erzeugt es das grundsätzliche Gefühl der *Einsamkeit*. Traditionelle indigene Völker fühlen sich mit der Welt verbunden, wir fühlen uns von ihr abgeschnitten. Wir beobachten nur, wir nehmen nicht teil; wir betrachten die Welt, sind aber kein Teil von ihr. Wir können mit unseren Mitmenschen kommunizieren, indem wir sprechen, schreiben oder gestikulieren, aber sie werden nie wirklich in der Lage sein, uns zu verstehen oder unsere Gedanken und Gefühle zu teilen. Unser inneres Wesen bleibt ihnen auf ewig verborgen.

Diese „Ego-Isolation" erschafft zugleich ein Gefühl der *Unvollständigkeit*. Wir sind von der Welt abgetrennt und empfinden als Fragmente, die vom Ganzen weggebrochen sind, eine Unzulänglichkeit. Da gibt es ein Loch in uns, das wir unser ganzes Leben lang füllen wollen (meistens ohne Erfolg), wie Kätzchen, die man bei ihrer Geburt von ihrer Mutter trennt und die immer nach Aufmerksamkeit und Zuneigung betteln, um diesen Mangel auszugleichen.

Wiedergeborene Christen wollen etwas Ähnliches zum Ausdruck bringen, wenn sie davon sprechen, dass sich ein „gottesförmiges Loch" in uns befindet. Ich bin allerdings der Ansicht, dass auch die Religion dieses Loch nicht stopfen kann, sondern nur den gleichen (letztendlich nicht ausreichenden) Trost zu bieten vermag wie Geld oder Erfolg. Darum bemerkte Häuptling Mountain Lake, dass wir immer auf der Suche zu sein scheinen. Wir suchen nach etwas, das uns wieder ganz und vollständig macht.

Als Folge dieser Abtrennung und Unvollständigkeit fühlen wir uns in dieser Welt nie wirklich „zu Hause". Wir treiben dahin, als gehörten wir nicht richtig dazu, wie Menschen, die so oft die Welt bereist haben, dass sie nirgends mehr verwurzelt fühlen. Traditionelle indigene Völker scheinen die Welt als einen guten und angenehmen Ort wahrzunehmen, auf uns aber wirkt sie bestenfalls neutral oder sogar irgendwie bösartig.

Die Angst vor dem Tod

Ein weiteres psychisches Problem, das die Ego-Abtrennung erzeugt, ist die große Angst vor dem Tod. Wir führen unser ganzes Leben aus der Sichtweise unseres abgetrennten Selbst, das dem Ego dient. Wir verbringen unsere Zeit damit, dem Ego Wünsche zu erfüllen oder den

Mangel auszugleichen, den unser Gefühl der Abtrennung erzeugt. Wir festigen unsere Überzeugungen, gehen Beziehungen ein, arbeiten an unserer Karriere oder jagen Zielen und Ambitionen nach – alles nur für das Ego. Die Vorstellung also, dass dieses allmächtige Ego-Selbst irgendwann einmal nicht mehr existiert, macht uns Angst. Weil indigene Völker ihr Gefühl der Identität mit ihrem Stamm und ihrem Land teilen, ist der individuelle Tod von viel geringerer Bedeutung. Schließlich wird ein Teil ihres Wesens im Land und im Stamm weiterleben. Da im Gegensatz dazu unser Identitätsgefühl völlig an unser Ego gebunden ist, stirbt, wenn wir sterben, *alles* – die gesamte Zukunft und die gesamte Vergangenheit, all unsere Leistungen und Ambitionen, unser Besitz und Status, alles verschwindet wie ein riesiger Palast, der durch ein Erdbeben vernichtet wird.

Selbst wenn wir uns dessen nicht bewusst sind, so sitzt uns diese Angst vor dem Tod doch ständig im Nacken und erzeugt dort eine unterschwellige Stimmung des Unbehagens und verstärkt das Gefühl von Unsicherheit und Unwichtigkeit, das von unseren zerbrechlichen Egos ausgelöst wird. Einige Leute halten diese Angst in Schach, indem sie sich davon überzeugen, dass ihr Ego in einer idyllischen anderen Welt ewig fortdauern wird, frei von dem Leid, das sie hier auf Erden zu erdulden hatten. Andere verdrängen diese Problematik einfach, versuchen, nicht daran zu denken oder darüber zu sprechen, oder tun so, als ob es sie nicht gebe. In überwiegend säkularen Ländern, wie etwa Großbritannien, ist Tod ein Tabuthema, fast ein Schimpfwort. Falls es jemand doch zur Sprache bringt, folgt meist eine verstörende Stille, woraufhin schnell das Thema gewechselt wird.

So erzeugt die Abtrennung unseres Egos innere Zerrissenheit. Es verwandelt unsere geistige Sphäre in einen unangenehmen Ort. Sind wir allein und können unsere Aufmerksamkeit nicht ablenken oder auf Aktivitäten richten, *spüren* wir unsere essenzielle Einsamkeit und Unvollständigkeit und erleben das Hintergrundrauschen unserer Angst in unserem Geist, auch wenn wir diese nicht bewusst als Ursprung unseres Unwohlseins wahrnehmen.

„Gedankengeschwätz"

Machen Sie jetzt einmal ein Experiment. Hören Sie auf zu lesen und schließen Sie Ihre Augen. Nach nur wenigen Sekunden werden Ihnen vermutlich Gedanken bewusst, die in Ihrem Kopf umherschwirren. Lassen Sie diese Gedanken gehen, wohin auch immer sie wollen, beachten Sie sie nur, wie sie Ihnen durch den Kopf strömen ...

Lassen Sie sie zwei Minuten lang durch den Kopf gehen, dann erinnern Sie sich an den ersten Gedanken, dessen Sie sich bewusst wurden, und vollziehen Sie die Schritte nach, die zum letzten geführt haben.

Sie werden überrascht sein, wie viele unterschiedliche Gedanken Sie hatten, und welche eigentümlichen Wege diese gegangen sind. Vielleicht sind Sie von einem Ende der Welt zum anderen gesprungen, von einem Moment, der 20 Jahre zurückliegt, zu einem, der sich in ein paar Jahren in der Zukunft ereignen wird, von einem Buch, das Sie vor ein paar Monaten gelesen haben, zu einem Gedicht, das Sie in der Woche zuvor lasen, von einem Lied, das an diesem Morgen in Radio gespielt wurde, zu einem Hollywood-Star, über den am Morgen etwas in der Zeitung stand ...

Wenn Sie eine CD hören – vielleicht beim Autofahren –, dann stellen Sie manchmal fest, dass Ihnen ein ganz bestimmtes Stück in dem Lied besonders gut gefällt und Sie es gerne ein zweites Mal hören wollen. Sie kehren zu dieser bestimmten Passage zurück und 20 oder 30 Sekunden später bemerken Sie plötzlich, dass diese schon vorbei ist und Sie sie verpasst haben. Der Abschnitt des Liedes wurde zwar gespielt, aber Sie haben nicht darauf geachtet und ihn nicht *gehört*. Also springen Sie noch mal zu dieser Stelle zurück. Und normalerweise – allerdings nicht immer – verpassen Sie sie beim zweiten Mal nicht.

Das kann auch passieren, wenn Sie sich auf ein bestimmtes Essen freuen – vielleicht Ihre Lieblingsspeise oder eine bestimmte Schokoladensorte. Sie haben schon ein paar Bissen zu sich genommen und bemerken plötzlich, dass Sie etwas verpasst haben. Sie haben es zwar gegessen, aber nicht wirklich *geschmeckt*.

In diesen Situationen liegt das Problem darin, dass Ihre Konzentration auf die Musik oder den Geschmack von dem „Gedankengeschwätz" in Ihrem Kopf ablenkt wird – also von dem Fluss der Erinnerungen, Sorgen und Vorstellungen zukünftiger Ereignisse. Innerhalb weniger Sekunden nach dem Zurückstellen der CD oder nach dem Beginn der Mahlzeit strömen diese zufälligen Assoziationen durch Ihren Geist und lenken Ihre Aufmerksamkeit ab. So bleibt wenig Raum für die sinnlichen Empfindungen von Klang oder Geschmack.

Etwas Vergleichbares kann beim Autofahren passieren. Plötzlich merken Sie, dass Sie einen bestimmten Punkt auf Ihrer täglichen Fahrt zur Arbeit erreicht haben, wissen aber nicht mehr genau, wie Sie dorthin gekommen sind. Sie haben die Spur gewechselt, sind abgebogen, haben an der Ampel gewartet und sind dann nach links gefahren, ohne das alles so recht wahrgenommen zu haben. Das kann einen schon manchmal ein wenig erschrecken. Wie konnten Sie fahren, ohne sich bewusst zu sein, was Sie gerade taten, also praktisch unbewusst? Was, wenn plötzlich jemand auf die Straße gerannt wäre oder das Auto vor Ihnen gebremst hätte? Glücklicherweise fahren Sie so oft und sind besonders mit dieser Strecke vertraut, dass quasi Ihr Autopilot übernimmt, so, als wenn Sie essen, während Sie Zeitung lesen.

In solchen Situationen ereignet sich Folgendes: Ihre Aufmerksamkeit ist ganz und gar vom Gedankengeschwätz in Anspruch genommen worden. Sie sind also komplett „woanders" gewesen. Da Sie automatisch fahren, müssen Sie nicht bewusst darauf achten und können sich ganz Ihren Tagträumen und Erinnerungen hingeben.

„Gedankengeschwätz" hat eine immense Eigendynamik. Hat es erst einmal begonnen, lässt es sich nicht mehr aufhalten. Als ich noch jünger war, trieb es mich manchmal fast in den Wahnsinn. Ich lag nachts stundenlang wach und konnte nicht einschlafen, da mir die Gedanken durch den Kopf rasten. Ich spielte die Gespräche und Ereignisse des Tages immer wieder durch, die Lieder, die ich gehört hatte, oder stellte mir Ereignisse in der Zukunft vor. Das war fast so, als hätte ein durchgeknalltes Plappermaul die Kontrolle über mich erlangt. Am liebsten hätte ich laut geschrien: „Halt endlich das Maul und lass mich schlafen!"

Hin und wieder, wenn ich spazieren ging, betrachtete ich die Landschaft oder den Himmel und *wusste*, dass sie schön waren. Aber ich konnte diese Schönheit nicht wahrnehmen, weil all diese chaotischen Gedanken durch meinen Kopf jagten. (Der Dichter Samuel Coleridge klagte einmal, als er den Mond und die Sterne betrachtete: „Ich schaue sie so herrlich schön / Ich sehe wohl, doch *fühle* nicht, wie wunderbar sie sind.") Glücklicherweise hat sich mein Gedankengeschwätz mittlerweile etwas beruhigt und ich kann es heute besser kontrollieren.

Jeder, der schon einmal meditiert hat, weiß um die große Macht des Gedankengeschwätzes. Bei der Meditation verwendet man gewöhnlich ein Mittel zur Konzentration und Fokussierung, ein Mantra (einen Klang, den man im Geist ständig still wiederholt), eine Kerzenflamme, den Atem oder andere Methoden, um den Geist zu beruhigen und eine gewisse innere Ruhe herbeizuführen. Und dennoch funktioniert das nicht immer. Das Gedankengeschwätz ist so mächtig, dass es die Aufmerksamkeit sogar vom Mantra ablenkt. Man muss sich dann aus seinen Gedanken herausreißen und neu konzentrieren. In der Regel beruhigt sich der Geist schließlich, wenn man genug Ausdauer beweist, manchmal ist es aber so wild, dass man nur noch aufgeben kann. Gerade Anfänger sind manchmal extrem genervt, wenn sie mit der bloßen Intensität und der Kraft ihres Gedankengeschwätzes konfrontiert werden. Es kann sie so stören, dass sie nach ein paar Sitzungen vielleicht feststellen, dass die Meditation nichts für sie ist. Es ist jedoch wichtig, daran zu denken, dass sich bei regelmäßigem Meditieren – auch wenn der Anfang schwer sein mag – der Geist allmählich beruhigt.

Die Grundeinstellungen des Geistes

Gemeinhin bezeichnet man diese geistige Aktivität als „Denken", doch das trifft es nicht ganz. „Denken" impliziert eine aktive Handlung, die wir bewusst kontrollieren können, aber das ist bei einem Großteil unseres „Denkens" nicht der Fall. Es ist fast immer unkontrolliert und geschieht zufällig. Es geht uns im Kopf herum, ob wir wollen oder nicht. Deshalb ziehe ich die Begriffe „Gedankengeschwätz“ oder „kognitive Zerrissenheit“ vor. Immer wenn unsere Aufmerksamkeit nicht von außen in Anspruch genommen wird, setzt das Gedankengeschwätz ein – wie eine Maschine auf Standby, die sofort loslegt, wenn Ihr Geist den externen „Aufhänger“ für die Aufmerksamkeit loslässt. Man könnte es auch die Standard- oder Grundeinstellungen unseres Geistes nennen.

Echtes Denken ereignet sich immer dann, wenn wir bewusst Verstand und Logik einsetzen, um unterschiedliche Optionen zu bewerten, Probleme zu reflektieren, Entscheidungen abzuwägen oder Pläne zu schmieden und so weiter. Wir halten uns selbst gern für „vernunftbegabte Wesen“, die über den Tieren stehen, weil wir über „Verstand“ verfügen. Doch diese Art des rationalen Denkens ist eher selten. (Selbst bei Entscheidungen und Plänen entschließen wir uns häufig intuitiv und wägen vorher nicht sorgfältig ab.) Tatsächlich erschwert das Gedankengeschwätz den Einsatz unserer rationalen Kräfte, denn wenn wir uns etwas genau überlegen müssen, strömt es durch unseren Kopf und lenkt unsere Aufmerksamkeit ab. Stellen Sie sich beispielsweise vor, Sie überlegen sich, was Sie Ihrem Ehepartner anlässlich des Jahrestages Ihrer Hochzeit schenken wollen. Während Sie darüber nachdenken, erinnern Sie sich an Ihren Hochzeitstag und dann an Ihre Flitterwochen in Italien, was Ihre Gedanken auf den Skandal des italienischen Premierministers lenkt, von dem Sie kürzlich gelesen haben. Das wiederums bringt Sie dazu, über die politische Lage in diesem Land nachzugrübeln, und schließlich kommt Ihnen in den Sinn, dass Sie Ihre Steuererklärung noch nicht gemacht haben ... Es fällt Ihnen so schwer, Ihre Gedanken zu fokussieren, dass Ihnen rein gar nichts einfällt und Sie Ihre Arbeitskollegen fragen müssen, was sie sich denn wünschen würden, wenn es ihr Hochzeitstag wäre.

Im Gedankengeschwätz versunken zu sein unterscheidet sich nicht allzu stark vom Träumen – zumindest die Art des assoziativen Träumens, das die Eindrücke und Informationen sortiert, die wir kürzlich aufgenommen haben, und dann eine eigentümliche Mischung von ihnen durch unseren Geist zurücksendet. (Es kann schon sein, dass es bedeutungsvollere Arten des Träumens in den tieferen Schichten des Geistes gibt, die eine symbolische Bedeutung besitzen und mit dem verbunden sind, was Carl Gustav Jung das „kollektive Unbewusste" nannte.) Wir können das Gedankengeschwätz etwas besser kontrollieren als unsere Träume, weil es dem bewussten, nicht dem unbewussten Geist entstammt. Generell handelt es sich aber um eine vergleichbare Vermischung von geistigen Inhalten. (Natürlich deutet das der Begriff „Tagtraum" bereits an.) Wie wir später noch sehen werden, gleicht das Beenden des Gedankengeschwätzes dem Erwachen aus einem Traum: Es führt zu neuer, klarerer Bewusstheit und einer neuen Beziehung zur Wirklichkeit. Gedankengeschwätz ähnelt den Tagträumen, ist aber nicht mit ihnen identisch. Ich halte Tagträume eher für eine *Art* des Gedankengeschwätzes – ein intensiver Zustand der Versunkenheit in imaginäre geistige Szenarien, in der Regel in einem entspannten Geisteszustand.

Es gibt zwei Situationen, in denen wir Gedankengeschwätz erleben. Einmal, wenn eine Aktivität uns nicht genug interessiert oder herausfordert, um unsere Aufmerksamkeit zu halten. Erledigen wir Hausarbeit oder andere automatische Tätigkeiten, sind diese häufig nicht anstrengend oder interessant genug, um unsere Aufmerksamkeit zu beanspruchen. Deshalb wendet sich unsere Aufmerksamkeit nach innen, hin zu den Gedanken und Tagträumen, die gerade in unseren Köpfen ablaufen. Das kann Ihnen auch an Ihrem Arbeitsplatz passieren, wenn Sie gerade nicht richtig von Ihrem Job gefordert werden. Wenn Sie Regale bestücken, Tee ausschenken oder Kleidungsstücke verpacken, benötigt das nur einen gewissen Grad an Aufmerksamkeit. Deshalb tauchen Sie zur gleichen Zeit in Gedanken darüber ein, was Sie am Wochenende vorhaben, oder Sie erinnern sich an Ihren letzten Urlaub.

Die andere Situation betrifft die Zeit zwischen zwei Aktivitäten, wenn nichts in der Außenwelt Ihre Aufmerksamkeit benötigt. Vielleicht warten Sie auf den Zug oder darauf, dass der Wasserkessel kocht, Sie sind im Bad oder liegen morgens bzw. abends im Bett –

in all diesen Situationen füllt sich Ihr Geist gewöhnlich auch mit Gedankengeschwätz.

Dieses Gedankengeschwätz ist ein so natürlicher Teil unserer Erfahrungswelt, dass viele von uns es als gegeben hinnehmen. Objektiv betrachtet ist es jedoch recht bizarr. Warum sollte die gesamte Zeit über eine Stimme in unserem Kopf plappern, eine lärmende und Bilder erzeugende Maschinerie, die sich ununterbrochen an unsere Erfahrungen erinnert, permanent Informationen wiederholt, die wir aufgenommen haben, und ständig Szenarien durchspielt, die sich ereignen könnten? Warum sollte unser Geist so chaotisch und willkürlich von einer Assoziation zur nächsten springen? Man hält Menschen, die an Schizophrenie leiden, deshalb für krank, weil sie Stimmen im Kopf hören – aber unterscheidet sich das wirklich so sehr von unserem ganz „gewöhnlichen" Gedankengeschwätz? Es sollte wirklich auch als eine Art der Verrücktheit verstanden werden – oder zumindest als eine Art Konstruktionsfehler, eine Fehlfunktion unseres Verstandes.

Kognitive Zerrissenheit

Über kurze Zeiträume kann das Gedankengeschwätz ganz angenehm sein, besonders bei Tagträumen. Es tut gut, sich an den Strand oder aufs Sofa zu legen und sich vorzustellen, wie die eigenen Wünsche und Ambitionen wahr werden, schöne Stunden aus der Vergangenheit noch einmal vorbeiziehen zu lassen oder sich auf zukünftige Ereignisse zu freuen.

Aber bei dem meisten Gedankengeschwätz dauert es gemeinhin nicht lange, bis Sie sich unwohl fühlen und den Drang spüren, ihm zu entgehen, indem Sie sich auf etwas außerhalb von Ihnen konzentrieren. Das zeigte eine Untersuchung der Universität Harvard aus dem Jahre 2010 recht deutlich, bei der die Forscher eine iPhone-App einsetzten, um die Stimmungen der Menschen zu erfassen. Die Wissenschaftler Matthew Killingsworth und Dan Gilbert befragten rund 2250 Testpersonen nach dem Zufallsprinzip, was sie gerade taten und an was sie gerade dachten. Die Untersuchung ergab, dass die Versuchspersonen etwa die

Hälfte ihrer Zeit mit einem „umherschweifenden Geist“ verbrachten: Sie dachten in diesen Momenten nicht an das, was sie gerade taten. Die Untersuchung verdeutlichte die negativen Folgen des Gedankengeschwätzes: Menschen, die mehr Zeit mit einem umherschweifenden Geist verbrachten, zeigten sich auch anfälliger für Depressionen und fanden es schwer, sich zu entspannen. Killingsworth und Gilbert folgerten:

> *Diese Studie zeigt, dass unser geistiges Leben zu einem bemerkenswert hohen Grad von dem Nichtgegenwärtigen durchdrungen ist. Der menschliche Geist wandert umher, aber ein umherschweifender Geist ist ein unglücklicher Geist … Die Fähigkeit, über das nachzudenken, was gerade nicht geschieht, ist eine kognitive Errungenschaft, die uns teuer zu stehen kommt.*
> *(Killingworth, M.A., Gilbert, 2010)*

Einer der Gründe dafür ist ganz einfach, dass das Gedankengeschwätz in uns für beständige *Unruhe* sorgt. Mit den Worten des deutschen Mystikers Meister Eckart erleben wir den „Sturm inwendiger Gedanken“. Unser Geist ist voller rasender Gedanken, die wir kaum oder gar nicht kontrollieren können. Und deshalb werden wir unruhig und fühlen uns unwohl – so, als ob *außerhalb* von uns lauter Lärm und Unruhe herrschten. Sie erzeugen, was Csikszentmihalyi „psychische Entropie“ nennt – mangelnde Kontrolle über unseren eigenen Geist. Das löst Beunruhigung aus, weil es zufällig geschieht und (praktisch) nicht zu kontrollieren ist.

Wie die angeführten Beispiele zeigen, errichtet das Gedankengeschwätz zudem eine Barriere zwischen uns und unseren Erfahrungen. Es hält uns davon ab, die Welt unmittelbar zu erleben. Es erzeugt eine nebulöse Abstraktheit, die unsere gesamten Erfahrungen verwässert und verschleiert – alles, was wir sehen, hören, riechen, fühlen oder berühren. Auf diese Weise wird die Realität zu einem Schatten ihrer selbst. Sie kann sogar unwirklich wirken, wenn die Erinnerungen, Bilder und Ereignisse unseres Geistes echter erscheinen als unsere tatsächlichen Erfahrungen.

Das vielleicht größte Problem des Gedankengeschwätzes ist jedoch häufig seine Negativität. Gedanken über die Zukunft sind häufig von Ängsten und Sorgen gekennzeichnet, Gedanken über die Vergangenheit haben einen Anflug von Bedauern und Bitterkeit, Gedanken über die aktuelle Lebenssituation sind mit einem Hauch von Unzufriedenheit verbunden.

Das hat massive Auswirkungen auf unser Leben, weil negative Gedanken zu negativen Gemütszuständen führen. Wenn ein Freund oder Arbeitskollege etwas Negatives zu Ihnen sagt, werden Sie wütend oder depressiv; in genau dieser Weise reagieren wir auch auf das Gedankengeschwätz. Einige negative Gedanken sind uns so zur Gewohnheit geworden, dass sie fest in uns verankert sind. Sie schreiben das Drehbuch unserer Sorgen und selbstkritischen Einwände, das ständig in unserem Kopf abläuft. Dieses Drehbuch wiederholt zum Beispiel immer wieder: *„Ich verdiene das nicht – ich soll einfach nicht glücklich sein"*, *„Ich kann das nicht machen – es ist falsch"* oder *„Sie ist viel attraktiver/erfolgreicher/glücklicher als ich – warum bin ich nicht wie sie?"* Das Drehbuch sorgt für ein Gefühl der Angst und der Unzufriedenheit und erzeugt mangelndes Selbstvertrauen und ein geringschätziges Selbstbild.

Deshalb können kognitive Therapien wie etwa die kognitive Verhaltenstherapie wirksam sein. Diese geht davon aus, dass unsere Gedanken unsere Stimmungen und Gefühle bestimmen. Die kognitive Verhaltenstherapie zielt darauf ab, gewohnheitsmäßige negative Gedankenmuster zu erkennen und sie dann durch objektivere oder positive Gedanken zu ersetzen. Anders gesagt, die Therapie will die zugrunde liegenden Drehbücher unseres Gedankengeschwätzes neu programmieren. Zumindest kurzfristig kann sich das durchaus positiv auswirken. Untersuchungen haben beispielsweise gezeigt, dass die kognitive Verhaltenstherapie bei der Behandlung von Depressionen und Angstzuständen ebenso effektiv ist wie Meditation. Sie kann sogar die körperlichen Symptome von Krankheiten wie Krebs oder rheumatoide Arthritis mildern.

Warum aber, fragen Sie sich, sind unsere Gedanken so negativ? Warum versteifen wir uns so oft auf das Negative und nicht auf das Positive? Warum blicken wir pessimistisch in die Zukunft und nicht optimistisch, befassen uns mit den Dingen, mit denen wir gegenwärtig unzufrieden sind, anstatt mit solchen, für die wir dankbar sein könnten? Warum erinnern wir uns immer wieder an schlechte Erfahrungen statt an all das Gute, das wir erlebt haben?

Ich denke, der Grund dafür liegt einfach darin, dass die Atmosphäre unserer Psyche aufgrund unserer Ego-Isolation negativ aufgeladen ist. Es herrscht eine Atmosphäre des leichten Unwohlseins und der Angst, die all unsere Gedanken negativ einfärbt.

Auch die Formbarkeit unseres Geistes ist ein Teil des Problems. Besonders in der Kindheit ist die Psyche des Menschen auffällig wandelbar und anpassungsfähig. Deshalb ist es auch so schwierig, Überzeugungen, die von unseren Eltern an uns weitergegeben wurden, später infrage zu stellen oder abzuschütteln. Werden sie in der Kindheit erlernt, können selbst die seltsamsten Überzeugungen Teil der Tiefenstruktur unserer Psyche werden und bleiben uns das ganze restliche Leben lang erhalten. Sie sind dann so tief verwurzelt, dass wir sie als selbstverständlich betrachten. Auf diese Art werden häufig auch religiöse Überzeugungen überliefert. Daher das alte Jesuiten-Sprichwort: „Gib mir das Kind während seiner ersten sieben Lebensjahre und ich gebe dir den Menschen."

Das trifft auch auf Traumata zu. Erfahren wir – besonders in unserer Kindheit – Missbrauch oder Vernachlässigung, kann unsere Psyche für den Rest unseres Lebens Schaden nehmen (es sei denn, wir unterziehen uns einer Psychotherapie). Bei negativen Gedankenmustern handelt es sich um einen vergleichbaren Vorgang. Wenn unsere Eltern uns negative Gedankenmuster vermitteln, entweder indem sie ihre negative Einstellung in Worte fassen oder indem sie uns behandeln, als seien wir wertlos oder nicht liebenswert, verfestigen sich diese negativen Gedanken zu einem „Drehbuch" oder „Schema". Dies wird zu etwas, das man eine „kognitive Gewohnheit" nennen könnte, die die Einstellung und Stimmung unserer Gedanken bestimmt, was wiederum zu mangelndem Selbstwertgefühl und fehlendem Selbstvertrauen führt.

Aber all das ereignet sich nicht ausschließlich in unserer Kindheit. Auch im Erwachsenenalter können sich sehr schnell „kognitive Gewohnheiten“ bilden und in unserem Geist festsetzen. Wird eine negative Erfahrung mehrmals wiederholt, kann sie sich schnell zu einer Neurose oder Phobie verfestigen. Jemand, der zwei- oder dreimal eine turbulente Bootsfahrt erlebt hat, entwickelt möglicherweise eine dauernde Phobie vor dem Segeln und der Schifffahrt. Jemand, der zweimal von verschiedenen Partnern verlassen wurde, kann eine beständige Unsicherheit und Angst davor entwickeln, sitzen gelassen zu werden. Jemand, der ein paar Monate neben lärmenden Nachbarn gewohnt hat, entwickelt vielleicht eine lebenslange Überempfindlichkeit gegenüber Lärm und Geräuschen.

Es hat jedoch auch eine gute Seite: Weil unser Geist so formbar ist, kann er auch *positiv* umgeformt werden. Kognitive Gewohnheiten lassen sich leicht verändern – tatsächlich ist dies das Ziel der kognitiven Verhaltenstherapie. Selbst tiefsitzende strukturelle Traumata aus unserer Kindheit können durch eine Psychotherapie geheilt werden.

Das Gedankengeschwätz wäre nicht ein solch großes Problem, wenn wir uns nicht damit *identifizierten*. Wenn wir einen Schritt zurücktreten und unsere Gedanken lediglich beim Vorbeiströmen betrachten, nehmen sie nicht mehr so stark Einfluss auf uns. (Das machen wir häufig bei Tagträumen, auch deshalb unterscheidet sich ein Tagtraum vom Gedankengeschwätz.) Wir sind dann in der Lage zu sagen: *Schau mal, schon wieder ein negativer Gedanke – ich muss ihm keine Aufmerksamkeit schenken.* Dennoch ist unsere Identität die meiste Zeit über an unsere Gedanken geknüpft. Wir können uns nicht als getrennt von ihnen betrachten. Wir *halten* uns für diesen verrückten, zufälligen Gedankengenerator mit dem negativen Drehbuch – deshalb ist er mächtiger als wir, und wir lassen es zu, dass er unsere Stimmungen und unser Selbstwertgefühl bestimmt.

Ich betone erneut, dass ich das Gedankengeschwätz nicht für *völlig* negativ halte. Es ermöglicht uns hin und wieder, uns zurückzulehnen und unseren abschweifenden Gedanken nachzugehen. Einige Psychologen vermuten, dass Tagträume die Aufgabe haben, soziale Situationen einzuüben, damit wir auf zukünftige Ereignisse besser vorbereitet sind – ein Art „gesellschaftlicher Probelauf". Ein Tagtraum kann aber auch ein „Füllhorn der Kreativität" sein, das uns Einsichten und neue Ideen schenkt. Einstein zum Beispiel hat die Relativitätstheorie während eines Tagtraums erstellt, als er in einem Patentamt arbeitete. Komponisten wie Brahms und Debussy setzten Tagträume ganz aktiv als Hilfe zum Komponieren ein. Der amerikanische Philosoph John Dewey stellte fest, dass es häufig dann zu kreativen Erleuchtungen kommt, wenn Menschen „entspannt bis zur Träumerei" sind.

Leider ist jedoch unser Gedankengeschwätz, anders als ein Tagtraum, hauptsächlich negativ. Ganz allgemein liegen die Probleme beim Gedankengeschwätz darin, dass es *zu* wenig kontrolliert werden kann, *zu* negativ ist und wir uns zu sehr mit ihm identifizieren.

Zu nah an der Wirklichkeit

Als ich etwa 14 Jahre alt war, erlitt einer unserer Nachbarn einen Nervenzusammenbruch. Er trank, hatte nie geheiratet und galt als Einzelgänger. Da er schon immer äußerst intelligent gewesen war, vermutete jeder, er würde eine akademische Karriere hinlegen, vielleicht als Professor an der Universität, aber stattdessen wurde er Lehrer und lebte in seinem Elternhaus bei seiner Mutter. Eines Morgens stellte er fest, dass er die Welt nicht mehr ertrug, und schloss sich in seinem Zimmer ein. Seine Mutter musste die Polizei verständigen. Er öffnete die Tür erst, als die damit drohte, sie einzutreten. Er ging danach nie mehr zur Arbeit und verließ praktisch kaum noch sein Haus. Wir sahen ihn nur noch gelegentlich, wenn er in den Laden ging, um Whiskey zu kaufen. Er wirkte ungepflegt und ängstlich.

Sein Zusammenbruch war wohl die Folge seiner Isolierung, seiner Frustration und seines Alkoholismus. Damals machten viele Leute aber auch Bemerkungen wie „Er ist intelligenter, als es ihm guttut" oder „Er denkt zu viel". Damit meinten sie, dass er aufgrund seines vielen

Grübelns und seiner Intelligenz der Wirklichkeit zu nahe gekommen wäre und furchtbare Wahrheiten erblickt hätte, die Menschen besser niemals sehen sollten. Folglich ertrug er die Welt nicht mehr und konnte auch kein normales Leben mehr führen.

In unserer Kultur ist es weit verbreitet, das „Denken“ zu tabuisieren. Es gilt als gefährlich, zu „tiefgründig“ zu sein, die eigene Lage zu analysieren oder die Werte zu hinterfragen, nach denen man lebt. Man glaubt, je intelligenter und nachdenklicher jemand sei, desto anfälliger sei er für Depressionen oder sogar für Selbstmord. Das ist eng mit der Furcht vor dem Tod verknüpft – es gibt den Glauben, dass wir, sobald wir anfangen darüber nachzudenken, dass wir eines Tages sterben müssen oder noch heute sterben könnten, augenblicklich depressiv würden und nicht mehr wüssten, warum wir überhaupt noch etwas tun sollten. Das dient den Menschen als Rechtfertigung dafür, ihre freie Zeit mit Aktivitäten und Ablenkungen vollzustopfen – so müssen sie nicht über ihr schreckliches Schicksal nachdenken.

Es stimmt tatsächlich, dass die Wirklichkeit aus dem Blickwinkel unseres normalen Seinszustands düster aussieht. Durch die Linse der *Humanie* betrachtet, erscheint die Welt als gleichgültiger und unbeseelter Ort, unser Leben scheint bedeutungslos. Wir werden nur zufällig geboren, wandern ein paar Jahrzehnte auf der Welt herum, versuchen, unsere Bedürfnisse zu decken, während unsere Körper allmählich verfallen, bis sie so hinfällig sind, dass sie ihre Arbeit einstellen. Dann vergehen wir, ohne eine Spur hinterlassen zu haben, so, als hätte es uns nie gegeben. (Natürlich glaube ich nicht, dass dies wirklich unser Schicksal *ist*, sondern ein falsches Bild, das von unserer Psyche erschaffen wird. Wie ich später noch ausführen werde, bin ich der Überzeugung, dass unser Schicksal viel wohlwollender ist.)

Gleichzeitig denken aber die meisten Menschen nicht wirklich über diese „Wahrheit“ nach, wenn ihr Geist nicht beschäftigt ist. Die meisten Menschen leben allerdings viel zu sehr in ihrem eigenen geistigen Mikrokosmos. Menschen, die „zu viel denken“, haben nicht deshalb Probleme, weil sie die schreckliche Wahrheit über das Leben herausgefunden hätten, sondern weil sie durch das Denken auf zu viel psychische Zerrissenheit stoßen. Wir benötigen die Zerstreuung weniger, um der Betrachtung unserer Wirklichkeit auszuweichen (wie Pascal glaubte), sondern weil wir die innere Zerrissenheit nicht erfahren wollen. Nicht die Wirklichkeit ist das Problem, unser Geist ist es. Nicht da draußen lauern Ungeheuer – sondern in uns selbst.

Die Flucht vor der Zerrissenheit

Es ist nicht unsere Schuld, wenn wir den Auswirkungen der Ego-Verrücktheit entkommen wollen, dem wirbelnden Chaos der Gedanken und den negativen Gefühlen, die sie erzeugen. Wenn wir Zeit mit unserem Geist verbringen, ist das so, als befänden wir uns in Gesellschaft eines irren, elenden Menschen, der uns in den Wahnsinn treibt, weil er ohne Unterlass plappert und von seinen Problemen redet und sich über Gott und die Welt beschwert.

Nicht nur das – unsere Ego-Isolation bedeutet auch, dass wir mit diesem Menschen völlig allein sind, mitten im Niemandsland, Hunderte von Kilometern von der nächsten Stadt entfernt und ohne jede Möglichkeit, mit irgendjemandem darüber zu sprechen.

So wie wir es nicht genießen, auf einer lärmenden und überfüllten Straße unterwegs zu sein, und deshalb so schnell wie möglich nach Hause zurückkehren, können wir es auch nicht ertragen, in dem lauten, engen und negativen Raum unsere Psyche eingesperrt zu sein. Wir wollen der Zerrissenheit entkommen und erkranken – wie so viele Popstars, junge Adelige und Rentner – an chronischer Unzufriedenheit und Depressionen, wenn wir zu viel Zeit dort verbringen.

Unser normaler Gemütszustand ist einer der Störung, des Schwarzsehens, der Isolation und Unvollständigkeit. Die *Struktur* der Psyche (also ihre starken Ego-Grenzen) erzeugt Isolation, Unvollständigkeit und Angst. Die *Aktivität* der Psyche (also das ununterbrochene Gedankengeschwätz) führt zu Störungen und Schwarzmalerei. Zusammen nennt man das *Humanie*.

Es ist wichtig, sich daran zu erinnern, dass dieser Zustand weder normal noch unvermeidlich ist. So sind „die Dinge" einfach nicht, es ist auch nicht ein Teil des „menschlichen Lebens". Das düstere Bild der Wirklichkeit, das die *Humanie* zeichnet, ist keinesfalls objektiv. Und genauso ist der Zustand der Ego-Isolierung und der kognitiven Zerrissenheit, den wir erleben, nur ein ganz *spezieller* Gemütszustand, kein absoluter. Das zeigt allein die Tatsache, dass – wie wir gesehen haben – andere Völker unserer Welt in einem anderen Gemütszustand leben und offensichtlich nicht an *Humanie* erkrankt sind, und zudem die Tatsache, dass wir – wie wir später noch sehen werden – regelmäßig einen anderen Gemütszustand erleben. Manche von uns können ganz in diesen anderen Zustand überwechseln.

Ein großer Teil von all dem, was wir erleben, und allem, was wir tun – unsere Stimmungen und Gemütszustände, wie wir unseren Alltag leben, unsere Wertvorstellungen und Ziele –, wird von der *Humanie* bestimmt. Man könnte sogar sagen, dass der Wunsch, der psychischen Zerrissenheit auszuweichen oder sie zu kompensieren, bei vielen Menschen der Antrieb ihres Lebens ist. In gleicher Weise wie ein ernsthaft erkrankter Mensch die meiste Zeit darauf verwendet, mit seiner Krankheit zurechtzukommen, so verbringen wir unsere Zeit damit, mit dieser geistigen Störung klarzukommen.

In den nächsten Kapiteln werden wir unter die Lupe nehmen, auf welch unterschiedliche Weise wir das tun, und betrachten einige der Wege, wie sich die *Humanie* in unserem Leben manifestiert.

KAPITEL 3

Die subtilen Auswirkungen der *Humanie*

Die Auswirkungen der *Humanie*, dieses Zustands latenter innerer Zerrissenheit und Unzufriedenheit, können sich höchst subtil gestalten. Vielleicht ertappen Sie sich gelegentlich mit einem leicht unbehaglichen Gefühl, so als wären Sie wegen irgendeiner Kleinigkeit besorgt. Sie überlegen sich, warum Sie sich Sorgen machen, und finden zu Ihrer Überraschung nichts. Sie haben keine Angst vor einem Ereignis in Ihrer Zukunft und es gibt auch nichts in Ihrer Vergangenheit, das Sie wütend macht oder dessen Sie sich schämen müssten. Das Unbehagen hat keinen greifbaren Ursprung. Warum sind Sie also besorgt, wenn es nichts gibt, weshalb Sie sich Sorgen machen müssten?

Vielleicht befinden Sie sich gerade in einer Lage, in der Sie eigentlich nur glücklich sein können – Sie verbringen einen entspannten Abend zu Hause, sitzen an einem Sommertag in Ihrem Garten oder halten sich gerade in einem luxuriösen Hotelzimmer auf. Dennoch spüren Sie, dass „etwas nicht stimmt“. Sie haben das Gefühl, Sie müssten irgendetwas tun, auch wenn Sie nicht wissen, was genau. Sie haben das Gefühl, dass irgendetwas nicht funktioniert oder dass etwas fehlt. Es ist zwar schwierig, es genau zu bestimmen, so, als krieche ein „psychischer Wurm“ durch Ihren Geistesraum, aber Sie nehmen es nicht deutlich genug wahr, um es genau zu identifizieren.

In dieser Situation erleben Sie einfach nur das Hintergrundrauschen des Unbehagens, das immer in Ihrem Geist vorhanden ist. Es kommt uns aber so vertraut vor, dass wir es kaum bemerken. Dieses Hintergrundrauschen hat spürbare Auswirkungen, wenn es unsere Gedanken mit Sorgen und Bitterkeit füllt. Dann erleben Sie es jedoch in seiner reinsten Form, als Atmosphäre der Negativität, die den ganzen geistigen Raum durchdringt.

Das Gefühl des Unbehagens und der Besorgnis ist eng verwandt mit dem Gefühl der Unzufriedenheit. Weil wir spüren, dass etwas nicht stimmt, haben wir das Bedürfnis, die Dinge *richtigzustellen*. Wir spüren ständig das Verlangen, etwas zu ändern, wir fügen Dinge hinzu, damit sich unsere Lage verbessert. Dabei begehen wir den „ursächlichen Fehler" zu glauben, die Quelle unserer Unzufriedenheit liege in der Außenwelt und nicht in uns selbst. Wir glauben, wir könnten zufriedener werden, indem wir unser Leben und nicht uns selbst ändern. Wir räumen unser Haus um, gönnen uns eine neue Küche, einen neuen Teppich oder ein neues Auto, wir verändern unsere Frisur oder kaufen neue Kleider. All das kann uns ein kurzfristiges Wohlgefühl verschaffen. Aber die Unzufriedenheit wohnt immer noch in uns und bleibt unberührt von diesen äußerlichen Veränderungen. Bald schon erscheint sie wieder an der Oberfläche.

Einsamkeit und Langeweile

Einige unserer offensichtlichen psychischen Probleme entstammen ebenfalls der unmittelbaren Erfahrung unserer inneren Zerrissenheit. Was wir „Einsamkeit" nennen, ist häufig das direkte Erleben unserer Ego-Isolierung. Wir sehnen uns dann danach, mit anderen zu reden, um diese zu mildern. Sind wir einsam, *spüren* wir unsere grundlegende Isolation und Unvollständigkeit. Selbstverständlich sind Menschen gesellige Wesen, es ist unnatürlich, wenn wir völlig auf uns allein gestellt sind. Aber unsere Abneigung gegen das Alleinsein wird durch unsere Ego-Verrücktheit erheblich gesteigert. Die *Humanie* drängt uns dazu, Alleinsein so weit wie möglich zu vermeiden.

Es ist wichtig, sich daran zu erinnern, dass Einsamkeit und Alleinsein zwei unterschiedliche Dinge sind. In der richtigen Gemütsverfassung – in einem Zustand der inneren Harmonie – ist es einfach, alleine zu sein, selbst längere Zeit hindurch, ohne sich einsam zu fühlen. In seinem Gedicht *Der Entwurzelte* beschreibt D. H. Lawrence sehr anschaulich das Verhältnis zwischen Ego-Isolation und Einsamkeit: „Menschen, die über Einsamkeit klagen, haben wohl etwas verloren,

/ Ihre lebende Verbindung zum All verloren, von sich aus ... wie eine Pflanze, der man die Wurzel abschneidet." Für Lawrence selbst, der stets in einem Zustand intensiver Verbindung mit der ihn umgebenden Welt lebte, war „mit sich alleine zu sein ... das höchste Vergnügen des Lebens ... man fühlt sich selbst ununterbrochen verwurzelt in der Verbindung zum Mittelpunkt allen Seins".

Langeweile ist der Zustand geistigen Unwohlseins, den wir erleben, wenn wir unsere Aufmerksamkeit nicht auf ein äußeres Objekt richten. Dieses Unwohlsein ist die Zerrissenheit unseres Geistes – die Störung unseres hin- und herspringenden Gedankengeschwätzes und die fundamentale Furcht unserer Ego-Isolation. Wenn wir sagen: „Ich langweile mich – ich muss etwas tun", sagen wir in Wirklichkeit: „Ich empfinde eine innere Zerrissenheit, also muss ich aktiv werden oder mich ablenken, um mich aus mir selbst herauszureißen."

Fernsehen und psychische Zerrissenheit

In Bezug auf die Auswirkungen, die sie auf unser Leben hat, beeinflusst die *Humanie* uns in erster Linie bei der Erzeugung des Bedürfnisses nach Ablenkung und Aktivität – das wurde bereits in Kapitel 1 beschrieben. Aus dem Blickwinkel eines außerirdischen Anthropologen wäre die seltsamste all dieser Formen der Ablenkung vermutlich das Fernsehen. Stellen Sie sich einen Außerirdischen vor, der eines Abends eine typische Vorstadtstraße entlangschlendert und durch die Fenster in die Häuser schaut. Überall sieht er das Flimmern der Bildschirme und davor die Familien, die unbewegt dasitzen und ausdruckslos auf die Bilder starren. „Was ist mit diesen Leuten los?", wird er sich fragen. „Wer hat sie alle in Trance versetzt?"

Wie ich bereits dargelegt habe, ist das Fernsehen die beste bisher bekannte Methode, mit der wir unsere Aufmerksamkeit auf etwas außerhalb von uns lenken können. Das heißt auch, dass es die beste bisher bekannte Methode ist, unserer psychischen Zerrissenheit zu entfliehen. Und weil es die beste Methode ist, ist es auch die beliebteste (obwohl natürlich diese Beliebtheit etwas abgenommen hat, seitdem das Internet und Spielkonsolen die Unterhaltungsindustrie dominieren).

Das Fernsehen ist so hypnotisch und verlangt uns geistig so wenig ab, dass es uns stundenlang ermöglicht, unserem eigenen geistigen Raum zu entfliehen. Bücher können die gleiche Wirkung haben, verlangen aber stärkere Konzentration. Es ist für unsere Aufmerksamkeit also wesentlich leichter, sich wieder von ihnen „loszueisen". Beim Fernsehen muss man lediglich das Gerät anschalten und kann innerhalb weniger Sekunden der inneren Zerrissenheit entkommen.

Zu anderen Zeiten, wenn wir uns nicht direkt auf das Fernsehen konzentrieren, dient es uns als Sicherheitsnetz, während wir mit etwas anderem beschäftigt sind. (Auch das Radio erfüllt oft diese Funktion.) Das Hintergrundgeräusch eines Fernsehers oder Radios übertönt jeden potenziell schmerzlichen Augenblick der Stille oder der Unaufmerksamkeit, in dem wir unserer inneren Zerrissenheit begegnen könnten. Unglücklicherweise haben sich viele Menschen so sehr an dieses Hintergrundgeräusch gewöhnt, dass sie es in ihren Wohnungen gar nicht mehr ohne aushalten können. Kaum haben sie die Haustür geschlossen und ihr Wohnzimmer betreten, fühlt sich die Stille schon beunruhigend oder sogar bedrohlich an. Also wird sie umgehend durch das Geschwätz der Medien vertrieben.

Viele Menschen verwundert meine Fernsehfeindlichkeit. Lange Zeit war ich ein militanter Fernsehgegner. Über zehn Jahre lang besaß ich überhaupt kein Fernsehgerät. Ich führte einen beständigen Kleinkrieg gegen die Gebühreneinzugszentrale – sie wollten mir einfach nicht abnehmen, dass ich keinen Fernseher hatte, und verlangten, dass ich weiterhin Gebühren zahlte. Besonders Anfang der 1990er-Jahre, vor dem Zeitalter von Internet, Handy und Computer, konnten die Leute kaum glauben, dass ein Leben ohne Fernseher möglich wäre. Im Büro fragte mich eine Kollegin, ob ich am Abend zuvor die letzte Folge einer populären Soap gesehen hätte. „Nein, ich habe keinen Fernseher", meinte ich. Die Frau war fassungslos. „Ja, was *machen* Sie dann?", wollte sie wissen.

Ich bin mittlerweile etwas gnädiger geworden. Heute besitzen wir einen Fernseher, allerdings ein so kleines Gerät, dass wir keine Filme mit Untertiteln sehen können, weil diese zu klein zum Lesen sind. Heute sehe ich im Durchschnitt jeden Tag etwa eine halbe Stunde fern. Ich mag es, in Sachen Nachrichten auf den Laufenden zu bleiben, und gelegentlich schauen wir auch Comedy oder mal einen Film.

Einer der Gründe, warum ich das Fernsehen ablehne, liegt einfach darin, dass ich seine Auswirkungen für psychisch schädlich halte. Es handelt sich um eine so passive, einfache Form der Unterhaltung, dass sie unsere Konzentrationskraft schwächt. Ich wurde zu einem TV-Süchtigen erzogen – in unserem Haus lief ununterbrochen der Fernseher: Vermutlich sah ich an jedem Tag zwischen vier und fünf Stunden fern, bis ich im Alter von 18 Jahren auszog. In der Folge konnte ich mich nur schwer konzentrieren. Als ich etwa 17 Jahre alt war, begann ich mich für Bücher zu interessieren, konnte mich aber selten auf mehr als ein paar Seiten auf einmal konzentrieren. Ich musste meine ganze Willenskraft aufbringen, um dem Impuls zu widerstehen, den Fernseher einzuschalten, und meine Augen weiter auf den Text zu richten. Das Gleiche geschah, als ich einige Jahre später mit dem Schreiben begann – ich hatte große Mühe, mich länger als ein paar Minuten zu konzentrieren.

Das war einer der Gründe, warum ich mich entschloss, kein Fernsehen mehr zu schauen – ich wollte meine Konzentrationsfähigkeit stärken. Mir war klar, dass die Konzentration wie ein Muskel funktioniert, der langsam aufgebaut werden muss. Ich zwang mich also dazu, stillzusitzen und jede Woche ein wenig länger zu schreiben. Nachdem ich es geschafft hatte, eine Stunde lang dazusitzen und zu schreiben, steigerte ich die Zeit auf eine Stunde und 15 Minuten – und immer so weiter. Schließlich, nach etwa einem Jahr, wurde es einfach. Mein „Konzentrationsmuskel" war nun so trainiert, dass ich stundenlang an einem Stück am Schreibtisch sitzen und schreiben konnte. In Anbetracht dessen, was wir heute über die neuronale Plastizität wissen, vermute ich, dass ich eine Gehirnregion stärkte, die mit der Aufmerksamkeit in Verbindung steht (sehr wahrscheinlich meinen präfrontalen Cortex).

Ich verknüpfte die Zellen und schuf neue Zellen, bis sich so viel „graue Substanz“ in der Region gebildet hatte, dass es mir leichtfiel, lange Zeit konzentriert zu bleiben.

Ein weiteres Problem des Fernsehens – und der Medien ganz allgemein – ist, dass es uns eine alternative Wirklichkeit zur Verfügung stellt, die uns das Interesse für die reale Welt verlieren lässt. Wir interessieren uns nicht mehr so sehr für das eigene Leben und dafür, Veränderungen in ihm vorzunehmen. Wenn Sie einem Gespräch in einem Laden, Büro oder Café lauschen, werden die Leute sehr wahrscheinlich nicht über ihr eigenes Leben plaudern, sondern über das Fernsehprogramm oder über irgendwelche Berühmtheiten. Es ist auch gar nicht erforderlich, unser eigenes Leben aufregender oder erfüllender zu gestalten, wenn so viel Reiz und Aufregung in dieser unechten Parallelwelt zu finden sind.

Aber am meisten lehne ich das Fernsehen ab, weil es seine Hauptaufgabe ist, uns in einen geistigen Schlaf zu versetzen und die Wirklichkeit auszublenden. Es soll uns aus uns selbst herausholen, aus unserer Umgebung und aus der Gegenwart, damit wir nicht mit unserer psychischen Zerrissenheit konfrontiert werden.

Andere Drogen und Süchte

Aufgrund dieser den Geist betäubenden und die Wirklichkeit verschleiernden Wirkung halten einige Psychologen das Fernsehen für eine Droge. Ob das nun der Fall ist oder nicht: Eine der Auswirkungen der *Humanie* besteht zweifelsfrei darin, dass sie uns dafür anfällig macht, *echte* Drogen zu nehmen, darunter Alkohol. Popstars und Adelige sind vielleicht für Drogen- und Alkoholprobleme anfälliger als wir Übrigen, aber wir alle sind zu einem bestimmten Grad empfänglich für sie.

Menschen verspüren von Natur aus den Drang, Drogen zu nehmen. Soweit wir wissen, haben Menschen schon immer Rauschmittel genommen. Es gibt Belege dafür, dass das schon vor Tausenden von Jahren geschah – bereits vor 9000 Jahren wurden in Südostasien Betel-Blätter gekaut, 1000 Jahre später wurde Opium als Droge im Mittelmeerraum konsumiert.

Der menschliche Drang, Drogen zu nehmen, kann in zwei Formen vorkommen, der „transzendenten“ und der „eskapistischen“. Manchmal nimmt man Drogen, um das Bewusstsein zu erweitern und Zugang zu Ebenen der Wirklichkeit zu erhalten, die uns für gewöhnlich unzugänglich sind. Psychedelische Drogen wie LSD oder Zauberpilze werden oft zu diesem „transzendenten“ Zweck eingesetzt. Das trifft insbesondere für die Drogen zu, die indigene Völker bei Initiationszeremonien, religiösen Ritualen oder zur Unterstützung schamanischer Reisen verwenden.

Bei uns aber werden Drogen meistens aus „eskapistischen“ Gründen genutzt, als Mittel zur Flucht vor unserer inneren Zerrissenheit. Die Leute erklären, dass sie „einfach mal entfliehen“ wollten, indem sie sich betrinken oder Drogen nehmen; das, wovor sie fliehen möchten, ist ihre Ego-Verrücktheit, ihre kognitive Zerrissenheit und die Isolation und Unvollständigkeit des abgetrennten Selbst.

Wie das Fernsehen können manche Drogen zu einem scheintoten Zustand führen, da sie die Wahrnehmung unserer Zerrissenheit betäuben. Das trifft auf Drogen wie Alkohol, Heroin sowie andere Sedativa und Tranquilizer zu. Sie wischen die Negativität in unserem Geist beiseite, unterdrücken unseren Aktivitätsdrang und lassen auch den Frust verschwinden, den wir empfinden, wenn wir zu viel unstrukturierte Zeit zur Verfügung haben. Andererseits betäuben andere Drogen – darunter Stimulanzien wie Kokain oder Ecstasy – unsere Sinne nicht, sie *überlagern* sie mit angenehmen Empfindungen. Wir fühlen uns dann so toll, dass wir unsere innere Zerrissenheit ebenfalls nicht mehr spüren.

Das Problem bei Drogen ist, dass ihre Wirkung immer mehr nachlässt und man ständig die Dosis erhöhen muss. Aber unsere Zerrissenheit und Unzufriedenheit liegen permanent auf der Lauer und warten auf ihre Chance. Langfristig betrachtet sorgen Drogen dafür, dass unser normaler psychischer Zustand noch chaotischer und ungesunder wird. Das führt zu schrecklicher physischer Abhängigkeit.

Unterschiedliche Grade der *Humanie*

Das sind einige der sichtbaren Zeichen und Symptome der *Humanie*. Wenn Sie unter Langeweile und Einsamkeit leiden oder Ablenkungen wie Fernsehen brauchen oder trinken und Drogen nehmen – wenn Sie also ein ganz gewöhnlicher Mensch sind –, dann kann dieses Leiden ganz ohne Zweifel bei Ihnen diagnostiziert werden.

Aber jede Krankheit und Störung hat unterschiedliche Auswirkungen auf die Menschen, das trifft auch bei der *Humanie* zu. Auch wenn wir fast alle unter dieser Störung leiden, leiden wir nicht alle im gleichen Ausmaß.

Einige Menschen spüren einen solch hohen Grad an psychischer Zerrissenheit in sich, dass sie – wie meine Freundin, die Lehrerin – nicht eine Minute lang nichts tun können und unfähig sind, alleine zu sein. Ihre Schwelle für Langeweile und Einsamkeit ist extrem niedrig, sie spüren stärker als andere den Drang, mithilfe von Alkohol oder Drogen „allem zu entfliehen". Die Ursache könnte in einem stärker ausgeprägten Gefühl der Ego-Isolation liegen. Vielleicht sind die Grenzmauern ihres Egos stärker und dicker, sie fühlen sich abgetrennter und unvollständiger an. Möglicherweise ist auch einfach nur ihre innere Zerrissenheit größer. Ihr Gedankengeschwätz kann so beständig sein, dass sie nie auch nur für eine Sekunde abschalten können. Sie schaffen es vielleicht, nach ein paar Drinks oder einer Schlaftablette einzuschlafen, aber sie wachen mitten in der Nacht auf, und sofort fängt das Gedankengeschwätz wieder an und hält sie bis zur Morgendämmerung wach.

Das Gedankengeschwätz anderer Personen kann negativer sein, als es gewöhnlich ist. Diese Menschen haben bereits von ihren Eltern jede Menge negativer Drehbücher übernommen und wälzen ununterbrochen selbstverurteilende Gedanken. Deshalb kann selbst das geringste introspektivische Denken – nur ein paar Sekunden Gedankengeschwätz an der Bushaltestelle oder in der Werbepause während des Fernsehens – eine Depression bei ihnen auslösen.

Psychische Zerrissenheit kann sich durch ein Trauma intensivieren. Traumata können der Psyche „strukturelle Schäden“ zufügen. Vernachlässigen oder missbrauchen Eltern ein Kleinkind, dessen Psyche von Natur aus noch formbarer und beeinflussbarer ist, wird sein Ego noch zerbrechlicher und abgetrennter als gewöhnlich – mit einem akuten Gefühl der Unvollkommenheit und Unsicherheit. Traumatische Erfahrungen lassen in der Psyche einen Restschmerz zurück, eine fortwährende psychische Wunde, die jedes Mal Schmerz verursacht, wenn dieser Mensch seine Aufmerksamkeit nach innen richtet. Folglich fällt es Menschen, die ein Trauma erlitten haben, noch schwerer, mit sich alleine zu sein oder nichts zu tun.

Genau wie beim Trauma kann unsere „grundlegende“ psychische Zerrissenheit durch andere geistige Störungen bestärkt oder betont werden. Das *Diagnostic and Statistical Manual of Mental Disorders* führt mehr als 300 psychische Störungen auf. Die Hauptkategorien sind klinische Störungen (zum Beispiel Schizophrenie, Depressionen und Angststörungen) und Persönlichkeitsstörungen (also etwa Paranoia, narzisstische Persönlichkeitsstörungen und zwanghaftes Verhalten).

Viele dieser Störungen wirken sich viel drastischer aus als unsere grundlegende psychische Zerrissenheit und verursachen größeres psychisches Leid. Einige mildere Formen können allerdings als Manifestation dieses Zustands betrachtet werden. Beispielsweise können Angststörungen durch kognitive Zerrissenheit ausgelöst werden, wenn das negative Gedankengeschwätz Angst vor der Zukunft sowie Schuldgefühle und Verbitterung in Bezug auf Vergangenes erzeugt.

Ego-Verrücktheit kann ebenfalls Depressionen verursachen. Depressionen entstehen manchmal nur deshalb, weil wir zu viel Zeit in unserem Kopf verbracht und zu viel innere Zerrissenheit erfahren haben. Sie sind häufig auch die Folge davon, dass wir zu sehr unseren verwirrten Gedanken ausgesetzt waren und ihrer Negativität zugehört haben – wir spielen die negativen Drehbücher durch, die wir von unseren Eltern erhalten haben, stellen uns unangenehme Dinge in unserer Zukunft vor oder erinnern uns an negative Erlebnisse in unserer Vergangenheit. Dazu kommt, dass wir zu stark der Isolation und Unvollständigkeit unseres Geistes ausgesetzt sind. Der beste Beleg dafür ist, dass – wie wir bereits gesehen haben – eine enge Verknüpfung zwischen der Menge an unstrukturierter Zeit, die Menschen zur Verfügung steht, und ihrer Anfälligkeit für Depressionen und andere psychische Störungen besteht.

Allgemein ist ein Mensch umso anfälliger für Drogenmissbrauch oder Sucht, je mehr psychische Zerrissenheit er erlebt – entweder weil er einfach mit einem höheren Grad an kognitiver Zerrissenheit und Ego-Abtrennung zur Welt kam oder weil diese grundlegende Zerrissenheit durch ein Trauma oder eine andere psychische Störung verstärkt wurde. Viele wissenschaftliche Untersuchungen belegen beispielsweise, dass ein in frühen Jahren erlittenes Trauma – etwa sexueller, körperlicher oder emotionaler Missbrauch – die Anfälligkeit eines Menschen für Drogenmissbrauch erhöht. Andere Untersuchungen belegen, dass bei traumatischen Ereignissen im Erwachsenenalter oft noch bis zu 18 Monate später Drogen oder Alkohol zur Bewältigung eingesetzt werden. Trockene Alkoholiker fangen wieder mit dem Trinken an, frühere Abstinenzler beginnen zu trinken, die, die ohnehin trinken, trinken mehr. Erreicht die psychische Zerrissenheit eine zu hohe Intensität, wirken Ablenkungen wie Fernsehen oder Arbeit nicht mehr. Dann scheint die Betrunkenheit oder der Drogenrausch das einzige Mittel zu sein, um dem Bombardement und der Negativität unseres Gedankengeschwätzes, unserer Unvollkommenheit oder dem psychischen Restschmerz zumindest zweitweise zu entgehen.

Im Gegensatz dazu gibt es Menschen, die von der *Humanie* weniger betroffen sind. In ihrem Kopf ist der Grad der Zerrissenheit geringer. Diese Menschen fühlen sich mit sich selbst wohl. Ihr Leben läuft langsam und relativ ruhig ab, sie haben es nicht nötig, es mit beständiger Aktivität oder Zerstreuungen vollzustopfen. Sie scheinen nicht viel zu „tun“, aber sie beschweren sich auch nie darüber, gelangweilt oder sogar einsam zu sein. Sie müssen sich weder betrinken noch Drogen nehmen. Sie lesen lieber Bücher als fernzusehen und ziehen ihre Befriedigung aus einfachen Aufgaben wie dem Kochen, dem Wandern oder der Gartenarbeit. Sie müssen nicht ihre ganze Zeit außerhalb ihrer selbst verbringen.

Das ist deshalb möglich, weil ihr „geistiger Raum“ harmonischer und angenehmer ist als üblich. Vielleicht ist die „Ego-Isolation“ bei ihnen nicht so stark ausgeprägt wie bei anderen, sie erfahren weniger kognitive Zerrissenheit, ihr Geist ist ruhiger und ihre Gedanken tendieren eher zum Positiven. Das könnte nur ein Zufall bei der Geburt sein, vielleicht lässt es sich aber auch auf ihren Lebensstil zurückführen, da sie eben ein ruhiges Leben in einem ruhigen Umfeld führen, regelmäßig Yoga praktizieren oder meditieren, schwimmen gehen oder joggen. Vielleicht konnten sie bis zu einem gewissen Grad ihre *Humanie* heilen. Wir kommen später noch darauf zurück.

Es gibt auch eine Minderheit – etwa Kinder oder indigene Völker –, die von diesem Leiden *völlig* verschont geblieben ist und in einem Zustand der fortdauernden, konstanten Harmonie lebt. Man nennt diese Menschen manchmal „erleuchtet“ oder „selbstverwirklicht“. Die „shifters“, die ich in meinem Buch *Out of the Darkness* beschrieben habe, sind Beispiele dafür. Bei ihnen scheint sich das normale Ego aufgelöst zu haben. Sie erfahren keine – oder nur sehr wenig – innere Zerrissenheit. Ihr Geist ist ruhig – mit nur wenig oder gar keinem Gedankengeschwätz – und sie erleben auch keine Ego-Isolation. Stattdessen spüren sie eine starke Verbindung mit ihren Mitmenschen, der Natur und der Welt ganz allgemein.

Aber wir greifen hier vor. Bevor wir diesen Zustand der Harmonie genauer untersuchen, müssen wir uns noch tiefer in die Verrücktheit des menschlichen Geistes und zu dem bizarren Verhalten, das er erzeugt, begeben.

KAPITEL 4

Die Verrücktheit des Anderswoseins

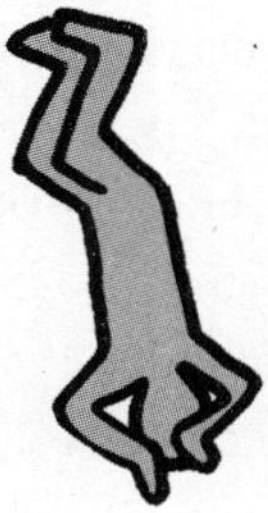

Vor einigen Jahren besuchte ich das Britische Museum in London und traf dort auf eine Gruppe von Touristen, die die Ausstellungsstücke des Museums mit ihren Handys und Videokameras filmten. Sie *betrachteten* die antiken Stücke nicht wirklich, sie *filmten* sie bloß. Das Museum war ziemlich voll. Einige Stücke, etwa der berühmte Stein von Rosetta, waren so umlagert, dass es nicht einfach war, ihn zu abfilmen. Deshalb wurden die Touristen manchmal ungeduldig, reagierten verärgert und begannen sich gegenseitig zu schubsen. (Wären sie hingegen damit zufrieden gewesen, die Sachen nur zu *betrachten*, wäre das kaum ein Problem gewesen.) Als ich mir die Touristen so ansah, fiel mir plötzlich auf, dass *sich keiner von ihnen tatsächlich an diesem Ort befand*. Sie betrachteten sich diese außergewöhnlichen Fundstücke nicht in jenem Moment, sie bereiteten sich vielmehr darauf vor, sie irgendwann in der Zukunft zu betrachten, nachdem sie wieder zu Hause waren. Sie besuchten das Museum nicht in der Gegenwart, sondern erst in der Zukunft.

Es war eine absurde Situation. Sie befanden sich physisch *hier* im Museum – wäre es da nicht besser gewesen, die Kameras einzustecken und sich die Ausstellungsstücke anzusehen, anstatt dies auf irgendeinen Termin in der Zukunft zu verschieben? Wäre denn die *gegenwärtige* Erfahrung, den Stein von Rosetta zu betrachten – die vollkommen sinnliche Erfahrung des Hier und Jetzt – nicht viel zufriedenstellender als die Erfahrung, ihn später mal auf DVD zu sehen?

Vor etwa einem Jahr beobachtete ich anlässlich einer Hochzeit im Familienkreis eine vergleichbare Szene. Die Braut benötigte am Morgen viele Stunden, um sich vorzubereiten. Eine Freundin (die als Friseurin arbeitete) stylte ihr die Haare und eine professionelle Kosmetikerin machte ihr das Make-up und die Nägel. Die eigentliche

Heiratszeremonie war recht kurz und wurde von mehreren Leuten mit Mobiltelefonen und Digitalkameras aufgenommen. Bei der Hochzeitsfeier später am Nachmittag verbrachten Braut und Bräutigam den Großteil ihrer Zeit damit, in der Nähe des Festsaals umherzugehen, um fotografiert zu werden. Sie hielten unter Bäumen, bei Blumenrabatten, an der Pforte zum Saal. Zuerst posierten sie alleine, dann mit unterschiedlichen Mitgliedern der Familie. Das dauerte endlos und schien der einzige Grund für den Hochzeitsempfang zu sein.

Ich aber fragte mich verwundert: „Findet diese Hochzeit wirklich *gerade* statt?" Hatte die Braut wirklich so viel Zeit darauf verwendet, sich zurechtzumachen, um an ihrem Festtag toll auszusehen, oder weil sie in *Zukunft* gut aussehen wollte, wenn sie das Video und die Fotos ihrer Trauung betrachtete? Als ich sie so beim Posieren für die Aufnahmen beobachtete, begriff ich, dass Braut und Bräutigam nicht wirklich *hier* in der Gegenwart waren. Sie befanden sich bereits in der Zukunft und betrachteten die Fotos aus einem Abstand von fünf, zehn oder 15 Jahren. Sie waren mehr daran interessiert, diesen Tag für die Zukunft festzuhalten, als ihn zu diesem gegenwärtigen Zeitpunkt tatsächlich zu erleben.

Wieder einmal fragte ich mich, ob es nicht besser wäre, statt an die Zukunft zu denken und die ganze Aufmerksamkeit auf die gegenwärtige Erfahrung des Hochzeitstages zu richten, den Augenblick auszukosten und die Realität der Ereignisse in sich aufzunehmen. Wäre der Tag der Hochzeit dann nicht viel erfüllender?

Es handelt sich hier sicher um Extrembeispiele, sie zeigen jedoch deutlich einen Aspekt der *Humanie* auf, auch wenn er nicht unmittelbar auf der Hand liegt: unsere Unfähigkeit, gegenwärtig zu leben. Ebenso gut wie „die Menschen, die nicht nichts tun können" könnte uns ein indigener Anthropologe also auch „die Menschen, die nicht in der Gegenwart leben können" nennen.

Begriffe wie „in der Gegenwart leben" oder „im Hier und Jetzt" sind mittlerweile zu Klischees verkommen. Aber was bedeuten sie eigentlich?

In der Gegenwart zu leben bedeutet, sich seiner Erfahrungen voll bewusst zu sein, das Sein der Umgebung zu erleben sowie die Empfindungen, die wir haben. Es bedeutet, in der Welt zu leben – anstatt im Kopf –, während man sich selbst bewusst ist, im eigenen geistigen Raum.

Sie können in der Gegenwart leben, während Sie am Morgen duschen; lassen Sie sich dabei nicht von Ihren Gedanken überschwemmen, sondern richten Sie Ihre Aufmerksamkeit ganz genau auf das, was Sie in diesem Augenblick spüren – das warme Wasser, das auf Ihre Haut trifft und dann den Körper hinabperlt. Sie können gegenwärtig leben, während Sie essen – anstatt dabei eine Zeitung oder Zeitschrift zu lesen oder mit Ihrem Tischnachbarn zu plaudern, richten Sie Ihre Aufmerksamkeit einfach mal auf das Aroma und den Geschmack des Essens und spüren, wie Sie es kauen und herunterschlucken. Sie können ebenfalls gegenwärtig leben, während Sie eine Straße entlanglaufen, wenn Sie Ihre Aufmerksamkeit auf die Wahrnehmung richten, wie Ihre Füße den Erdboden berühren und wieder verlassen, und Sie die Gebäude und Bäume, an denen Sie vorbeikommen, auch *wirklich* betrachten – die Wolken und die Sonne über Ihnen.

Das klingt einfach, aber nur die wenigsten von uns tun es. Aufgrund unserer Ego-Verrücktheit verbringen wir die meiste Zeit in einem Zustand der Abwesenheit oder des „Anderswoseins".

Anderswosein

Die *Humanie* entfernt uns auf unterschiedliche Weise von der Gegenwart. Einerseits bringt uns unser Gedankengeschwätz „anderswohin". Wir nehmen die Welt nicht direkt durch unsere Sinne wahr, sondern ausschließlich durch den Nebel unserer Gedankenwelt. Sie nehmen nicht den Geschmack auf Ihrer Zunge wahr, nicht das Wasser auf Ihrer Haut oder die Häuser und den Himmel, sondern befinden sich mit Ihren Freunden letzte Nacht in einer Bar oder in der Zeit von vor zehn Jahren, als Ihre Kinder noch Babys waren, oder ein paar Tage in der Zukunft auf einem Popkonzert oder ein paar Wochen in der

Zukunft bei einem Vorstellungsgespräch, vor dem Sie Angst haben. Das nenne ich manchmal das „interne Anderswosein" – wir sind nicht anwesend, weil unsere Aufmerksamkeit tief in uns versunken ist, in unseren Gedanken.

Wir nehmen unsere Umgebung natürlich immer *bis zu einem gewissen Grad* wahr – täten wir das nicht, würden wir gegen Mauern prallen, überfahren werden oder vergessen, aus dem Zug zu steigen. Die meiste Zeit aber tun wir das nur eingeschränkt, fast automatisch. In jeder Minute eines Tages erleben wir die unterschiedlichsten Dinge – unterschiedliche Ansichten und Empfindungen, verschiedene Gefühle, Geschmäcke, Gerüche und Geräusche –, die wenigsten davon aber auf eine bewusste Art. Wir sind nicht *völlig* woanders, dennoch nur in geringem Maße gegenwärtig. Wir reisen, ohne unsere Umgebung wahrzunehmen, wir schauen, ohne wirklich zu sehen, wir essen, ohne zu schmecken, atmen und bewegen uns, ohne uns unseres Körpers bewusst zu sein.

Sind wir nicht auf diese Weise innerlich abwesend, dann sind wir es gewöhnlich *äußerlich*, indem wir unsere Aufmerksamkeit auf Ablenkungen und Aktivitäten richten. Zur gleichen Zeit wie sie uns aus uns selbst herausholen, holen die Aktivitäten und Ablenkungen uns auch aus der Gegenwart. In größerem oder geringerem Ausmaß – das hängt davon ab, wie sehr wir versunken sind – verengen wir unsere Aufmerksamkeit beim Fernsehen oder Computerspielen oder bei der Arbeit auf einen einzigen Brennpunkt und schließen unsere übrige Umgebung aus unserem Bewusstsein aus. Dann sind wir uns schließlich auch nicht mehr *unserer selbst* bewusst. Anstatt *hier* zu sein, sind wir ganz in der alternativen Realität einer Fernsehsendung oder eines Computerspiels oder der abstrakten Welt der Informationen aus Zeitschriften, Zeitungen oder dem Internet versunken. Das könnte man das „externe Anderswosein" nennen.

In der modernen Welt wird es immer einfacher, in das „externe Anderswosein" zu gelangen. Vor ein paar Jahren gab es noch Situationen, in denen man nicht so leicht Zugang finden konnte, etwa beim Warten (an der Bushaltestelle, im Wartezimmer des Arztes oder im

Stau, bei Zug- oder Busreisen oder beim Spazierengehen). Man konnte zwar lesen, wenn man wartete oder unterwegs war, oft genug war die Zeitschrift oder Zeitung jedoch nicht interessant genug, um unsere Aufmerksamkeit dauerhaft zu fesseln, sodass es leichter war, in das „interne Anderswosein" abzutauchen. Vielleicht erlebte man sogar einen Hauch von „Hiersein" – oder Gegenwart – und achtete wirklich auf die Umgebung, die Menschen um einen herum, die Gebäude oder den Himmel. Seit es aber elektronische Geräte wie Blackberrys, E-Reader, iPads, Smartphones und iPods gibt, hat man jederzeit und in jeder Lage leichten und sofortigen Zugang zum externen Anderswosein. Es gibt jederzeit eine unterhaltsame Alternative zur Bewusstwerdung der Umgebung und ihrer Erfahrung. Im Leben vieler Menschen kommt die Wirklichkeit nur noch ab und zu vor, ein beliebiger Hintergrund für die ununterbrochene Parade von Unterhaltung, die an ihrem Auge vorüberzieht. Noch nie war es so einfach, der Gegenwart zu entfliehen. Noch nie waren die Menschen so von ihr entfremdet.

Im Laufe des Tages wechseln wir oft vom inneren zum äußeren Anderswosein, unsere Aufmerksamkeit springt von einer Ablenkung oder Aktivität zur nächsten. Dazwischen gibt es dann kurze Perioden voller Gedankengeschwätz. Nur selten ist unsere Aufmerksamkeit gänzlich auf der reale, physische Welt um uns herum gerichtet oder auf die Empfindungen, die wir erfahren. Nur selten zieht sich unsere Erfahrung in uns selbst zurück und wir spüren unsere eigene Gegenwärtigkeit in der Welt.

Oft sind wir nicht einmal für die vielen Menschen gegenwärtig, denen wir im Verlauf eines Tages begegnen. Häufig schenken wir unseren Partnern, Freunden, der Familie oder Fremden nicht genug Aufmerksamkeit, wenn wir mit ihnen sprechen. Wir sehen sie an und nicken regelmäßig mit dem Kopf, gleichzeitig aber denken wir an die E-Mails, die wir schreiben müssen, oder an die neue CD, die wir noch hören wollen. Das führt zu Beziehungsproblemen, denn unsere Partner, Arbeitskollegen oder Freunde fühlen sich herabgesetzt. Wir vermitteln ihnen ja im Grunde auch, dass sie unserer Aufmerksamkeit nicht würdig sind.

Es ist natürlich nicht schlimm, wenn man sich *manchmal* aus der Gegenwart herausnehmen lässt. Wir können nicht immerzu unsere gesamte Aufmerksamkeit auf unsere Umgebung oder unsere Erfahrungen richten. Wir müssen unsere Aufmerksamkeit häufig auf ein Ziel konzentrieren, um den Alltag zu bewältigen oder um Informationen zu erfassen. Das Problem liegt vielmehr darin, dass wir fast keine Zeit in der Gegenwart verbringen – oder immer nur in einem extrem beschränkten Ausmaß gegenwärtig sind.

Immerhin, könnten Sie einwenden, *denken* wir ja auch an das Gegenwärtige.

Man kann aber niemals an das Gegenwärtige denken, man kann es nur erleben. Wenn Sie eine Tasse Tee trinken, können Sie das nur erleben, nicht denken. Wenn Sie eine herrliche Landschaft betrachten, können Sie das nur erleben, nicht denken. Wenn Sie beginnen, darüber nachzudenken – beispielsweise wenn Sie sie mit einer anderen Landschaft vergleichen oder sich fragen, welche Tiere dort wohl leben –, haben Sie sich bereits aus der Gegenwart herausbegeben und erfahren sie nicht mehr vollends. Beim Denken geht es nie um die Gegenwärtigkeit, sondern immer um Zukunft oder Vergangenheit. Ihr Gedankengeschwätz besteht aus wiederholten vergangenen Erfahrungen, antizipierten zukünftigen Erfahrungen und chaotischen, zufälligen Eindrücken und Informationsbrocken, die Sie in der Vergangenheit bereits verarbeitet haben, oder aus imaginären Szenen und Situationen, die weder der Vergangenheit noch der Zukunft oder Gegenwart angehören, da sie nicht real sind.

Im „normalen" Geisteszustand könnten Sie sich fragen: Warum sollte ich meiner Umgebung überhaupt Aufmerksamkeit schenken? Ich habe Bäume, Blumen, Häuser und alles andere doch schon tausendmal gesehen. All das ist gar nichts Besonderes. Das ist gewöhnlich und langweilig.

Wenn Sie allerdings wahrhaft gegenwärtig sind, begreifen Sie, dass Sie all das noch nie *wirklich* gesehen haben. Die Welt verwandelt sich in einen ganz anderen Ort, wird schöner, sinnvoller und harmonischer. Wir merken intuitiv, dass das der Realität näherkommt als unsere gewöhnliche Wahrnehmung. Die Welt um uns herum wird lebendig, als hätte sie eine neue Dimension erhalten. Der Nachthimmel vor dem Fenster strahlt Wohlwollen aus, die Bäume wiegen sich in herrlicher Gelassenheit, Harmonie durchdringt die Luft. Plötzlich wirkt es auf wunderbare Weise so, als sei es richtig, auf dieser Welt am Leben zu sein. In diesem Zustand der Gegenwärtigkeit erleben Sie auch sich selbst auf eine völlig neuartige Weise. Sie pflegen eine neue Beziehung zum Universum, zu anderen Menschen und zu sich selbst. Sie spüren ein tief verwurzeltes Gefühl des inneren Wohlbefindens, spüren innere Fülle und Ruhe. Dazu kommt das Gefühl, im Einklang mit der Welt zu sein.

Sich auf etwas freuen

Eine andere Art, der Gegenwart zu entfliehen, besteht darin, „sich auf etwas zu freuen". Weil wir oft genug mit der Gegenwart unzufrieden sind, wenden wir unsere Aufmerksamkeit von ihr ab und flüchten uns in die Zukunft.

An der Universität litt ich unter Depressionen. Im letzten Studienjahr wohnte ich allein in einem Zimmer und separierte mich von den anderen. Ich ging nicht mehr zu den Vorlesungen (ich besuchte im ganzen Jahr nur zwei) und belegte auch nur das notwendige Minimum an Seminaren. Ich hatte einen Freund, den ich im Abstand von ein, zwei Wochen traf, die übrige Zeit war ich allein. Ich verlor das Zutrauen in den sozialen Umgang, spürte, dass ich nicht mehr wusste, wie ich mich mitteilen sollte. Es fiel mir sogar schwer, mich aufzuraffen, um mir Zigaretten oder Essen zu kaufen. Ich blieb bis zum frühen Morgen wach und stand erst am Mittag auf.

Ich war so unglücklich, dass ich mich dazu entschied, mein Studium abzubrechen, obwohl ich nur noch wenige Monate bis zu meinem Abschluss hatte. Ich entschloss mich, ins Ausland zu gehen. Ich machte mir vor, dass ich im Mai, sobald ich etwas Geld gespart hatte, nach Paris ziehen würde. Man hatte mir erzählt, dass es dort einen Buchladen mit vielen kleinen Räumen gäbe, wo man als Schriftsteller mietfrei wohnen könnte. Es hieß, man müsste dort nur aufkreuzen und dem Besitzer ein paar Texte geben – wenn die ihn entsprechend beindruckten, konnte man ein Zimmer über dem Laden beziehen. Ich hatte einige Gedichte geschrieben und einen Roman begonnen und malte mir ein romantisches Bild als Romancier in Paris aus, so wie Henry Miller oder Ernest Hemingway. Das bedeutete zwar, die Universität ohne Abschluss zu verlassen – aber das war mir egal.

Das war eine meiner Ideen. Eine andere war, als Straßenmusiker in Amsterdam zu leben. Hin und wieder machte ich Musik in der Innenstadt, spielte Gitarre und sang dazu, obwohl ich kaum Geld damit verdiente. Ich hatte aber gehört, dass Amsterdam das Paradies für Straßenmusiker sein sollte. Außerdem konnte man in den Hausbooten auf den Grachten preiswert übernachten.

Wenn ich heute daran denke, weiß ich, dass ich niemals je einen dieser Pläne ausgeführt hätte. Damals hatte ich nicht einmal genug Courage, alleine ins Ausland zu reisen – dafür war ich zu unsicher und unerfahren. Ich wäre auch kaum so dumm gewesen, die Universität ohne Abschluss abzubrechen, kurz vor Ende des Studiums und nach drei Jahren. Aber damals schien mir die Sache klar zu sein. Ich erinnere mich daran, wie ich jemandem von meinen Plänen erzählte und er mich fragend ansah und meinte: „Du gehörst doch auch zu denen, die immerzu Pläne schmieden, aber nie etwas durchziehen, oder?" Das verletzte und verwirrte mich sehr. Ich begriff nicht, was er mir damit sagen wollte. Ich selbst hatte keinerlei Zweifel, dass ich in einigen Monaten schon von ein paar Stunden Gesang am Tag leben konnte und auf einem Hausboot in einer Gracht in Amsterdam übernachten würde – oder in einem Café in Paris Kurzgeschichten schrieb.

Natürlich machte ich gar nichts. Ich hielt die letzten Wochen meines Studiums durch, schaffte es irgendwie durchs Examen und kehrte dann in meine Heimatstadt zurück, wo ich versuchte, meine Persönlichkeit und mein Leben neu zu gestalten.

Schließlich kam mir in den Sinn, dass diese Wolkenschlösser eine Strategie gewesen waren, um mit meinem Unglücklichsein fertigzuwerden. In einem anderen Umfeld hätte ich vielleicht versucht, meiner psychischen Zerrissenheit zu entkommen, indem ich Drogen genommen oder getrunken hätte. Stattdessen malte ich mir eine imaginäre Zukunft aus, damit mir meine Gegenwart erträglicher wurde.

Das Stück *Der Eismann kommt* des amerikanischen Dramatikers Eugene O'Neill bringt zum Ausdruck, wie wichtig solche Wolkenschlösser für Menschen sein können. Das Stück spielt in einer heruntergekommenen Bar. Bei den Charakteren handelt es sich um Landstreicher und Säufer, die ihre Hoffnungslosigkeit bekämpfen, indem sie sich ihren Illusionen hingeben. Einer von ihnen, Joe, hat einmal ein Casino besessen und wiederholt immer wieder, dass er es neu eröffnen will; Cecil „der Kapitän" Lewis behauptet, er werde bald nach England zurückkehren und dort leben; Pat McGloin, ein ehemaliger Polizist, erzählt den anderen, er warte nur noch den richtigen Zeitpunkt ab, um sich von den Beschuldigungen, die zu seiner Entlassung geführt hatten, reinzuwaschen; „Jimmy Tomorrow" ist ein früherer Journalist, der immer wieder sagt, dass er „morgen" einen neuen Job hat – und so weiter. Aber dieses Morgen kommt natürlich nie. Sie alle befinden sich in einem Schwebezustand und warten auf eine Wirklichkeit, die niemals eintreffen wird.

Ein weiterer Charakter, ein Vertreter namens Hickey, kommt einmal im Jahr auf den Nachhauseweg von seiner Reise in die Bar. Er hat gerade mit dem Trinken aufgehört und fühlt sich wie ein neuer Mensch, frei und zufrieden. Er versucht, die anderen davon zu überzeugen, dass sie die Träumerei lassen und endlich etwas aus sich machen sollen. „Hört endlich auf, euch zu belügen und euch falschen Hoffnungen über das Morgen hinzugeben", sagt er ihnen. Am nächsten Tag tragen alle ihren besten Anzug und gehen in die Stadt, wo sie alte Kontakte auffrischen und Arbeit finden wollen.

Natürlich hat keiner von ihnen Erfolg. Und so kehren sie allesamt am Abend in die Bar zurück und sind verzweifelt. Erst als sie versucht haben, ihre Hoffnungen in die Tat umzusetzen, realisieren sie, wie unerreichbar ihre Ziele waren. Jetzt helfen sie ihnen nicht mehr, gesund zu bleiben. Nicht einmal das Trinken bietet ihnen noch Trost. Sie verfluchen Hickey, weil er ihnen die Augen geöffnet hat. Aber schon nach ein paar Stunden kommt der Überlebensmechanismus des „Sich-auf-etwas-Freuens“ erneut in Gang. Sie geben sich wieder ihren trunkenen Hoffnungen hin und glauben an ein Morgen, das niemals eintreffen wird. Die Moral von O'Neills Stück lehrt uns, dass die Menschen Luftschlösser aus demselben Grund bauen müssen, der Pascal an die Notwendigkeit der Zerstreuung glauben ließ: Wir müssen uns von der „schrecklichen Realität unseres Schicksals“ abwenden.

Das sind erneut Extrembeispiele, dennoch setzen wir alle diese Strategie regelmäßig ein. Das kann so subtil geschehen, dass Sie sich dieses Prozesses nicht einmal bewusst sind. Vielleicht arbeiten Sie an einem Mittwochnachmittag und sind leicht gelangweilt oder sehen abends alleine fern und fühlen sich ein wenig einsam. Sie reagieren auf diese negativen Gefühle, indem sie in die Zukunft blicken und diese nach kommenden Ereignissen oder Terminen absuchen, die Ihnen vermutlich gefallen werden. Sie müssen sich instinktiv an etwas in der Zukunft „klammern“. Bei der Arbeit freuen Sie sich vielleicht auf einen Drink oder ein Essen am Abend, das hilft Ihnen durch den Tag. Während der Woche freuen Sie sich darauf, dass Sie am Wochenende etwas mit Freunden unternehmen. Sie stellen sich vor, wie Sie sich das Essen schmecken lassen oder mit Ihren Freunden plaudern und lachen, und schon hebt sich die Stimmung. Die Zeit kommt Ihnen nun nicht mehr so quälend lang vor.

Wenn Sie sich nicht an etwas in der Zukunft klammern können, *erschaffen* Sie sich etwas. Sie rufen eine Freundin an und fragen sie, ob sie mit Ihnen essen gehen möchte. Sie kaufen ein Konzertticket oder fragen Ihren Partner, ob er nächsten Monat einen Wochenendtrip mit Ihnen unternehmen will. Somit haben Sie auch etwas, auf das Sie sich freuen können. Dieses Glück in der Zukunft lenkt Sie von Ihrer gegenwärtigen Unzufriedenheit ab.

Die meisten von uns sorgen dafür, dass es im Hintergrund unseres Geistes mindestens ein freudiges, zukünftiges Ereignis gibt, auf das wir unsere Aufmerksamkeit richten können. Das kann die Lieblingssendung im Fernsehen sein, das nächste Heimspiel Ihrer Fußballmannschaft oder der kommende Urlaub. Oder – das kommt vermutlich weniger häufig vor – wir denken an unsere längerfristigen Ziele: Wir planen, wie wir in ein paar Jahren unseren öden Job hinschmeißen und uns selbstständig machen oder die Welt bereisen, oder bauen uns Luftschlösser, wie wir als Film- oder Popstar erfolgreich sind. Wir genießen jetzt schon das Leben, das wir dann haben werden.

Ein Problem mit der Zukunft ist aber, dass sie irgendwann zu unserer Gegenwart wird – und dann in der Regel nicht unsere Erwartungen erfüllt. Der Abend oder das Wochenende sind angenehm, aber in Wirklichkeit nicht so berauschend, wie wir es uns ausgemalt haben. Das ist oft so, weil wir, wenn wir in der Zukunft eintreffen, unsere psychische Zerrissenheit mitbringen. Was man nämlich nicht bedacht hat, als man sich den Wochenendtrip vorstellte, war, dass man die gleiche Hintergrundangst im Kopf mit sich herumträgt wie zu Hause.

Darauf kommt es allerdings nicht an, weil dieses Ereignis, sobald es verstrichen ist, sofort durch das nächste ersetzt wird. Auch wenn uns das Fernsehprogramm oder das Fußballspiel nicht gefallen hat, kann man sich immer noch auf den nächsten Abend oder das nächste Wochenende freuen. Bei dem „Sich-auf-etwas-Freuen“ geht es nämlich nur darum, aus der Gegenwart zu fliehen, nicht darum, das herbeigesehnte Ereignis tatsächlich zu genießen.

Viele Menschen wünschen sich auf diese Weise ihr ganzes Leben weg, sie lenken ihre Aufmerksamkeit von einem zukünftigen Ereignis zum nächsten. Sobald sie aus einem Urlaub zurückkommen, buchen sie den nächsten und erzählen ihren Freunden davon. „Ich kann es gar nicht mehr erwarten, endlich in Peru zu sein – das werden die besten zwei Wochen meines Lebens!“

Auf diese Weise wurde die Lehrerin, von der ich im ersten Kapitel berichtete, mit ihrem Unglücklichsein fertig. Da sie lange Ferienzeiten hatte, buchte sie so viele neue Urlaube und Wochenendtrips, wie sie sich leisten konnte. Sie sprach schon Wochen vorher aufgeregt über diese Reisen und verbrachte Stunden damit, neue Kleider für den Urlaub zu kaufen. Und dennoch ging bei ihren Reisen immer etwas schief. Entweder waren Unterkunft oder Essen ganz fürchterlich oder sie hatte sich mit ihrem Partner gestritten, war von ihren

Reisegefährten genervt oder hatte einen Unfall. Aber keine dieser Erfahrungen brachte sie davon ab, sich auf die nächste Reise genauso sehr zu freuen wie auf die vorherige.

Es gibt natürlich nichts daran auszusetzen, sich in Maßen auf die Zukunft zu freuen. Wenn wir wissen, dass etwas Angenehmes dort auf uns wartet, warum sollten wir das nicht herbeisehnen und froh darüber sein? Doch worauf es ankommt, ist, dass viele von uns das „Freuen" als Strategie einsetzen, um aus der Gegenwart zu entfliehen. Wären wir in der Gegenwart glücklich – oder, anders gesagt, würden wir uns in unserem eigenen geistigen Raum wohlfühlen –, dann würden wir uns viel weniger auf die Zukunft konzentrieren.

Aus der Gegenwart davonlaufen

Betrachten Sie eine geschäftige Straße – Sie sehen Massen von Menschen, die vorbeihasten, geradeaus starren, mit zerfurchter Stirn, und versuchen, sich gegenseitig aus dem Weg zu gehen. Sie beeilen sich, um rechtzeitig bei einem Meeting, früh genug zu Hause oder in einem Geschäft zu sein, bevor es schließt, oder einfach nur um dem Stress der Stadt zu entrinnen – aber in Wirklichkeit rasen sie in Richtung Zukunft. Sie versuchen, der Gegenwart zu entkommen, hinein in die Zukunft. Wenn wir uns beeilen, ist unser Geist bereits in der Zukunft, und die Gegenwart ist lediglich eine Unannehmlichkeit, die uns daran hindert, dorthin zu gelangen.

Natürlich beeilen wir uns oft, weil wir gar keine andere Wahl haben. Unser Leben ist so hektisch, dass wir uns schon anstrengen müssen, um Termine einzuhalten oder unsere täglichen Aufgaben zu erledigen. Deshalb müssen wir uns ranhalten, um alles zu schaffen. Aber häufig beeilen wir uns auch ohne jede Notwendigkeit, weil das ein weiterer Weg ist, um der Gegenwart zu entkommen. Oftmals stellen wir fest, dass wir schnell laufen, obwohl wir genug Zeit haben, oder ein Essen herunterschlingen, uns beim Einkaufen im Supermarkt abhetzen oder hektisch die Hausarbeiten erledigen, obwohl wir tatsächlich gar keinen Zeitdruck haben. In all diesen Fällen ist unsere Eile eine Reaktion auf unsere psychische Zerrissenheit. Sie zeigt, dass wir unzufrieden sind, gelangweilt oder frustriert. Wir weisen die Gegenwart zurück, weil wir uns in ihr nicht wohlfühlen.

Wie der Bedarf nach Ablenkung ist auch das Maß, in dem Sie sich beeilen oder sich auf die Zukunft freuen, ein Indikator dafür, wie viel Zerrissenheit Sie in sich tragen. Wenn Sie sich genau beobachten, merken Sie, dass Sie in den Momenten, in denen Sie die Zerrissenheit nicht zu sehr stört – wenn Ihr Geist ruhig ist und Sie zufrieden sind –, Sie sich überhaupt nicht beeilen müssen. Es macht Ihnen nichts aus, wenn der Zug zehn Minuten Verspätung hat oder Sie auf dem Heimweg im Stau stehen. In diesen Augenblicken ist auch die Zukunft für Sie kaum von Belang. In den nächsten Wochen gibt es jede Menge freudiger Ereignisse, aber Sie verspüren keinerlei Bedürfnis, sich auf diese zu freuen. Sie sind dann am ungeduldigsten, wenn Sie am wenigsten glücklich sind. Sie versuchen verzweifelt, der Gegenwart zu entkommen. Selbst das kleinste Hindernis oder die geringste Verzögerung vermehren Ihren Frust oder Ihre Wut.

Der Wunsch zu leben – und nicht wirklich zu leben

Ein aufmerksamer Beobachter der menschlichen Natur, Blaise Pascal, war sich des menschlichen Unvermögens, in der Gegenwart zu leben, wohl bewusst. Er schrieb:

> *Wir sind so wenig weise, dass wir durch Zeiten schreiten, die uns nicht gehören, und nicht an die einzige denken, die uns gehört; so eitel, dass wir von Zeiten träumen, die nicht sind, und blind aus der flüchten, die ist … Wir leben also nicht wirklich, wir hoffen nur zu leben.*
> *(Pascal, 1966, p. 43)*

Unsere Leben bestehen aus 80 oder mehr Jahren der konstant fließenden Gegenwärtigkeit – wenn wir Glück haben. Aber wir verbringen die meiste Zeit nicht *in* diesem Fluss. Wir schwimmen gegen die Strömung, springen zurück in die Vergangenheit, weit in die Zukunft oder in alternative Wirklichkeiten. Wir leben 80 Jahre oder länger, doch in einem gewissen Sinne leben wir überhaupt nicht, weil wir uns nicht in dieser Welt oder in unserem eigenen Sein aufhalten. Unser Leben besteht nur aus der Gegenwart. Wenn wir uns also nicht *in* ihr befinden, leben wir nicht wirklich. Und wenn wir unser Leben außerhalb der Gegenwart verbringen, dann verbringen wir unser ganzes Leben damit, nicht zu leben.

Der Zustand der Harmonie und Gegenwärtigkeit, in der sich das Leben als herrliches und sinnvolles Abenteuer erweist und das Universum als strahlender und wohlwollender Ort, ist jedoch unser natürlicher Seinszustand. Wir haben von Geburt an ein Anrecht darauf. Später, im zweiten Teil, erfahren wir, wie wir ihn wiedererlangen können.

KAPITEL 5

Die Verrücktheit des unablässigen Wünschens

Im Januar 1848 errichtete ein Mann namens James Marshall gerade eine Sägemühle in der Nähe des heutigen Sacramento in den Vereinigten Staaten, als er ein ungewöhnlich glänzendes Stück Metall auf dem Boden bemerkte. Er brachte das Metall zu seinem Arbeitgeber, der es untersuchen ließ. Es handelte sich um Gold. Innerhalb weniger Wochen hatten sich die Gerüchte über diese Entdeckung verbreitet und Zehntausende von Menschen strömten angesteckt vom „Goldrausch" in die Gegend. Überall an der kalifornischen Küste wurden Schiffe aufgegeben und Geschäfte geschlossen, ganze Städte waren wie ausgestorben. Und als die Nachricht sich erst einmal in Übersee verbreitete – nachdem der *New York Herald* mehrere Monate später die Geschichte aufgegriffen hatte –, trafen Einwanderer aus der ganzen Welt ein. Innerhalb eines knappen Jahres wurde aus San Francisco, einem Kaff mit 79 Gebäuden, eine Stadt mit Zehntausenden Einwohnern. Im Laufe der nächsten Jahre kamen mindestens 300.000 Goldsucher nach Kalifornien.

Einige von denen, die früh gekommen waren, hatten Erfolg: Sie fanden monatlich im Schnitt so viel Gold, wie es dem durchschnittlichen Jahreseinkommen entsprach. Aber bereits Anfang der 1850er-Jahre waren die meisten der leicht zugänglichen Goldvorkommen erschöpft. Die Behörden in den Vereinigten Staaten mussten Maßnahmen ergreifen, damit neue Einwanderer nicht auch noch den Rest holten. Die meisten Goldsucher, die erst nach 1850 kamen, verdienten nur wenig oder verloren sogar ihr Geld. Die immigrierten Goldsucher wurden kräftig besteuert und einige Amerikaner begannen, die Neuankömmlinge anzugreifen.

Die Folgen für die eingeborenen kalifornischen Indianer waren katastrophal. Sie wurden aus ihren traditionellen Jagd- und Sammelgründen vertrieben. Kies, Schlamm und giftige Chemikalien aus den neuen Minen verschmutzten die Flüsse, in denen sie gefischt und aus denen sie getrunken hatten. Einige indianische Gruppen, die versuchten, ihr Land gewaltsam zu beschützen, wurden von den Minenarbeitern massakriert. Jene, die nicht von den Goldsuchern ermordet wurden, verhungerten erbärmlich oder starben an den Krankheiten, die die Einwanderer eingeschleppt hatten. Andere wurden in Sklaverei gehalten, attraktive junge Mädchen gefangen genommen und verkauft. In der Folge sank die indianische Bevölkerung Kaliforniens von 150.000 Menschen 1845 auf 30.000 im Jahr 1870.

Dieser barbarische Materialismus war typisch für die Einstellung der europäischen Einwanderer gegenüber der „Neuen Welt" Amerika. Sie betrachteten sie als Schatzkammer voller Güter, die ausgeplündert werden durfte. Die eingeborene Bevölkerung stellte kaum mehr als ein lästiges Hindernis dar, das beseitigt werden musste.

Ihrerseits hatten die amerikanischen Ureinwohner kein Interesse an dem Gold. Wohl wussten einige, wo es zu finden war, machten sich aber nicht die Mühe, es zu schürfen. Sie waren nicht daran interessiert, Vermögen anzuhäufen – sie sammelten nur so viel, wie nötig war, um am Leben zu bleiben, und spürten nie den Wunsch, wertvolle oder schöne Objekte zu horten.

Die Vorstellung, man könnte irgendein Metall, Land oder einen anderen Bodenschatz besitzen oder verkaufen, war für die Indianer völlig abwegig. Ein Häuptling der Seneca meinte einmal: „Ein Mann kann doch das Land nicht mehr verkaufen als er das Meer verkaufen kann oder die Luft, die er atmet."

Einige Stämme verwirrte die unersättliche Goldgier der Kolonisten so sehr, dass sie das Metall für eine Art Gott mit übernatürlichen Kräften hielten. Warum sonst sollten Menschen so große Anstrengungen unternehmen, um es zu erlangen? Als ein indianischer Häuptling in Kuba erfuhr, dass spanische Schiffe seine Insel angreifen wollten, begann er, eine mit Gold gefüllte Truhe anzubeten. Er rief den „Geist des Goldes" an, von dem er glaubte, dass sie ihn verehrten. Doch der „Geist des Goldes" zeigte keine Gnade – die Seeleute überfielen die

Insel, nahmen den Häuptling gefangen und verbrannten ihn bei lebendigem Leibe.

Moderner Materialismus

Heute ist unser Materialismus genauso ausbeuterisch und zerstörerisch wie zu Zeiten des Goldrausches, allerdings nicht ganz so offensichtlich. In der modernen Welt wird der zerstörerischste und nackteste Materialismus nicht von Leuten wie den Goldschürfern betrieben, sondern von multinationalen Konzernen – den Ölimperien, die die Natur zerstören, um Bohrungen durchzuführen, und dabei die Meere verschmutzen; den großen Landwirtschaftsunternehmen, die ganze Wälder roden, um Getreide anzubauen, und die große Mengen an Dünger und Pestiziden einsetzen, damit es wächst; Firmen, die Produkte aus Plastik herstellen, das letztendlich im Meer landet und dort Flora und Fauna tötet oder ihr schweren Schaden zufügt. Auch die Regierungen, die das zulassen, tragen natürlich eine Mitschuld. Bevor wir aber mit dem Finger auf die multinationalen Konzerne zeigen, sollten wir uns daran erinnern, dass sie nur deshalb in der Lage sind, all das zu tun, weil wir als Individuen ihre Produkte konsumieren wollen. Es stimmt zwar, dass Unternehmen zur Werbung greifen müssen, um uns von ihren Produkten zu überzeugen – oder zumindest davon, dass wir ihr Produkt und nicht das ihres Mitbewerbers kaufen –, dennoch existieren sowohl sie als auch ihre Produkte nur aufgrund des mächtigen, materialistischen Drangs, den wir in *uns* spüren.

Genau genommen ist der nackte Materialismus der Goldschürfer sogar leichter zu entschuldigen als der unsere, denn sie lebten in einer Zeit der Armut. Für viele war die Goldsuche der letzte Ausweg vor dem Verhungern. Aber für die meisten von uns in den westlichen Industriestaaten gibt es keine Ausrede. Unsere Gier nach Vermögen und materiellen Gütern ist keine Folge von Not und Elend, sondern nur von innerer Unzufriedenheit. Wir glauben tatsächlich, wir könnten uns unser Glück erkaufen und Reichtum sei der Weg zu dauerhafter Erfüllung und anhaltendem Wohlbefinden. Nach wie vor messen wir

„Erfolg" an der Menge und dem Preis materieller Güter, die wir kaufen können, oder an der Höhe unseres Einkommens.

Diese Assoziation zwischen Glück und Reichtum ist so beherrschend, dass, wie zu Zeiten des Goldrausches, viele Menschen jedwede Anstrengung unternehmen, um reich zu werden. Es steht praktisch an jedem Tag eine bizarre Geschichte in der Zeitung, die davon erzählt, wie jemand ein Verbrechen begeht, um reich zu werden. Heute Morgen berichtete der Rundfunk über die drei Generationen einer Familie, die gemeinsam ein Haus bewohnten – eine Tochter, ihre Mutter und Großmutter. Als die Großmutter mit 95 Jahren starb, meldeten es Tochter und Mutter nicht, sondern ließen die Leiche im Schlafzimmer liegen. Sechs Monate lang täuschten sie vor, die Frau wäre noch am Leben, um weiterhin ihre Rente einstreichen zu können.

Eine ähnliche Geschichte ereignete sich 2008 in Yorkshire. Ein neunjähriges Mädchen, Shannon Matthews, war offenbar auf dem Heimweg von der Schule spurlos verschwunden. Die Polizei veranstaltete eine Großfahndung nach ihr und durchsuchte Tausende Häuser. Ihre Mutter ging ins Fernsehen und bat die Bevölkerung um Mithilfe. Schnell war ein Fonds gegründet, der die Suche finanzieren sollte. Bald waren darauf 50.000 Pfund an Spenden eingegangen, dazu kam eine beträchtliche Summe, die eine Zeitung als Belohnung aussetzte. Nach 24 Tagen fand man Shannon im Appartement ihres Stiefonkels, nur zwei Kilometer von ihrem Elternhaus entfernt. Man hatte sie mit Schlaftabletten betäubt und ließ sie nur für kurze Zeit an eine Leine gefesselt aus dem Haus. Bald kam ans Licht, dass Shannons Verschwinden in Wirklichkeit von ihrer Mutter und ihrem Stiefonkel vorgetäuscht worden war, um Geld herauszuschlagen. Sie hofften, die Spendeneinnahmen und die Belohnung der Zeitung einzusacken.

Unser wilder Materialismus wäre verständlicher, wenn es Hinweise darauf gäbe, dass materielle Güter und Reichtum wirklich glücklich machen. Aber es gibt keinen einzigen Hinweis darauf. Jede einzelne psychologische Untersuchung hat keinerlei Beziehung zwischen Glücklichsein und Wohlstand ergeben, außer in Fällen extremer Armut, wo jeder zusätzliche Cent das Leiden erleichtert und etwas mehr Sicherheit verleiht. Sind aber unsere grundlegenden Bedürfnisse erst einmal gedeckt, ändert unser Einkommen kaum mehr etwas an unserem Grad des Glücks. Untersuchungen haben ergeben, dass sehr reiche Leute nicht signifikant glücklicher sind als Menschen mit einem Durchschnittseinkommen, aber häufiger an Depressionen leiden. Forscher auf dem Gebiet der positiven Psychologie haben geschlussfolgert, dass wahres Wohlbefinden nicht vom Vermögen abhängt, sondern von anderen Faktoren wie guten Beziehungen, sinnerfüllenden oder herausfordernden beruflichen Tätigkeiten oder Hobbys und dem Gefühl, mit etwas Größerem verbunden zu sein – etwa einer Religion, einem politischen oder gesellschaftlichen Anliegen oder dem Bewusstsein, man habe eine Mission.

Erklärungen für den Materialismus

Viele Wirtschaftswissenschaftler und Politiker vertreten die Ansicht, Gewinnstreben – also der Drang, Dinge zu erwerben und zu besitzen – sei eine natürliche Eigenschaft des Menschen. Das klingt angesichts von Darwins Evolutionstheorie logisch: Da unsere natürlichen Ressourcen begrenzt sind, müssen die Menschen ihretwegen in einen Wettbewerb treten und so viel wie möglich für sich beanspruchen. Dies ergibt Sinn in der Gedankenwelt des modernen Neodarwinismus oder der „evolutionären Psychologie" – einem umstrittenen neuen Gebiet, das das menschliche Verhalten aus einem evolutionären Blickwinkel erklären will. Da – so diese Theorien – die Hauptantriebskraft des menschlichen Verhaltens von dem genetischen Impuls gesteuert wird, zu überleben und sich fortzupflanzen, haben wir keine andere Wahl, als Vermögen und Reichtum anzuhäufen, weil uns dies einen Überlebensvorteil verschafft. Einerseits erleichtert uns Vermögen den Zugang zu all dem, was unser Leben verlängert, andererseits macht es Männer attraktiver für Frauen (die so ihr eigenes Überleben und das ihrer Kinder sichern können), was letztendlich ihre Chancen erhöht, sich fortzupflanzen. Schließlich haben wir alle das „egoistische Gen", das um jeden Preis überleben und sich fortpflanzen möchte. Wohlstand ist eines der Mittel, diese Fortpflanzung sicherzustellen. Andere „egoistische Gene“, die nicht mit uns verwandt sind, sind die Rivalen, mit denen wir im Wettbewerb stehen.

Eines der Probleme dieser Theorie besteht darin, dass es in Wirklichkeit gar nicht „natürlich“ ist, Vermögen anzuhäufen. Das hätte für die frühesten Menschen in einer Katastrophe geendet. Die meiste Zeit unserer Geschichte auf der Erde lebten wir Menschen als Jäger und Sammler – kleine Gruppen, die alle paar Monate auf einen neuen Lagerplatz zogen. Wie wir am Beispiel moderner Jäger und Sammler sehen können, ist diese Art zu leben gerade nicht materialistisch, weil diese Nomaden keine schweren Güter mit sich tragen können. Da sie alle paar Monate weiterziehen, wären unnötige Güter für sie kaum mehr als ein lästiges Hindernis.

Wie in Kapitel 2 besprochen, sind die meisten indigenen Völker zudem egalitär. Selbst wenn sie Güter besitzen, teilen Jäger und Sammler diese miteinander, anstatt als Einzelner darüber zu verfügen. Außer einigen persönlichen Besitztümern für das tägliche Leben – etwa Kochutensilien oder Werkzeuge – besitzt die gesamte Gruppe alles gemeinsam. Das Teilen gilt als moralischer Imperativ, persönlicher Besitz als mögliches Verbrechen, das das Gleichgewicht und die Harmonie der Gruppe zerstören könnte. Es ist also keine Frage, ob der materialistische Drang einen natürlichen Instinkt darstellt, den wir von unseren Vorfahren geerbt haben. Wenn überhaupt, so wäre *kein* Streben nach Gewinn natürlich.

Eine andere Theorie besagt, dass die Unruhe und die immerwährende Nachfrage, die unseren Materialismus antreibt, eine Art evolutionären Mechanismus darstellen, der uns in einem Zustand der Wachsamkeit hält. (Der Psychologe Mihaly Csikszentmihalyi hält das beispielsweise für möglich.) Die Unzufriedenheit sorgt dafür, dass Lebewesen immer auf Ausschau nach Wegen sind, ihr Überleben zu sichern; wären sie zufrieden, nähmen sie sich nicht in Acht – und andere Wesen würden ihre Chance nutzen.

Allerdings gibt es keinerlei Belege dafür, dass auch andere Lebewesen in einem Zustand der ruhelosen Unzufriedenheit leben. Im

Gegenteil: Viele Tiere scheinen sehr langsame und statische Leben zu führen. Sie begnügen sich damit, in ihrer Nische zu bleiben und ihren instinktiven Verhaltensmustern zu folgen. Sollte dieses Verhalten also unseren Materialismus antreiben, dann müssten auch andere Tiere nach Gewinn streben. Doch es gibt erneut keinerlei Belege dafür, dass – vielleicht mit Ausnahme des Hortens für die Wintermonate – andere Tiere unsere materialistischen Impulse teilen.

Ich denke, dass man Gewinnstreben psychologisch am ehesten als Folge der *Humanie* begreifen kann. Tiere und die meisten indigenen Völker verhalten sich einfach nur deshalb nicht materialistisch, weil sie nicht an der Ego-Verrücktheit erkrankt sind.

Unser irrer Materialismus ist zum Teil unserer inneren Zerrissenheit geschuldet. Wie ich Anfang des dritten Kapitels erwähnt habe, fühlen wir uns innerlich unwohl und unzufrieden, deshalb halten wir instinktiv nach externen Dingen Ausschau, die diese Unzufriedenheit lindern könnten. Der Materialismus schenkt uns eine Art Glück – das zeitweise Vergnügen, etwas Neues zu kaufen, und die das Ego aufblähende Freude, es dann zu besitzen. Und wir setzen diese Art des Glücks ein, um das grundlegende Unglücklichsein in uns zu übertönen oder um es zu kompensieren.

Zudem ist unsere Gier nach Wohlstand auch eine Folge des Gefühls von Mangel und Verletzlichkeit, die die Ego-Abtrennung erzeugt. Das führt zu dem Wunsch, uns selbst ganzer, bedeutsamer und mächtiger zu machen. Wir wollen unsere zerbrechlichen Egos aufpolstern und uns selbst vollkommener machen, indem wir Vermögen und Besitz anhäufen.

Natürlich funktioniert das nicht – zumindest nicht längerfristig. Das Glück, etwas Neues gekauft zu haben und es nun zu besitzen, währt selten länger als ein paar Tage. Das Gefühl der Ego-Aufplusterung durch Vermögen oder wertvollen Besitz kann länger halten, ist aber ebenfalls äußerst fragil. Unser Glück hängt von dem Vergleich mit Menschen ab, denen es nicht so gut geht, es löst sich in Luft auf, wenn man sich mit jemandem vergleicht, der noch mehr Geld hat. Und ganz gleich, wie sehr wir auch unser Ego vervollständigen oder aufpolstern wollen, unsere innere Unzufriedenheit und Unvollständigkeit tauchen immer wieder auf und erschaffen neue Begehrlichkeiten. Ganz gleich, wie viel wir haben – es reicht nie. Sie dachten, Ihnen würde ein Haus mit vier Schlafzimmern genügen, aber nun wünschen Sie sich ein noch größeres. Sie glaubten, ein sechsstelliges Einkommen würde all Ihre Bedürfnisse decken, nach ein paar Jahren schon wollen Sie jedoch noch mehr verdienen. Sie waren der Meinung, Ihr Haus wäre genau nach Ihren Wünschen eingerichtet, aber bald schon wollen Sie einen neuen Teppich, einen supermodernen Kühlschrank oder die neueste Hi-Fi-Anlage. Der Buddhismus lehrt uns, dass sich unsere Begierden niemals erschöpfen. Die Befriedigung einer Begierde führt zu neuen Begehrlichkeiten. Sie teilen und multiplizieren sich wie eine Zelle.

Und selbst wenn all diese endlosen Begehrlichkeiten schließlich gestillt sind, stellen wir fest, dass wir noch genauso unzufrieden sind wie zuvor.

Die Verrücktheit der Jagd nach Status

Das alles trifft auch auf eine andere Methode zu, mit der wir Glück und Erfüllung suchen: Gemeint ist der Status oder seine engen Verwandten Macht, Erfolg und Ruhm. Unsere Gier nach Status ist ein weiterer Weg, das uns innewohnende Gefühl von Mangel und Bedeutungslosigkeit abzumildern. Wir versuchen, das Ego durch Macht und Erfolg zu stärken. Wir wollen bedeutsam wirken, um das Gefühl der Bedeutungslosigkeit in uns zu besiegen.

Status ist der einzige Wert, der für Menschen ebenso attraktiv sein kann wie Wohlstand. Im Laufe der Geschichte haben Menschen sehr viel unternommen, um ihn zu erlangen. Tatsächlich sind Status und Wohlstand so eng miteinander verknüpft, dass man sie als die beiden Hauptkomponenten des „Glücksparadigmas" unserer Kultur bezeichnen kann. Glück entstammt nicht nur der Anhäufung von so viel materiellem Vermögen wie möglich, sondern auch dem Erreichen von Status und Macht. Zusätzlich zum Reichtum impliziert „Erfolg", dass man zu „jemandem" geworden ist, zu einem wichtigen, respektierten

Menschen, der sich in der Welt „einen Namen gemacht hat". Wenn Sie nur einem schlecht bezahlten Job nachgehen, ein altes Auto fahren und in einem kleinen Haus wohnen, wenn Sie sich nicht bei irgendeiner Sache hervorgetan oder sonst die Aufmerksamkeit auf sich gezogen haben, können Sie sich als „Versager" betrachten.

In früheren Jahrhunderten ging es beim Status hauptsächlich um Macht: Um als „wichtige" Person zu gelten, musste man eine dominante Stellung einnehmen. Man musste über Untertanen herrschen, die einem mit Ehrerbietung begegneten (und im materiellen Sinne die Ressourcen kontrollieren und andere ausbeuten, um den eigenen Reichtum zu mehren). Folglich trugen diese Gesellschaften viele Konflikte aus, da die Menschen darum kämpften, eine Machtposition zu erringen. Die Unterdrückten erhoben sich und rebellierten gegen die Mächtigen. In einem Zeitraum von 60 Jahren (zwischen 1801 und 1861) gab es in der russischen Geschichte zum Beispiel 1500 Revolten von Leibeigenen und Bauern.

Heute versuchen die meisten Menschen – zumindest in den Ländern, in denen die Machtstruktur ziemlich stabil und egalitär ist – ihren Status durch Erfolg, Leistung und Ruhm zu erlangen. Wir versuchen, Bedeutung zu erlangen, indem wir es in einem von uns gewählten Bereich „schaffen" und so die Spitze der Karriereleiter erklimmen oder indem wir außergewöhnliche und bedeutende Taten vollbringen, die eine Menge Aufmerksamkeit auf sich ziehen, wie etwa einen Rekord brechen, ein Kunstwerk schaffen oder etwas Neues erfinden. Oder – um eine andere Verbindung zwischen den beiden Hauptkomponenten zu nutzen – wir könnten versuchen, Status durch Reichtum zu erwerben, der es uns ermöglicht, „Statussymbole" anzuhäufen, beispielsweise Designerkleidung oder teure Autos.

In jüngster Zeit ist es zudem immer attraktiver geworden, Ruhm an sich zu einer Quelle für Status einzusetzen. Während die Menschen in der Vergangenheit wahrscheinlich gesagt hätten, sie wollten *wegen* oder *für* etwas berühmt sein (also beispielsweise ein berühmter Tänzer oder Sänger oder Sportler), reicht es jungen Menschen heute aus, einfach *nur* berühmt zu sein. Das heißt, dass sie einzig und allein im Scheinwerferlicht der Medien – im Fernsehen oder in den Zeitungen – stehen wollen, damit sie ins Zentrum der Aufmerksamkeit rücken und das Gefühl haben, dass sie „jemand" sind – also besonders und bedeutend. Eine kürzlich durchgeführte Umfrage unter mehr als 1000 Teenagern ergab beispielsweise, dass 54 Prozent erklärten, sie wollten berühmt sein, verglichen mit 15 Prozent, die eine Karriere als Ärztin oder Arzt anstrebten, oder 13 Prozent, die in den Medien arbeiten wollten. Von denen, die angaben, sie wären gern berühmt, wussten 68 Prozent nicht, wofür sie eigentlich berühmt sein wollten.

Die Verrücktheit des Wettbewerbs

Das Bedürfnis nach materiellem Wohlstand und Status manifestiert sich im absurden Wettbewerb des modernen Lebens. Letztendlich ist die Menge an Vermögen und Status beschränkt. Wir müssen also einander bekämpfen, wenn wir etwas davon abhaben wollen.

Vor etwa zwölf Jahren zogen meine Frau und ich nach Singapur. Pam arbeitete im Krankenhaus, ich fand einen Halbtagsjob als Englischlehrer. Ursprünglich hatten wir nichts dagegen, dauerhaft dorthin zu ziehen, dann aber fanden wir die Lebensart in Singapur viel zu wettbewerbsorientiert. Die Menschen lebten, als hätte es im Moment ihrer Geburt einen Startschuss gegeben, als befände sich vor ihnen ein festgelegter Karriereweg, den sie so schnell wie möglich zurücklegen müssten, mit so viel Fortschritten wie nur möglich, bis sie dann starben. Samstags von 8 bis 13 Uhr lehrte ich Schulkinder Englisch (wobei der Begriff „lehren" es nicht ganz trifft, hauptsächlich ließ ich sie einen Test nach dem anderen schreiben und gab dann die Antworten). Zusätzlich zu ihren fünf gewöhnlichen Schultagen wurden die Kinder häufig abends noch drei bis vier Stunden zu Hause unterrichtet, und das auch am Wochenende.

Die Kinder taten mir leid – einige waren gerade einmal acht Jahre alt und schienen keinerlei Zeit für sich selbst zu haben. Einmal meinte ich zu meiner Klasse: „Wann spielt ihr denn überhaupt mal?" Sie sahen mich an, als hätten sie das Wort noch nie gehört. Nach einigen

Sekunden antwortete dann eines: „Ich spiele gewöhnlich am Sonntag für ein oder zwei Stunden."

Es hat mich zudem entsetzt, wie das Wirtschaftswachstum Singapurs im Radio verkündet wurde: „Hey, gerade haben wir gehört, dass die Wirtschaft in den letzten drei Monaten um fast 5 Prozent gewachsen ist", meinte der stets fröhliche Moderator. „Das habt alleine ihr erreicht. Arbeitet schön hart weiter, vielleicht können wir in den nächsten drei Monaten noch stärker wachsen." Einige der Menschen in Singapur, die wir kennenlernten, konnten Pam und mich nicht begreifen – sie erwarteten, dass wir als Menschen aus dem Westen auch gierig auf Status wären. Sie begriffen nicht, warum wir keine teuren Kleider trugen, kein Auto besaßen und warum ich statt einer Aktentasche einen Rucksack trug.

Als wir nach Großbritannien zurückkehrten, waren wir erleichtert, nun wieder in einem entspannteren Umfeld zu leben. Dennoch hat dieser ungeheure Wettbewerb und dieses Konkurrenzdenken auch in Großbritannien Einzug gehalten, besonders in den letzten 15 Jahren. In der Schule meiner Kinder schockiert mich manchmal der verzweifelte Versuch mancher Eltern – gemeinhin aus der Mittelschicht –, ihren Sprösslingen einen möglichst großen Vorteil bei der Jagd nach Status zu verschaffen. Sie bezahlen zusätzliche Schulstunden zu Hause, geben ihren Kindern Extraaufgaben für den Abend und zwingen sie dazu, Bücher zu lesen, die für sehr viel ältere Kinder gedacht sind. Das übt nicht nur Druck auf unsere Kinder aus, sondern lehrt sie zusätzlich, dass das Leben nur aus *Anstrengung* besteht, aus dem Kampf, immer mehr zu erreichen. Es lehrt sie, dass man sich Glück irgendwann in der Zukunft verdienen muss, und nicht, dass es ein Naturzustand ist, den man in der Gegenwart genießen kann. Zusätzlich trägt das dazu bei, eine feindliche und gefühllose Einstellung zu den Mitmenschen zu kultivieren. Kinder werden ermutigt, sich als Rivalen zu betrachten, als Mitbewerber im Wettlauf um Erfolg.

Viele von uns stehen als Erwachsene im Wettbewerb zueinander, um eine bessere Ausbildung zu erhalten, bessere Arbeitsplätze, bessere Aussichten auf Beförderung, größere Häuser, bessere Autos und topmodische Kleidung. Mit jedem Jahr, das verstreicht, müssen wir das Gefühl haben, dass wir auf der Jagd nach Geld und Status ein bisschen vorangekommen sind oder dass wir zumindest mit den anderen mithalten können. Wir versuchen uns also, neue Qualifikationen und Fertigkeiten anzueignen, unseren Lebensstandard zu erhöhen und unsere Wohnungen etwas luxuriöser zu gestalten.

Ein Problem dieses Wettbewerbs ist, dass er *ständig beschleunigt*. Jeder Wettbewerber zieht ein bisschen an, alle anderen müssen ebenfalls Gas geben. Weil man sich kaum darauf einigt, dass jetzt alle mal das Tempo etwas drosseln oder zumindest so bleiben, wie sie sind, erhöhen die Menschen permanent ihre Geschwindigkeit und zwingen damit die anderen, dies ebenfalls zu tun. Jeder, der etwas entspannt, bleibt abgeschlagen zurück. Und mit der Geschwindigkeit wächst auch der Stress.

Aber wozu all dieser Wettbewerb? Welchen Sinn hat unser Leben, wenn es kaum mehr ist als die angestrengte Jagd nach Verdiensten und Status, wenn wir mit verkniffenem Gesicht und starr nach vorn gerichtetem Blick leben, wenn wir nie innehalten, um uns den Sinn all dessen, was wir tun, vor Augen zu führen oder uns ein einziges Mal auf die Gegenwart zu konzentrieren?

Und genau wie der Reichtum stellt uns auch der Status im Grunde nie zufrieden. Einige Menschen bekommen nie genug, egal, wie viel Erfolg, Macht oder Ruhm sie auch erreichen. Sie kommen nie an den Punkt, an dem sie denken: *Gut, jetzt habe ich genug Erfolg, jetzt kann ich auch aufhören*. Eroberer müssen in immer neue Länder einfallen, Geschäftsmagnaten immer neue Firmen übernehmen und Popstars noch mehr Tonträger verkaufen und neue Märkte erobern. Manche Menschen haben sogar das Unglück, dass sie die Spitze ihres Ruhms erklimmen und es nichts mehr gibt, was sie jetzt noch erreichen könnten – sobald das geschehen ist, verfallen sie in Lethargie und Langeweile. Auch in diesem Fall liegt es daran, dass Status und Macht nicht *innerlich* heilen können. Ganz gleich, wie viel wir anhäufen, das Gefühl von Mangel und Bedeutungslosigkeit bleibt in uns und wartet nur darauf, erneut auszubrechen.

KAPITEL 6

Kollektive Verrücktheit

Die Gier nach Reichtum und Status wird noch gefährlicher und zerstörerischer, wenn man sie kollektiv zum Ausdruck bringt – wenn also Gruppen von Menschen zusammenarbeiten, um ihren Reichtum, ihre Macht und ihr Ansehen zu steigern. Das erklärt einige der größten durch *Humanie* ausgelösten sozialen Pathologien, etwa Krieg, soziale Ungerechtigkeit und Unterdrückung sowie die männliche Dominanz.

Der Hauptgrund für Kriege ist der Wunsch einer Gruppe von Menschen – gewöhnlich einer Regierung, oft genug aber auch der gesamten Bevölkerung eines Landes, eines Stammes oder einer Ethnie –, ihre Macht und ihren Reichtum zu vergrößern. Die Gruppe versucht das, indem sie eine andere Gruppe besiegt und unterjocht und sich ihr Territorium und ihre Ressourcen einverleibt. Ganz gleich, welchen Krieg der Weltgeschichte Sie auch betrachten, der Grund war immer eine Variante davon: Es wurden Kriege geführt, um sich ein neues Territorium anzueignen, neue Länder zu kolonisieren, die Kontrolle über wichtige Bodenschätze oder Öl zu erlangen, ein neues Imperium zu errichten, um Prestige und Reichtum zu mehren oder um eine vorangegangene Demütigung zu rächen, die die Macht, das Ansehen oder den Reichtum einer Gruppe schmälerte. Eine der Hauptursachen des Zweiten Weltkriegs bestand in der Erniedrigung Deutschlands nach dem Ersten Weltkrieg, das durch den Versailler Vertrag aufs Härteste bestraft wurde. Die Deutschen mussten auf große Teile ihres Staatsgebietes verzichten und Milliarden Dollar an Reparationen zahlen. Das führte zu viel Leid. Diese Maßnahmen sollten gewährleisten, dass aus Deutschland niemals mehr eine Militärmacht werden konnte, aber natürlich wurde genau das Gegenteil erreicht. Das Gefühl der Demütigung erzeugte den intensiven Wunsch, erneut Macht und Prestige zu erlangen. Dies führte schließlich zu dem von den Nazis erträumten „Tausendjährigen Reich".

Bis zum Ende 19. Jahrhundert führten die Staaten Europas im Schnitt alle zwei Jahre Krieg gegen einen oder mehrere Nachbarstaaten. Zwischen 1740 und 1897 tobten 230 Kriege auf europäischem Boden, die Staaten gingen durch ihre militärischen Ausgaben fast Bankrott. (Gegen Ende des 18. Jahrhunderts verwendete die französische Regierung zwei Drittel ihres Haushalts auf die Armee, Preußen gab sogar 90 Prozent aus.) Im 20. Jahrhundert waren die Kriege kürzer und seltener, aber die modernen Tötungstechnologien sorgten dafür, dass sich die Zahl der Todesopfer drastisch erhöhte. Man schätzt, dass in den europäischen Kriegen zwischen 1740 und 1897 insgesamt „nur" 30 Millionen Menschen starben. Die Zahl der Toten der beiden Weltkriege zusammen beläuft sich dagegen auf etwa 75 Millionen.

Krieg ist unter Menschen so weit verbreitet, dass man ihn für etwas Natürliches und Normales halten könnte – und es hat tatsächlich Versuche gegeben, ihn mit ziemlich groben biologischen oder genetischen Deutungen zu erklären. Beispielsweise hat man Krieg mit höheren Testosteronwerten bei Männern oder einem verminderten Serotoninspiegel in Verbindung gebracht, die beide zu aggressivem Verhalten führen. Es besteht jedoch kein Zweifel, dass, selbst wenn es im Menschen eine genetische oder biologische Disposition für Aggressivität geben sollte (und selbst diese halte ich für überschätzt), diese Neigung durch die *Humanie* massiv verstärkt wird. Krieg ist eben nicht naturgegeben, sondern ein Symptom unserer Verrücktheit. Denken Sie an die europäischen Staaten des 18. und 19. Jahrhunderts: Das waren Gruppen von Menschen, die ähnliche Sprachen sprachen, oft ethnisch miteinander verwandt waren und dennoch zuließen, dass Generationen von jungen Männern auf dem Schlachtfeld getötet wurden und Generationen von Frauen und Kindern Armut und Hunger leiden mussten, und dies in einem nie endenden Streit um Land, Reichtum, Ansehen und Macht. Denken Sie an die pervertierte Ideologie der militaristischen Gesellschaften – vom antiken Sparta über das Preußen des 19. Jahrhunderts bis zum Japan des frühen 20. Jahrhunderts –, die glaubten, das Töten anderer Menschen (und das Opfer des eigenen Lebens) wäre eine edle oder sogar moralische Handlung. Denken Sie an die bizarre Philosophie des Sozialdarwinismus – die von den Nazis und dem britischen Kolonialismus vertreten wurde –, die fest davon überzeugt war, dass Krieg und Kolonisierung als Teil des evolutionären Prozesses naturgemäß und rechtens wären – ein Prozess, in dem die „Stärksten" die Schwächeren bekämpften und auslöschen mussten.

Soziale Unterdrückung und Ungleichheit

Weitere pathologische Eigenschaften vieler menschlicher Gesellschaften im Laufe der Geschichte – und somit weitere Folgen der von der *Humanie* erzeugten Gier, Macht und Reichtum zu erlangen – sind die gewaltige Ungleichheit und Unterdrückung. Die große Mehrheit der Menschen war im Grunde schon immer Sklave einer kleinen Minderheit, die die Ressourcen beherrschte und besaß. Hätten Sie das Unglück gehabt, im Europa des Mittelalters zur Welt zu kommen – oder im alten Ägypten, im feudalen Japan oder China oder irgendeinem anderen Staat mit Feudalsystem –, hätten Sie mit hoher Wahrscheinlichkeit das Leben eines Bauern oder Leibeigenen geführt. Als Leibeigener wären Sie kaum mehr als ein Sklave gewesen. Ihr Leibherr hätte das Land besessen, das Sie bestellten. Sie hätten es ohne seine Erlaubnis nicht verlassen dürfen. Er hätte Sie auf ein anderes Gut schicken und dabei Ihren Besitz und Ihre Familie behalten können. Man hätte Sie jederzeit zum Kriegsdienst einberufen können, während Ihr Getreide verrottet und Ihre Familie verhungert wäre. Möglicherweise hätte Ihr Herr Sie geschlagen und brutal für jedes noch so geringe Vergehen gezüchtigt – oder vergewaltigt, wenn Sie eine Frau gewesen wären.

Mit ein bisschen mehr Glück wären Sie als Bauer zur Welt gekommen, der sein Land von einem Grundbesitzer gepachtet hatte. Dennoch wäre Ihr Schicksal immer noch ziemlich hart gewesen. Der Grundbesitzer würde Sie aller Wahrscheinlichkeit nach ausbeuten und eine hohe Pacht verlangen. Dazu kämen noch Steuern und erzwungene

„freiwillige Gaben". Auch die Kirche würde einen Teil Ihres Erlöses als Zehnten fordern, oder – falls Sie kein Geld besäßen – einen Teil Ihrer Erzeugnisse. Sie würden in einem mit Mist und Lehm verputzten Holzhaus wohnen; Ihr Leben wäre ein beständiger Kampf ums Überleben. Sie hätten nur wenig Essen und Wasser und keine Heizung, wären chronisch unterernährt und ständig in Gefahr, ganz zu verhungern. Und dazu käme die stete Angst, dass man Sie fälschlich eines Verbrechens bezichtigt, wegen dessen Sie dann qualvoll gefoltert und schließlich hingerichtet würden. Brutale Bestrafung – und die Macht, Beschuldigungen vorzubringen, die zu ihr führten – war eine der Methoden des Adels und der Feudalherren, ihre Bauern unter Kontrolle zu halten.

Wenn Sie andererseits adeliger Herkunft gewesen wären oder der Oberschicht angehört hätten, wäre das quasi wie ein Sechser im Lotto gewesen. Ihnen hätten vielleicht Tausende von Bauern und Leibeigenen gehört (einige russische Adelige besaßen im 19. Jahrhundert 300.000 Leibeigene), und Sie hielten sich vermutlich für einen Menschen von höherer Güte als Ihre Untergebenen, fast so, als wären Sie Mitglied einer anderen Spezies. Sie würden Ihre Leibeigenen eher als Tiere statt als Menschen betrachten (in den Aufzeichnungen mancher Güter werden die Bauern gewöhnlich unter „Viehbestand" aufgeführt, zusammen mit Schweinen und Schafen). Ihre Klasse würde nur weniger als 10 Prozent der Gesamtbevölkerung ausmachen, aber im Grunde das Gesamtvermögen des Landes und alle seine Ressourcen besitzen. Sie hätten die völlige Kontrolle über alle Gesetze und die Regierung. Sie müssten nie arbeiten, denn die Nahrungsmittel, Waren und Gelder, die Sie Ihren Bauern und Leibeigenen abpressen, würden Ihnen einen luxuriösen Lebensstil ermöglichen. Sie wären bei den meisten Verbrechen von Bestrafung ausgenommen. Ihre Lebenserwartung betrüge 20 Jahre mehr als die Ihrer Bauern.

Wären Sie im 19. Jahrhundert in Europa als Kind von Bauern zur Welt gekommen, würde Sie ein noch schlimmeres Schicksal erwarten. In Folge der industriellen Revolution wären Sie zwar nicht mehr der Sklave eines Herrn oder Adeligen, dafür aber eines Fabrik-, Mühlen-

oder Bergwerkbesitzers. Sie müssten noch härter arbeiten und würden in noch größerem Elend leben, während die Industriellen prosperierten wie früher der Adel. Aber zumindest sorgte die industrielle Revolution dafür, dass das alte Feudalsystem aufbrach. Eine neue Mittelschicht aus Geschäftsleuten ersetzte den alten Adel. Dennoch waren beispielsweise in Großbritannien Gesetzgebung und Gesellschaftsstruktur so gewichtet, dass nach wie vor die privilegierte Minderheit bevorzugt wurde. Es brauchte mehrere Jahrzehnte von Protesten und Versammlungen durch Gruppen wie die Chartisten oder die Gewerkschaften, damit diese Ungleichheit nach und nach beseitigt wurde.

Ungeachtet dessen existiert diese Ungleichheit natürlich nach wie vor, vor allem im weltweiten Vergleich. Sehen wir uns die Verteilung von Reichtum und Ressourcen an, dann ist diese Ungleichheit sogar noch grotesker als die in den Feudalgesellschaften vergangener Jahrhunderte. Das reiche eine Prozent der Weltbevölkerung besitzt 40 Prozent des Gesamtvermögens. 50 Prozent der Bevölkerung besitzen zusammengenommen gerade ein Prozent. Gleichzeitig leben 80 Prozent aller Menschen von weniger als 10 Euro am Tag, über eine Milliarde Menschen hat keinen Zugang zu sauberem Wasser und 2,5 Milliarden Menschen mangelt es an einfachen sanitären Anlagen.

Die Unterdrückung der Frau

Selbst wenn sie einer der oberen gesellschaftlichen Schichten angehörten, waren die Frauen im Laufe der Geschichte in gewissem Sinne ebenfalls Sklaven. Noch bis vor kurzem hatten Frauen in Europa, im Nahen Osten und in Asien keinen Einfluss auf das politische, religiöse oder kulturelle Leben in ihren Gesellschaften. Sie durften weder etwas besitzen noch Land oder Vermögen erben und galten selbst oft genug einfach als Eigentum. In einigen Staaten konnten Geldverleiher oder Steuereintreiber Frauen beschlagnahmen, um eine Schuld zu begleichen (das war beispielsweise in Japan seit dem 7. Jahrhundert eine gängige Praxis). Im antiken Assyrien wurde Vergewaltigung damit bestraft, dass man die Frau des Täters dem Mann des Opfers übergab, damit er mit ihr anstellen konnte, was er wollte. Am grausamsten aber war der – wie Anthropologen es nennen – Ritus des Witwenmordes (oder des rituellen Witwenselbstmordes), bei dem Frauen ermordet wurden oder sich selbst töteten, wenn ihr Ehemann gestorben war. Das war in Indien und China bis ins 20. Jahrhundert hinein verbreitet. Noch heute kommt es hin und wieder vor.

Selbst in den sogenannten aufgeklärten Gesellschaften wie dem antiken Griechenland – dem angeblichen Ursprungsland der Demokratie – durften Frauen weder Eigentum besitzen noch politische Rechte ausüben. Sie durften nach der Dämmerung das Haus nicht mehr verlassen. In ähnlicher Weise war es Frauen im alten Rom nicht gestattet, an gesellschaftlichen Ereignissen teilzunehmen (außer als Kurtisanen), und sie durften das Haus nur dann verlassen, wenn ihr Ehemann oder einer naher Verwandter sie begleitete.

In Europa hat sich der Status der Frau in den letzten Jahrzehnten deutlich verbessert, aber in vielen Teilen der Welt dauert die männliche Dominanz und Unterdrückung weiter an. In vielen Ländern des Nahen Ostens leben Frauen beispielsweise praktisch wie Gefangene und können das Haus nur in Begleitung eines männlichen Aufpassers verlassen. Wenn sie das Haus verlassen, müssen sie sich von Kopf bis Fuß in schwarzes Tuch hüllen, was sie den Gefahren von Vitamin-D-Mangel und Dehydrierung aussetzt. Sie haben keinerlei Einfluss auf ihr Leben. Sie gelten als Ware, als Besitz der Männer der Familie. Als ihre Besitzer dürfen die Männer Entscheidungen für sie treffen und können Sex auf Verlangen einfordern. Eine Umfrage in Ägypten hat ergeben, dass es die meisten Männer wie Frauen für rechtens halten, wenn ein Mann seine Frau schlägt, weil diese den Sex verweigert.

Es hat Versuche gegeben, die Unterdrückung der Frau mit kruden biologischen Thesen zu erklären. In seinem Buch *The Inevitability of Patriarchy* (auf Deutsch etwa: „Warum das Patriarchat unvermeidlich ist") vermutet der Soziologe Stephen Goldberg, dass Männer aufgrund ihres hohen Testosteronspiegels von Natur aus stärker auf Wettbewerb ausgerichtet sind als Frauen. Dadurch werden sie aggressiv und machtgierig, sodass sie ganz zwangsläufig die höheren Positionen in einer

Gesellschaft einnehmen und den Frauen nur die untergeordneten Rollen überlassen.

Es besteht allerdings kein Zweifel daran, dass die schlechte Behandlung von Frauen pathologisch ist – ein weiteres Symptom unserer allem zugrunde liegenden Verrücktheit. In einer Gesellschaft die Machtposition einzunehmen, ist das eine. Etwas anderes ist aber, auf Frauen *herabzusehen* und sie derart brutal zu erniedrigen. Welche geistig gesunde Spezies würde denn die Hälfte ihrer Mitglieder – und zwar genau die Hälfte, die die gesamte Spezies zur Welt bringt – mit solch einer Verachtung und Ungerechtigkeit behandeln? Trotz ihres hohen Testosteronspiegels verehrten die Männer vieler antiker und indigener Kulturen die Frauen wegen ihrer Fähigkeit, Leben zu schenken und es dann großzuziehen. Warum tun wir das nicht?

Die Unterdrückung der Frau ist eine Folge der männlichen Gier nach Macht und Kontrolle. Das gleiche Bedürfnis, das sie antreibt, andere Menschen oder Nationen zu erobern und zu unterjochen oder andere Klassen oder Schichten in ihrer eigenen Gesellschaft zu beherrschen, drängt sie dazu, Frauen zu dominieren und zu unterdrücken. Da Männer das Bedürfnis verspüren, so viel Macht und Kontrolle wie möglich zu erlangen, *stehlen* sie den Frauen Macht und Kontrolle. Sie verwehren den Frauen das Recht, Entscheidungen zu fällen, damit sie für sie entscheiden können; sie machen es Frauen unmöglich, ein eigenes Leben zu führen, damit sie es lenken können. Letztendlich versuchen sie, ihr eigenes Gefühl von Bedeutung und Status zu verstärken, um die durch die *Humanie* ausgelöste Unzufriedenheit und den Mangel auszugleichen.

Die Verrücktheit der Ehre

Eine der verstörendsten und pathologischsten kulturellen Praktiken, die die *Humanie* hervorgebracht hat, ist der sogenannte Ehrenmord – die Ermordung von Verwandten (zum größten Teil Frauen, in den meisten Fällen junge Töchter), die ihre Familie „entehrt" haben. In vielen Gesellschaften des Nahen Ostens und Asiens ist das noch gängige

Praxis – und nicht zufällig handelt es sich dabei um die Gesellschaften, die Frauen am stärksten unterdrücken.

Ehrenmorde sind eng mit der Angst verknüpft, Status zu verlieren, und dem Wunsch, diesen zu *schützen*. In den Gesellschaften, in denen Ehrenmorde vorkommen, herrscht eine pathologische Unsicherheit, der beständige Druck, strikte soziale Normen einzuhalten, weil man sonst sein Gesicht verliert und von der übrigen Gemeinschaft ausgegrenzt wird. (In diesem Sinne ist das mit der sozialen Identität verbunden und dem Bedürfnis nach Zugehörigkeit, das wir im nächsten Kapitel untersuchen werden.)

Die Frauen in der Familie repräsentieren in dieser Sichtweise die Ehre. Es wird massiv Druck auf sie ausgeübt, damit sie sich „anständig" verhalten. Das heißt, dass sie sich zurückhaltend kleiden, nicht außerhalb der Familie mit Männern sprechen, niemals die Aufmerksamkeit auf sich ziehen und – das ist am wichtigsten – keinen Geschlechtsverkehr vor der Ehe haben (oder außerhalb der Ehe, sobald sie verheiratet sind). Sie müssen auch damit einverstanden sein, einen Partner zu heiraten, den die Familie für sie auswählt. Andere Verhaltensweisen, die eine Frau „entehren" – und die deshalb mit dem Tod bestraft werden –, sind politische Aktivität, das Interesse für fremde Religionen oder die Bitte um Scheidung. Es gibt auch viele Fälle, in denen homosexuelle Jungen ermordet werden, um die „Ehre" der Familie wiederherzustellen.

Weicht ein Familienmitglied von diesem Ehrenkodex ab, befleckt es den Ruf der Familie. Der einzige Weg, sich von diesem Makel reinzuwaschen, besteht darin, den betreffenden Verwandten zu ermorden – gewöhnlich die Tochter –, der sie entehrt hat. Es ist ohne Belang, ob das Familienmitglied wirklich schuldig ist. Vielleicht ist ein Mädchen nur attraktiv und hat deshalb die Aufmerksamkeit von Männern außerhalb der Familie auf sich gezogen, vielleicht hat sie ihre Jungfräulichkeit auch durch eine Vergewaltigung verloren. Die Tatsache, dass die Familienehre befleckt wurde, reicht aus, um sie zu ermorden. Amnesty International berichtete von einem Fall in der Türkei, bei dem ein 16-jähriges Mädchen ermordet wurde, weil ihre Eltern im

Radio ein Liebeslied gehört hatten, das ihr gewidmet war. In Pakistan wurde ein Mädchen mit Lernschwäche ermordet, nachdem sie vergewaltigt worden war, obwohl auch der Verwandte, der sie vergewaltigt hatte, verurteilt wurde.

Die Vereinten Nationen schätzen, dass jedes Jahr ungefähr 5000 Ehrenmorde begangen werden. Da sie sich jedoch häufig in isolierten und ländlichen Gebieten ereignen und den Behörden nicht gemeldet werden, liegt die Dunkelziffer sehr wahrscheinlich noch viel höher. In vielen Staaten handelt es sich um eine gesellschaftlich derart akzeptierte Praxis, dass die Mörder häufig glimpflich davonkommen oder überhaupt nicht bestraft werden. In Ländern wie Pakistan oder dem Jemen ignorieren Polizei und Justiz diese Morde oftmals. In Syrien legt das Gesetz fest, dass ein Mann, der eine weibliche Verwandte in flagranti beim unerlaubten Sex mit einem anderen Mann erwischt und sie ermordet (sowohl die Frau als auch den Mann) mildernde Umstände geltend machen kann und nur zwei Jahre ins Gefängnis muss.

Wie bereits angedeutet, sind Ehrenmorde eng mit der männlichen Dominanz und dem niederen Status der Frau verknüpft. Väter können ihre eigenen Töchter nur dann töten – oder Brüder ihre eigenen Schwestern –, weil sie einem Frauenleben einen geringeren Wert beimessen. Würde man Frauen ehren und ihnen Respekt erweisen, dann zöge kaum jemand in Betracht, sie zu ermorden – oder zu missbrauchen. Es ist kein Zufall, dass es in vielen der Kulturen, in denen Ehrenmorde stattfinden, etwa in Indien und Pakistan, auch zur Tötung weiblicher Säuglinge kommt. In diesen Kulturen hat das Leben einer Frau praktisch keinen Wert, es auszulöschen gilt als minder schweres Verbrechen.

Wenn man einen objektiven Bewertungsmaßstab zugrunde legt, ist es unglaublich und verrückt, dass Eltern bereit sind, die eigenen Kinder zu töten – oder Brüder ihre Schwestern –, und das nur für Status und Reputation. Es ist zudem unfassbar, dass die meisten Ehrenmorde eine völlig natürliche und gesunde Neigung des Menschen bestrafen: das „Verbrechen“, sich in ein Mitglied einer anderen Kaste zu verlieben (der Hauptgrund für Ehrenmorde in Indien) oder in einen Fremden,

den die Eltern nicht ausgesucht haben, oder das „Verbrechen“, dass man sich sexuell angezogen fühlt und dieser Anziehung bis zum Sex nachgibt. Noch einmal: Es ist kein Zufall, dass sich Ehrenmorde in den Gesellschaften ereignen, die nicht nur streng patriarchalisch sind, sondern auch hochgradig sexuell repressiv und die eine neurotisch feindliche Einstellung zur Sexualität und zum menschlichen Körper haben.

Mangelnde Empathie

Auch wenn sie von dem Wunsch nach Vermögen und Status angetrieben wird, so ist die eben beschriebene Brutalität nur durch eine weitere Auswirkung der *Humanie* möglich: die verringerte Fähigkeit, mit anderen Menschen mitzufühlen.

Unter Empathie versteht man die Fähigkeit, „mit“ einem Mitmenschen zu fühlen, sich mit ihm zu identifizieren und zu spüren, was er gerade durchmacht. Man betrachtet Empathie manchmal auch als die Fähigkeit, die Gefühle anderer Menschen zu „lesen“ oder sich vorzustellen, was sie gerade fühlen, indem man sich „in sie hineinversetzt“. Anders gesagt ist die Empathie eine *kognitive* Fähigkeit, etwa in der Art, wie wir uns auch zukünftige Ereignisse vorstellen oder Probleme aufgrund vergangener Erfahrungen lösen können. Meiner Ansicht nach ist Empathie aber weitaus mehr: Es handelt sich um die Fähigkeit, eine psychische und emotionale Verbindung mit einem anderen Menschen herzustellen und tatsächlich in seinen Geistesraum *einzudringen*. Erleben wir echte Empathie oder echtes Mitgefühl, dann verschmilzt unsere Identität mit der des anderen. Die Trennung zwischen Ihnen und einem Mitmenschen löst sich auf. Die eigene „Selbst-Grenze“ verschwindet; in einem gewissen Sinne – oder in einem gewissen Ausmaß – *werden* Sie er oder sie.

Unser stark entwickeltes Ego macht es jedoch schwierig für uns, diesen Zustand der Verbundenheit zu erfahren. Es „mauert uns ein“, besonders wenn es um Mitglieder einer anderen Gruppe geht, das andere Geschlecht (im Falle der Unterdrückung von Frauen), um andere Stämme, Völker, Rassen oder Klassen. (Wir werden die Bedeutung der Gruppenidentität im nächsten Kapitel noch genauer betrachten.) Das Ego schließt uns in der begrenzten Welt unserer eigenen Gedanken und Wünsche ein. Wir sind so mit uns selbst beschäftigt, dass es uns Schwierigkeiten bereitet, die Welt aus dem Blickwinkel unserer Mitmenschen wahrzunehmen. Die Anderen sind uns wahrlich fremd. Dadurch können wir ihnen Leid zufügen, weil wir den Schmerz, den wir bei ihnen verursachen, ganz einfach nicht *spüren*. Wir fühlen nicht genug mit, um ihr Leid zu empfinden.

Identifizieren Sie sich mit jemand anderem, dann haben Sie eine psychische und emotionale Verbindung zu ihm oder ihr, dann können Sie sie oder ihn nicht mehr brutal behandeln. Sie leiden unter seinem oder ihrem Schmerz ebenso wie unter dem eigenen. Noch mehr: Sie wollen ihr oder sein Leid so gut es geht *lindern* und dem- oder derjenigen helfen. Findet eine solche Identifikation nicht statt, ist das Leid, das Sie zufügen können, schier unbegrenzt. Sie spüren den fremden Schmerz nicht, also hält Sie nichts davon ab, ihn zu verursachen.

Das ist eine der Haupteigenschaften von Psychopathen. Sie sind vollkommen unfähig zur Empathie oder dazu, die Welt aus einer anderen Sichtweise wahrzunehmen. Sie sind ausschließlich mit sich selbst beschäftigt. Die ganze Welt und alle übrigen Menschen sind nur dazu da, die eigenen Wünsche zu erfüllen. Natürlich will ich damit nicht sagen, dass alle Menschen Psychopathen sind. Es kommt auf das Maß an. Psychopathen erleben diesen Mangel an Empathie und Selbstbezogenheit im höchsten Ausmaß. Aber wir alle kennen das zu einem gewissen Grad, insbesondere Männer. Die *Humanie* beinhaltet auch einen Teil Psychopathie.

Anders gesagt, hat die „Unmenschlichkeit des Menschen dem Menschen gegenüber“ zwei Hauptursachen: die Gier nach Reichtum und Macht und die verminderte Empathiefähigkeit. Diese beiden Faktoren sind die Motoren für das schreckliche Leid, das Elend und die Gewalt, die die gesamte Geschichte durchziehen.

Frauen und Empathie

Es ist von Bedeutung, dass Untersuchungen belegen, dass Frauen in einem höheren Grad als Männer über die Fähigkeit zur Empathie verfügen. Beispielsweise haben Studien ergeben, dass Frauenfreundschaften auf gegenseitiger Hilfe und dem Austausch über Probleme gründen, Männer hingegen werden Freunde, weil sie Interessen teilen, etwa Sport oder ein bestimmtes Hobby. Es ist nachgewiesen worden, dass Frauen und Männer unterschiedliche Kommunikationsarten haben. Frauen sprechen gemeinhin länger miteinander, weil sie stärker auf die gegenseitige Rückversicherung bauen, etwa Kopfnicken, Lächeln und andere Gesten. Stimmen sie nicht überein, dann drücken Frauen das eher indirekt aus, selten durch eine unmittelbare Aussage, um eine Konfrontation zu vermeiden. Im Gegensatz dazu neigen Männer zur Direktheit und zur Meinung. Sie verwenden mehr Imperative und unterbrechen andere Menschen öfter. Der Psychologe Simon Baron-Cohen bringt es auf den Punkt: „Männer reden, um anderen ihr Wissen, ihre Fähigkeiten und ihren Status mitzuteilen." Untersuchungen haben zudem gezeigt, dass Frauen die Gefühle ihrer Mitmenschen besser als Männer allein dadurch einschätzen können, dass sie ihnen in die Augen blicken.

Das leuchtet ein, denn den größten Teil der „menschlichen Unmenschlichkeit" in der Geschichte haben *Männer* verbrochen. Praktisch alle Kriege wurden von Männern begonnen und geführt, der größte Teil der sozialen Unterdrückung ging von Männern mit hohem Status aus, die ihre Macht und ihren Reichtum schützen und vermehren wollten. (Man könnte natürlich anführen, dass Frauen nie in solche Machtpositionen kamen und deshalb auch nie *die Gelegenheit* hatten, Kriege zu führen oder Leute zu unterdrücken. Der Grund dafür ist aber doch, dass die Männer den Frauen diese Machtpositionen ohnehin verwehrten, weil sie diese für sich selbst beanspruchten.)

Es ergibt auch deshalb Sinn, weil Frauen stets die Mutterrolle innehaben. Sicherlich bestärkt diese Funktion als nährende Erzieherin die Empathie, da sie eine enge emotionale Verbindung zu Kindern erfordert. Zumindest könnte man sagen, dass diese emotionale Bindung es den Frauen schwerer gemacht hätte, ihre Fähigkeit zur Empathie zu verlieren.

Wenn es also stimmt, dass Frauen eine höhere Empathiefähigkeit besitzen, dann kann man vermuten, dass sie ihr Ego als weniger abgetrennt erleben als Männer. Sie verfügen ja schließlich über eine größere Fähigkeit, mit anderen Menschen „mitzufühlen". Das kann nur daran liegen, dass sie weniger in ihren eigenen geistigen Raum „eingemauert" sind. Da die Ego-Abtrennung eine der Haupteigenschaften der *Humanie* ist, könnte das darauf hindeuten, dass Frauen weniger als Männer unter diesem Zustand leiden.

Auch wenn das natürlich eine umstrittene Schlussfolgerung ist, denke ich, dass sie ein Körnchen Wahrheit enthält. Und dennoch handelt es sich nur um eine *leicht* mildere Form dieses Leidens. Frauen erleben natürlich ebenfalls einen gewissen Grad von Ego-Isolation und sie empfinden zumindest das gleiche Maß an kognitiver Zerrissenheit wie die Männer. Auch Frauen gebärden sich verrückt, wenn auch nicht so verrückt wie Männer.

Die Verrücktheit der Zerstörung unserer Umwelt

Eine weitere kollektive Pathologie bezieht sich auf all die Punkte, die wir in diesem Kapitel betrachtet haben: unsere selbstmörderische Zerstörung des Ökosystems unserer Erde. Für einen unabhängigen Beobachter wäre sie der endgültige Beweis – sollte er überhaupt noch einen brauchen –, dass die Menschen an einer psychischen Störung leiden. Würde eine gesunde Spezies absichtlich das pflanzliche und tierische Leben des Planeten zerstören, Luft und Meere mit toxischen Chemikalien vergiften? Würde sie die natürlichen Ressourcen so habgierig vergeuden und die Erde immer weiter aufreißen, um neue zu entdecken? Würde eine gesunde Spezies katastrophale Entwicklungen wie die globale Erwärmung, die Wasserknappheit und Überbevölkerung zulassen, ohne Gegenmaßnahmen zu ergreifen?

Indigene Völker ließen keinen Zweifel daran, dass der pathologische Umgang, den wir mit unserer Natur pflegen, schließlich zur Katastrophe führen würde. Sie sind immer angewidert gewesen von unserer mangelnden Ehrfurcht vor der natürlichen Welt und unserer systematischen Ausbeutung der Natur. Vor über 150 Jahren verglich Häuptling Seattle den weißen Mann mit einem „Fremden, der in der Nacht kommt und von der Erde nimmt, was immer er braucht". Mit großem Weitblick warnte er US-Präsident Franklin Pearce, dass dessen Volk „die Erde verschlingen wird und nichts zurücklässt als Wüste". Jüngst hat die australische Ureinwohnerin Anne-Pattel Grey über die Australier europäischer Abstammung geklagt, die „die Mutter Erde vergewaltigen, ermorden und missbrauchen", und davor gewarnt, dass sie „den Preis dafür zahlen müssten".

Indigene Völker haben Ehrfurcht vor der Natur, weil sie spüren, dass sie lebendig ist, und sie sich ihr verbunden fühlen. Sie spüren, dass alle natürlichen Dinge – nicht nur Tiere, sondern auch Pflanzen, Steine und die Erde selbst – keine Objekte sind, sondern *Wesen*, die gemeinsam mit ihnen die Schöpfung bilden. Sie empfinden Mitgefühl mit Pflanzen, Tieren und mit der Erde und zögern deshalb, sie zu verletzten oder zu zerstören. Der große indigene amerikanische Philosoph Luther Standing Bear schrieb über die Lakota-Indianer: „Die Verwandtschaft mit allen Lebewesen der Erde, der Luft und des Wassers war ein echtes und aktives Prinzip. In der Tier- und Vogelwelt existierte ein brüderliches Gefühl, das den Lakota Sicherheit gab." Das bedeutete für die Lakota als Vorreiter der modernen Tierrechtsbewegung:

> *„Die Tiere haben Rechte – das Recht auf den Schutz des Menschen, das Recht zu leben, das Recht, sich zu mehren, das Recht der Freiheit und das Recht, die Verpflichtung des Menschen einzufordern – in Anerkennung dieser Rechte versklavte nie ein Lakota ein Tier und schonte alles Leben, das er weder als Nahrung noch für Kleidung benötigte."*
> *(Chief Luther Standing Bear, 2011)*

Diese Einstellung brachte ein Verantwortungsgefühl mit sich. Viele indigene Völker betrachteten sich selbst als Verwalter der Natur und tun das auch immer noch. Sie hatten den Auftrag, die Harmonie und Ausgewogenheit zu bewahren. Häuptling Edward Moody von der Nuxalk-Nation meinte: „Wir müssen den Wald um unserer Kinder willen schützen, für unsere Enkel und alle Kinder, die noch geboren werden. Wir müssen den Wald für diejenigen schützen, die nicht für sich selbst sprechen können, die Vögel, die Tiere, die Fische und Bäume."

Einerseits ist unsere Umweltzerstörung eine unmittelbare Folge der Abtrennung des Egos. In gleicher Weise wie uns diese Abtrennung die Empathie zu anderen Menschen erschwert – besonders zu Menschen anderer Gruppen –, so macht sie es fast unmöglich für uns, Mitgefühl für natürliche Dinge oder die Erde selbst zu empfinden. Wenn wir die Natur als etwas „Andersartiges" wahrnehmen, können wir ihre Lebendigkeit nicht spüren und haben keine Gewissensbisse, wenn wir sie ausbeuten und missbrauchen.

In einem größeren Rahmen bedeutet unsere Ego-Abtrennung, dass wir uns mit dem Gewebe der Schöpfung nicht verbunden fühlen. Folglich spüren wir keine Verantwortung für den Rest dieses Netzwerkes oder die Pflicht, seine Harmonie zu bewahren. Stattdessen veranlasst uns unsere Abtrennung dazu zu glauben, wir besäßen das Recht, die übrige Natur zu beherrschen. Deshalb fühlen wir uns dazu berechtigt, Land und natürliche Ressourcen zu *besitzen* – einer unserer Charakterzüge, den die indigenen Völker kaum nachvollziehen konnten. Besitz impliziert eine überlegene und beherrschende Stellung. Weil wir wissen, dass *wir* selbst bewusst und lebendig sind und die Natur als *nicht* lebendig und bewusst wahrnehmen, fühlen wir uns der Natur überlegen wie ein Herr gegenüber seinem Sklaven und leiten daraus die Berechtigung ab, sie zu beherrschen. Da die indigenen Völker die Natur jedoch als heilig und lebendig betrachten, konnten sie eine solche Einstellung niemals vertreten. Selbst als Gemeinschaft stellten sie sich nicht vor, Land oder Ressourcen zu besitzen – zumindest nicht in der Weise, wie wir das tun.

In diesem Sinne wird der Missbrauch der Umwelt von der gleichen Gier nach Macht angetrieben, die uns nach einflussreichen Positionen streben lässt. Wir wollen die Macht über die Natur, um sie zu beherrschen und zu unterdrücken, genauso wie wir schon immer andere Gruppen, Klassen und Kasten unterdrücken wollten. Statt die Verbundenheit zu fühlen, die Luther Standing Bear beschrieb, haben wir die Natur – und alles Natürliche – traditionell als Feind betrachtet, den es zu erobern gilt, als etwas Wildes, das wir zähmen und unterjochen müssen. Grundsätzlich ist unsere Unterdrückung der Natur – die ja hauptsächlich von Männern ausgeübt wird – eng verknüpft mit der Unterdrückung der Frau. Die Natur wird allgemein mit weiblichen Begriffen beschrieben – beispielsweise Mutter Natur oder im Schoß der Erde – und Frauen gelten traditionell als Verkörperung der Natur. Sie sind durch ihre Gebärfähigkeit sowie kraftvolle natürliche Prozesse wie die Menstruation und das Stillen mit der Schöpfung verbunden. Und im Laufe der gesamten Geschichte hat das männliche Ego gespürt, dass es beide beherrschen muss.

Unsere Gier nach materiellen Gütern ist ebenfalls ein bedeutender Faktor. Die Erde ist die Quelle alles Materiellen – alles, was wir herstellen oder konsumieren, stammt aus ihr und kehrt in irgendeiner Form zu ihr zurück. Hätten wir nicht einen solch gewaltigen Appetit auf Besitz, Vergnügen und Statussymbole, gäbe es einen weitaus geringeren Grad sowohl an Verbrauch als auch an Umweltschäden.

Und natürlich spielt die Überbevölkerung ebenfalls eine wichtige Rolle. Denn logischerweise erhöhen sich die kollektiven Folgewirkungen der *Humanie* mit der Anzahl der Menschen. Vor tausend Jahren zählte die Weltbevölkerung nur wenige Hundert Millionen, das beschränkte das Ausmaß des Schadens, den die menschliche Rasse der Biosphäre und anderen Arten zufügen konnte. Heute allerdings gibt es Milliarden von geistig gestörten Menschen – Milliarden von „Maniacs“ – auf der Erdoberfläche. Da verwundert es nicht, dass unsere Zukunft gefährdet ist.

Kapitel 7

Das zerbrechliche Selbst

Vor einigen Jahren organisierte eine Freundin meiner Frau die Weihnachtsfeier ihres Büros. Sie mietete einen Raum, sorgte für Unterhaltung und versandte Einladungen per E-Mail. Die Feier gefiel allen und gegen Ende stand der Chef auf, um die obligatorische Rede zu halten. Er machte sich dabei nicht einmal die Mühe, ihr zu danken, was sie sehr verärgerte, da sie einen so hohen Aufwand betrieben hatte. „Gut", sagte sie zu sich selbst, „wenn er mir keine Beachtung schenkt, werde ich ihn auch nicht mehr beachten." Von diesem Zeitpunkt an hielt sie ihr Chef für schwierig und unkommunikativ. Ihre Arbeitsbeziehung verschlechterte sich so sehr, dass sie schließlich kündigte. Dass das ein Fehler gewesen war, stellte sie erst später fest, denn eigentlich hatte ihr die Arbeit gefallen.

Vor ein paar Jahren war ich entsetzt, als ich in einer Zeitung von einem Schusswechsel las. Ein Mann war in seinem Sportwagen von einem anderen Raser überholt worden. Das brachte ihn so sehr auf, dass er ihm nachfuhr. Als er auf gleicher Höhe war, zog er eine Waffe und begann, auf den anderen Fahrer zu schießen. Glücklicherweise verletzte er ihn nicht.

In abgeschwächter Form ist diese Gewalt im Straßenverkehr alltäglich. Viele Leute – hauptsächlich Männer – haben mir erzählt, dass sie wütend werden, wenn jemand es wagt, sie zu überholen, und dann diesen Fahrer jagen, um wieder vor ihn zu kommen. Wie die Freundin meiner Frau, die von ihrem Chef nicht beachtet wurde, deuten sie das Überholtwerden als Beleidigung. Sie fühlen sich herabgesetzt und nicht respektiert.

Diese Geschichten beleuchten ein weiteres Symptom der *Humanie*: die Anfälligkeit der Menschen für *Kränkung* und *Herabsetzung*. Wir sind nur allzu schnell beleidigt – und emotional verletzt –, wenn uns jemand scheinbar nicht respektiert. Was fühlen Sie, wenn jemand Ihren Geburtstag vergisst oder nicht zurückruft oder Sie nicht zu einer Party oder einem wichtigen Meeting im Büro eingeladen werden? Wir halten uns selbst häufig für selbstlos, bereit, anderen uneigennützig zur Seite zu stehen; denken Sie aber daran, wie sehr Sie gekränkt sind, wenn Sie jemanden mit dem Auto mitnehmen oder ein Essen kochen und dafür nicht einmal ein Dankeschön erhalten.

Beobachten Sie sich einmal selbst. Sie stellen wahrscheinlich fest, dass Sie fast jeden Tag einmal gekränkt sind – möglicherweise sogar mehrmals am Tag. Vielleicht hat Ihnen jemand nicht in die Augen geblickt, als Sie mit ihm redeten, oder sich in einer Schlange vorgedrängelt. Vielleicht haben Sie sich zurückgewiesen gefühlt, als man Sie bat, einen Bericht noch mal zu überarbeiten, oder ein Freund eine Einladung absagte.

Psychologen nennen diese Arten der Kränkung „narzisstische Verletzungen“. Sie entstammen alle dem grundsätzlichen Gefühl, weniger wert zu sein oder nicht respektiert zu werden.

Die Gefahr der Herabsetzung

Solche Kränkungen scheinen trivial, können aber gefährliche Folgen haben. Sie können tagelang in unserem Kopf herumspuken und psychische Wunden aufreißen, die nur schwer heilen. Wir lassen uns die Situation immer wieder durch den Kopf gehen, bis uns der Schmerz und die Erniedrigung innerlich zerfressen. Das führt gemeinhin zu dem Drang, zurückzuschlagen und den Schaden zu rächen, der unserem Selbstwertgefühl zugefügt wurde. Das kann bedeuten, dass wir nun den anderen herablassend behandeln: „Sie hat mich nicht zu ihrer Party eingeladen, also kriegt sie keine Karte zum Geburtstag“, oder: „Er hat mir nicht gedankt, also ignoriere ich ihn von nun an.“ Das kann einen Groll auslösen, der dazu führt, dass Sie immer dann wegsehen, wenn Sie den anderen auf der Straße treffen, oder dass Sie hinter seinem Rücken über ihn lästern. Reagiert der andere auf ihren Kreuzzug, kann das zu einer lang anhaltenden Fehde führen. Eine ehemals gute Freundschaft löst sich in Feindseligkeit auf, ein eigentlich enger familiärer Zusammenhalt kann unnötigerweise zerbrechen.

Noch gefährlicher wird es, besonders unter jungen Männern, wenn eine Kränkung zu einer gewalttätigen Reaktion führt. Kriminologen haben festgestellt, dass viele Gewalttaten aus dem Gefühl der Kränkung heraus begangen werden. Die Psychologen Martin Daly und Margo Wilson vermuten, dass zwei Drittel aller Morde die Folge davon sind, dass sich Männer nicht respektiert fühlten und etwas unternahmen, um ihr Gesicht zu wahren. In den letzten Jahren hat die Zahl der „Tötungen aus Affekt" erschreckend zugenommen, praktisch zufällige Morde, die von trivialen Streitigkeiten ausgelöst werden. Bei dem Täter handelt es sich in den meisten Fällen um einen jungen Mann, der wütend wird, weil er glaubt, vor seinen Freunden bloßgestellt worden zu sein.

In einem Fall erschoss ein Teenager einen Mann bei einem Basketball-Spiel, weil er die Art nicht mochte, wie dieser ihn „anstarrte". Er ging zu dem Mann und fragte ihn: „Was gibt es da zu glotzen?" Das führte dazu, dass sie sich gegenseitig beleidigten und er auf ihn schoss. Ein anderer junger Mann wurde wütend, weil ein Bekannter ihm die Hand schütteln wollte, während er aß. Er erschoss ihn vor dem Café. Eine junge Frau erstach eine andere, weil die ein Kleid von ihr trug, ohne sie vorher zu fragen.

Nicht zufällig ist bei einem großen Teil dieser Verbrechen Alkohol im Spiel. Die meisten Fälle von Mord, Totschlag oder Messerangriffen werden unter Alkoholeinfluss begangen, ebenso etwa die Hälfte aller häuslichen Gewalttaten. Das ist zum Teil auf die „enthemmende" Wirkung von Alkohol zurückzuführen. Es bereitet uns Schwierigkeiten, unsere Impulse zu beherrschen, eben auch die aggressiven. Alkohol schränkt auch unsere Aufmerksamkeit ein, wir deuten das Verhalten der anderen schneller falsch und erwägen weniger die Folgen gewalttätiger Handlungen.

Der *Hauptgrund* liegt jedoch vermutlich darin, dass Alkohol das Selbstwertgefühl eines Menschen aufbläht. Betrunken fühlen sich viele Menschen wichtiger und selbstsicherer. Folglich reagieren sie empfindlicher auf Kränkungen und Beleidigungen. Und aufgrund der bereits genannten Faktoren – geringere Selbstbeherrschung und eingeschränkte Aufmerksamkeit – reagieren Menschen auf die wahrgenommene Respektlosigkeit mit Gewalt.

Diese Anfälligkeit für Kränkungen ist eine weitere Folge unserer Ego-Abtrennung. Sie resultiert aus dem grundsätzlichen Gefühl der Unsicherheit und Bedeutungslosigkeit, die die Ego-Abtrennung schafft. Unser Ego ist – verglichen mit der Welt „da draußen" – winzig und klein, es gleicht einer Strandhütte am Ufer des unermesslichen Ozeans. Die erdrückende Größe der Welt und der Ereignisse „da draußen" machen uns zu Zwergen. Wie können wir verglichen damit überhaupt von Bedeutung sein? Wie kann dieses zerbrechliche Wesen in unserem Kopf den Mächten dieser Welt standhalten?

Folglich muss unser Ego unablässig durch Zuspruch, Aufmerksamkeit und den Respekt der anderen bestärkt werden. Man muss uns unsere Wichtigkeit zeigen. Eine Kränkung kann so schrecklich sein, weil sie unser latentes Gefühl der Bedeutungslosigkeit bloßlegt.

Der französische Psychologe Jacques Lacan hat Aggressionen ähnlich erklärt. Er wies darauf hin, dass die meisten aggressiven Handlungen die Folge einer Bedrohung der Identität sind. Als Kinder stellen wir eine Ansammlung von unterschiedlichen Sehnsüchten und biologischen Prozessen dar, die wir nicht beherrschen können. Während des Heranwachsens müssen wir all diese Prozesse unter einen Hut bringen und entwickeln eine in sich stimmige Identität. Wenn uns Menschen verletzen oder beleidigen, fühlen wir uns erneut fragmentiert und reagieren mit Gewalt, um so unsere Macht und Identität zu stärken.

Die Notwendigkeit von Identität und Zugehörigkeit

Die Zerbrechlichkeit und Unvollständigkeit des Egos zeigt sich auch in dem Wunsch, dazuzugehören, Teil einer größeren Gemeinschaft zu werden, damit wir uns mit dieser Gruppenidentität stärker und sicherer fühlen.

Das Bedürfnis, einer Gruppe anzugehören, ist eines der Kennzeichen des Heranwachsens. In der Pubertät entwickelt sich das Ego sehr schnell als Strukturgebilde, indem es ein Gefühl des „Innen“ erzeugt und uns von der Welt trennt. Folglich haben Jugendliche ein sehr fragiles Selbstempfinden. Sie sind also wesentlich anfälliger für vermeintliche Kränkungen sowie Gewaltverbrechen, die sie aufgrund dieser Herabsetzungen begehen. Deshalb verspüren jüngere Menschen auch das Bedürfnis, zu schockieren, indem sie auffällige Kleidung oder Frisuren tragen, mutwillig etwas zerstören, zu viel trinken oder Drogen nehmen. Sie wollen dadurch ihre zerbrechliche Identität behaupten und suchen gleichzeitig nach der Aufmerksamkeit, die ihre Identität stärkt.

Das erklärt zudem, warum Teenager das starke Bedürfnis nach Zugehörigkeit haben. Sie müssen ihre Identität stärken, indem sie Teil einer Gruppe oder Bande werden. Es ist extrem wichtig für sie, dass sie von der von ihnen gewählten Gruppe *akzeptiert* werden, und sie unternehmen alles, um sich ihr „anzupassen“. Sie tauschen ihre eigene Identität gegen die der Gruppe ein und halten sich an deren Dress- und Verhaltenscode. Es gibt nichts Schlimmeres, als ausgeschlossen oder ignoriert zu werden, was für sie bedeutet, allein mit ihrem zerbrechlichen Ego zu sein, ohne Unterstützung von außen.

Als ich Ende der 1980er-Jahre die Universität besuchte, war es in, ein „Goth“ zu sein. Goths oder Gruftis trugen immer nur schwarze Klamotten und schwere schwarze Stiefel, färbten sich die Haare schwarz und hörten ausschließlich Bands wie The Cure oder Siouxsie and the Banshees. Sie vermieden es, sich dem Sonnenlicht auszusetzen. Und man durfte sie weder lächeln noch lachen sehen. Sie trafen sich immer in einer Bar in der Studentenvertretung. Sollte sich einmal jemand dorthin verirren, der kein Goth war, wurde er angestarrt, damit er merkte, dass er dort nicht erwünscht war. Manche von ihnen sprachen nicht einmal mit Leuten, die nicht in der Szene waren. Mir gefiel im Grunde die gleiche Musik wie den Goths – meine Lieblingsbands waren Joy Division und die Doors –, aber ich brachte es nicht über mich, mich schwarz anzuziehen und ihrem Stamm beizutreten. Wenn ich manchmal versuchte, freundlich zu ihnen zu sein, indem ich etwa fragte, welches ihr Lieblingslied von Joy Division war, murmelten sie etwas und drehten sich weg.

In einem meiner Kurse gab es ein Mädchen, das recht konventionell aussah, als sie das erste Mal da war. Sie trug farbenfrohe Blusen und Röcke und hatte lange blonde Haare. Aber eines Tages – ein paar Wochen später – erschrak ich, als sie komplett wie ein Goth gekleidet zu einer Vorlesung kam. Sie musste sich von jetzt auf gleich dazu entschieden haben, der Bewegung beizutreten: Sie hatte ihre Haare rabenschwarz gefärbt und trug urplötzlich einen langen schwarzen Rock und schwarze Stiefel. Ich konnte nicht anders und fragte sie, was passiert wäre. Sie wirkte peinlich berührt und meinte dann: „Gar nichts. Ich habe mir nur ein paar neue Klamotten gekauft."

Das erklärt auch, wie Mode funktioniert und warum sie für Teenager so wichtig ist. Modedesigner – so wie Modemagazine und Boutiquen – beuten das Bedürfnis junger Menschen nach Zugehörigkeit und Status aus, indem sie ihnen weismachen, ein bestimmter Stil sei gerade in den nächsten paar Monaten „in". Hat sich ein Stil einmal etabliert, fühlen junge Menschen den Zwang, genau diese Kleidung zu tragen (ganz gleich, wie seltsam sie ist), weil sie nicht „außen vor" bleiben wollen. Manchmal habe ich den Verdacht, Modedesigner stünden miteinander im Wettbewerb, wie weit sie es treiben können, bevor die jungen Menschen endlich aufstehen und sagen: „Warte mal – diese lächerlichen Sachen ziehen wir nicht an!" Während ich das schreibe, tragen Jungs im Teenageralter ihre Jeans so weit unten, dass deren Bund um ihre Oberschenkel hängt und man ihre Unterhosen sehen kann. Sie können sich deshalb nur watschelnd voranbewegen – was vielleicht die Anziehungskraft der Mode erklärt. Ich erinnere mich, wie ich vor einigen Jahren zu einem Freund meinte: „Die Mode ist so albern und absurd, dass es vermutlich bald in ist, die Sachen mit der Innenseite nach außen zu tragen." Und siehe da – ein paar Jahre später war es so weit, da kam auch das in Mode und man trug T-Shirts auf links mit der Naht nach außen. Ich sagte damals auch zu meinem Freund: „Und danach ist es plötzlich in, dass Männer sich ihre

Unterhosen auf den Kopf setzen." Dazu ist es noch nicht gekommen ... bis jetzt.

Auch wenn es bei Erwachsenen nicht so offenkundig ist, so bleibt das Bedürfnis nach Zugehörigkeit unser ganzes Leben über gegenwärtig. Männer haben oft den Drang, einen Sportverein zu unterstützen. Fan einer Mannschaft zu sein verleiht einem ein Gefühl der Gruppenzugehörigkeit, das Gefühl, Teil eines Stammes zu sein, in Verbundenheit mit unzähligen anderen. Doch dieser Drang nutzt auch in anderer Weise: Man hat immer etwas, auf das man sich freuen kann (das nächste Spiel), es erzeugt ein Gefühl von Sinn und Zweck (Spiele, Meisterschaften und Pokale gewinnen) sowie das Glücksgefühl, an Spieltagen Teil einer Masse zu sein. Dieses Gefühl der Gruppenidentität und Zugehörigkeit ist vermutlich der wichtigste innere Beweggrund, warum das Fan-Dasein so zufriedenstellt.

Noch mehr kollektive Verrücktheit: Gruppenidentität, Ausgrenzung und Konflikt

Viel gefährlicher ist es, wenn sich dieses Bedürfnis nach Zugehörigkeit in Ethnizismus, Nationalismus oder religiösem Dogmatismus ausdrückt. Wir werden ermutigt, uns an die Identität unserer Ethnie, unseres Landes oder unserer Religion zu klammern. Wir sind dann stolz, „Brite", „Amerikaner", „Weißer", „Schwarzer", „Christ", „Muslim", „Protestant" oder „Katholik" zu sein. Das Problem dabei liegt weniger darin, dass wir stolz auf *unsere* Identität sind, sondern in unserer Einstellung, die wir zu *anderen* Gruppen einnehmen. Wenn wir uns ausschließlich als Mitglieder einer Gruppe identifizieren, erzeugt das automatisch eine Rivalität und Feindschaft zu anderen Gruppen. Das erzeugt eine „In-" und „Out-Group"-Mentalität. Mitglieder der eigenen Gruppe werden bevorzugt behandelt – sie sind die eigenen „Brüder" und „Schwestern" und man fühlt sich ihnen in Treue und Mitgefühl verbunden. Dazu kommt dann die Neigung, die Mitglieder einer anderen Gruppe nicht mehr als Individuen zu betrachten, sondern sie mit Sammel- oder Oberbegriffen zu bezeichnen. So lassen sich

Vorurteile leichter rechtfertigen. Die anderen Gruppen sind Rivalen und werden als Bedrohung der eigenen Identität wahrgenommen. Die eigene Gruppe muss sich den anderen überlegen fühlen – damit sie ihre Identität weiter stärken kann – und wird sehr wahrscheinlich die anderen als minderwertig betrachten, um sich selbst zu festigen.

Ein weiterer Vorzug der Gruppenidentität (neben dem Zugehörigkeitsgefühl) ist, dass sie uns eine Selbstzuschreibung ermöglicht. Wir sind dann ein „Goth", ein „Fan von Manchester United", ein „Sozialist" oder ein „Christ". Dies ist eine weitere Art, wie Gruppen unser Identitätsgefühl bestärken. Wenn Sie sich die Frage stellen: „Wer bin ich eigentlich?", haben Sie rasch eine zusätzliche Antwort zu kategorisierenden Benennungen wie „Ehemann/Ehefrau", „Vater/Mutter", „Lehrer/Bauarbeiter/Landschaftsgärtner/Schriftsteller", „Amerikaner" und so weiter. Bezeichnungen und Rollen wie diese sind eine weitere Möglichkeit, unser zerbrechliches Selbstgefühl zu überdecken. Wir sind wegen der Gruppe *jemand*.

Moralische Ausgrenzung

Einer der gefährlichsten Aspekte der Gruppenidentität ist das, was Psychologen „moralische Ausgrenzung" nennen. Dies geschieht, wenn wir anderen Gruppen moralische und Menschenrechte absprechen und ihnen Respekt und Gerechtigkeit versagen. Unsere Moralvorstellungen gelten nur bei Mitgliedern unserer eigenen Gruppe. Wir behandeln sie fair, teilen mit ihnen und bringen Opfer, damit wir sie unterstützen. Aber diese Nächstenliebe findet ein jähes Ende, wenn die Grenzen der Gruppe überschritten werden. Dann reagieren wir auf Außenseiter mit Gefühllosigkeit und Feindseligkeit. Da wir sie aus unserer „moralischen Gemeinschaft" ausgeschlossen haben, fällt es uns nur allzu leicht, sie auszunutzen, zu unterdrücken oder sogar zu töten.

Ich glaube, dass das mit unserer Ego-Abtrennung zu tun hat. Wie ich im letzten Kapitel ausführte, wird die „menschliche Unmenschlichkeit gegenüber dem Menschen" von einem Mangel an Empathie angetrieben. Da wir in unsere Egos eingemauert sind, ist das, was man den „Wirkungsbereich" unserer Empathie nennen könnte, stark eingeschränkt. Wenn wir überhaupt Empathie empfinden, dann nur für die, die uns besonders nahe stehen, die uns ähneln und unsere Identität teilen.

Das erklärt das Rätsel, wieso Menschen sehr mitfühlend innerhalb ihrer Familie und Gemeinschaft sein können, gleichzeitig aber sadistisch und grausam, wenn es um Personen außerhalb ihrer Gruppe geht. Selbst von Hitler weiß man, dass er seinen Mitarbeitern gegenüber großherzig und fürsorglich auftrat. Als vor kurzem seine mittlerweile über 90 Jahre alte Haushälterin interviewt wurde, erinnerte sie sich: „Ich kenne Hitler nur als sehr netten Mann, der mich immer gut behandelte." Sein Leibwächter erinnerte sich daran, dass Hitler seinen Leibarzt für ihn kommen ließ, wenn er krank war, ihm freigab, damit er sich mit Frauen treffen konnte, und ihm Geschenke machte, als er heiratete. (Oft heißt es sogar, Hitler wäre Vegetarier gewesen. Allerdings weiß man nicht, ob aus Mitleid zu den Tieren oder aus gesundheitlichen Gründen.)

Gruppenidentität und Konflikt

Hat sich erst einmal eine Gruppenidentität entwickelt, lassen Konflikte und Unterdrückung nicht lange auf sich warten. Die meisten Konflikte im Laufe der Geschichte wurden zwischen zwei oder mehreren „Identitätsgruppen" ausgetragen: von Christen und Muslimen während der Kreuzzüge, Juden und Arabern, Hindus und Muslimen in Indien, Katholiken und Protestanten in Nordirland, Israelis und Palästinensern, Serben, Kroaten und Bosniern und so weiter.

Ein Gefühl der Gruppenzusammengehörigkeit stärkt die kollektive Pathologie, die im letzten Kapitel erläutert wurde. Sie lässt eine Gruppe kollektiv das Verlangen spüren, eine andere Gruppe zu besiegen und zu unterjochen, um so den eigenen Reichtum und die eigene Macht zu mehren. In Zeiten der Stabilität und des allgemeinen Wohlstands können unterschiedliche Gruppen recht einfach zusammenleben, auch in relativer Harmonie. Oft aber braucht es nur ein wenig Not oder eine Umwälzung, und die grundlegenden Spannungen brechen aus; manchmal entzünden Mächte von außen mit voller Absicht die Spannungen zum eigenen Nutzen.

In Indien lebten Muslime und Hindus bis ins späte 19. Jahrhundert größtenteils friedlich zusammen. Manche Historiker vertreten die Ansicht, dass bis zu dem Beginn dieses Jahrhunderts Hindus und Muslime eine ausgeprägte gemeinsame Identität besaßen. Die britischen Kolonialisten weckten dann in Indien eine Gruppenidentität, indem sie beide Lager unterschiedlich behandelten, um absichtlich die Spannungen anzuheizen – die Politik des „teile und herrsche“. Als die generelle Feindschaft gegenüber den Briten wuchs, nahmen auch die Spannungen zwischen Hindus und Muslimen zu, bis sie sich bei der Teilung von 1947 in massiver Gewalttätigkeit und Blutvergießen entluden. Indien wurde von Großbritannien unabhängig, das alte Land spaltete sich in Indien und Pakistan. Mehr als 14 Millionen Menschen mussten ihre Heimat verlassen: Hindus aus dem neuen Pakistan zogen südwärts ins neue Indien und Muslime nordwärts nach Pakistan (oder in das heutige Bangladesch, das damals noch Ostpakistan hieß). Wie Gandhi es vorhergesagt hatte, richteten sich die entwurzelten Hindu- und Moslem-Flüchtlinge praktisch unausweichlich gegeneinander. Rund 500.000 Menschen starben.

In Jugoslawien hatten unterschiedliche ethnische Gruppen so friedlich zusammengelebt, dass Bosnien und Sarajewo als Musterbeispiele der Integration galten. Aber die Schuldenkrise der 1980er-Jahre traf Jugoslawien so hart, dass die Spannungen zwischen den Bevölkerungsteilen zunahmen. Nach der Auflösung des Ostblocks verschlimmerte sich die wirtschaftliche Lage weiter, weil nun auch die anderen Ostblockstaaten um die westlichen Märkte konkurrierten. Es gab mehr Armut als in all den Jahren seit dem Zweiten Weltkrieg. Folglich begannen sich die Menschen stärker mit der eigenen ethnischen Gruppe zu identifizieren und Unabhängigkeit zu fordern.

Dieses Bedürfnis nach ethnischer Identität wurde verstärkt durch das „Identitätsvakuum“, das die Auflösung des Ostblocks erzeugte. Menschen, die sich zuvor gemeinsam als Kommunisten verstanden hatten und die kapitalistischen Staaten als „die anderen“ betrachteten, mussten nun auf ihre alte ethnische Identität zurückgreifen – als Serben, Bosnier, Kroaten, Albaner und so weiter, oder als Christen und Muslime. „Die anderen“, das waren nun die anderen ethnischen Gruppen. Medien und Politiker dämonisierten diese Gruppen ebenfalls, gleichzeitig bestärkten sie den Nationalstolz und das Selbstbewusstsein. In der Folge zerbrach 1991 die alte Republik Jugoslawien in verfeindete, sich bekriegende Teile. Dabei starben insgesamt bis zu 140.000 Menschen.

Diese Beispiele zeigen, dass Gruppenidentitäten ständig im Fluss sind. Eine Identität ist niemals starr. Menschen können sich zu unterschiedlichen Zeiten unterschiedlicher Kategorien bedienen. Wenn gerade keine Identität verfügbar ist, können sich Menschen selbst eine *erschaffen*. Das erklärt, warum sich Gruppen von Menschen in kleine Einheiten aufspalten, die dann miteinander streiten. Schon immer haben sich größere religiöse, politische oder kulturelle Gruppen in „Splittergruppen“ aufgeteilt, die jeweils eine eigene, klar umgrenzte Identität aufweisen. Das erklärt zum Teil, warum sich so viele ganz unterschiedliche Gruppierungen als „Christen“ bezeichnen: Katholiken, Protestanten, Anglikaner, Baptisten, Lutheraner, Methodisten, Zeugen Jehovas und so weiter. Auch das verblüffte die eingeborenen Amerikaner. Der Seneca-Häuptling Red Jacket meinte zu den europäischen Siedlern: „Ihr sagt, es gebe nur eine Art, den Großen Geist anzubeten und ihm zu dienen. Wenn es aber nur eine Religion gibt, warum streiten dann die Weißen in dieser Hinsicht so sehr miteinander? Warum stimmt ihr nicht alle überein, ihr lest doch das gleiche Buch?“

Neodarwinisten und evolutionäre Psychologen würden all das zweifelsohne mit den Genen erklären. Sie würden anführen, dass sich genetisch verwandte Menschen natürlich in eigenen Gruppierungen zusammenfinden und mit andersartigen streiten. Ihrer Ansicht nach ist unser Hauptinteresse als Menschen, unsere Gene weiterzugeben und zu vermehren. Also sind wir so programmiert, dass wir uns zuerst um Menschen kümmern, die uns nahestehen – unseren genetischen Verwandten –, nicht aber um Menschen in anderen Gruppen, die einen anderen genetischen Code besitzen. Wie die Beispiele jedoch zeigen, bilden Menschen oft Gruppen, die auf einer *Ideologie* gründen und nicht auf ethnischen oder rassischen Unterschieden. Selbst ohne ideologische Unterschiede können häufig schon kleinste Differenzen – etwa unterschiedliche Berufe oder Klassen – sich allmählich zu festen Grenzlinien verhärten und dann zum Konflikt zwischen den Gruppen führen.

Eines der drastischsten und erschreckendsten Beispiele dafür war der Völkermord 1994 in Ruanda, bei dem 750.000 Menschen ums Leben kamen – rund 20 Prozent der Gesamtbevölkerung des Landes. Der Konflikt entzündete sich nicht zwischen ethnischen oder Stammesgruppen, sondern zwischen künstlichen Gruppenidentitäten, die durch die deutschen und belgischen Kolonialmächte geschaffen worden waren. Ursprünglich handelte es sich bei den Hutu und Tutsi nicht um unterschiedliche Gruppen. Sogar heute noch sprechen sie dieselbe Sprache, leben in den gleichen Gegenden und haben eine gemeinsame Tradition. Der Begriff „Tutsi" bezeichnete einen Ruander, der viele Rinder besaß, „Hutu" bezog sich auf die übrigen, die das nicht taten. Somit konnte ein Tutsi leicht zum Hutu werden und umgekehrt. Als die Deutschen Ruanda in den 1890er-Jahren in eine Kolonie verwandelten, glaubten sie, die Tutsi sähen europäischer aus und bevorzugten sie. Als später die Belgier die Kolonie von den Deutschen übernahmen, bekräftigten sie die Unterteilung, indem sie auf den Ausweisen vermerkten, ob jemand „Tutsi" oder „Hutu" war. So wurde eine deutliche Grenzlinie zwischen den beiden Gruppen gezogen und ein Gefühl der „Andersartigkeit" erzeugt, was die moralische Ausgrenzung ermöglichte. Die Feindschaft zwischen den Gruppen köchelte, bis sie nach der Ermordung des Präsidenten Habyarimana im April 1994 zu einem Genozid ausbrach.

Gruppen werden durch das psychische Bedürfnis nach Identität geschaffen, nicht durch genetische Ähnlichkeiten oder Unterschiede – obwohl sich das psychische Bedürfnis natürlich häufig genug bereits existierender ethnischer und rassischer Unterschiede *bedient*.

Die Verrücktheit dogmatischer Religion

Unser Bedürfnis, das Ego durch unsere Identität und unsere Zugehörigkeit zu bestärken, erklärt sehr gut eine weitere Facette des menschlichen Verhaltens, die ein indigener Anthropologe vermutlich unverständlich fände: die dogmatische Religion.

Ich kenne viele religiöse Menschen, die mitfühlend und spirituell sind, deren Religion den Rahmen für ihre moralische und spirituelle Entwicklung bildet. Ich weiß auch, dass viele der Riten und Praktiken einer Religion tiefgreifende spirituelle Auswirkungen haben können und inneren Frieden und ein Gefühl des Heilseins bewirken. Gleichzeitig gibt es aber viele religiöse Menschen, die einfach nur verrückt sind, und viele religiösen Riten und Praktiken, die man als verrückt bezeichnen kann.

Es ist wichtig, zwischen „spiritueller" und „dogmatischer" Religion zu unterscheiden. Die spirituelle Religion habe ich eben beschrieben. Sie fördert die höheren Qualitäten des Menschen, etwa den Altruismus und das Mitgefühl, und erzeugt ein Gespür für das Heilige und das Erhabene. Spirituell religiöse Menschen spüren keine Feindschaft zu den anderen Religionen – tatsächlich interessieren sie sich für andere Glaubensrichtungen und besuchen vielleicht sogar ihre Tempel und Gottesdienste. Gemeinhin handelt es sich nicht um Fundamentalisten, sie sind davon überzeugt, dass verschiedene Religionen zu verschiedenen Menschen passen und dass die unterschiedlichen Religionen alle ein Ausdruck derselben zugrunde liegenden Wahrheit sind.

Leider ist die spirituelle Religion die seltenere Form. Die meisten Menschen auf der Welt praktizieren eine dogmatische Religion. Dogmatisch religiöse Menschen haben die Wahrheit für sich gepachtet, alle anderen irren sich. Ihnen geht es bei der Religion nicht um Selbstverwirklichung oder die Erfahrung des Transzendenten, sondern darum, starre Glaubenssätze strikt einzuhalten und die Regeln genau zu befolgen, die der Religionsgründer festgelegt hat. Es geht darum, den eigenen Glauben gegen jeden Zweifel zu verteidigen, seine „Wahrheit" über die Wahrheit der anderen zu erheben und den eigenen Glauben auf alle anderen zu übertragen. Für sie ist es eine Beleidigung, dass andere Menschen etwas anderes glauben als sie, weil das ja bedeuten könnte, dass ihre eigene Religion nicht die einzig wahre ist. Sie müssen die anderen davon überzeugen, dass sie Unrecht haben, damit sie selbst Recht behalten.

Mir ist bewusst, dass ich in dieser Frage etwas polarisiere – natürlich liegt zwischen beiden Gruppen eine große Grauzone. Es geht nicht einfach nur um ein simples Entweder-Oder. Einige Leute haben ganz feste religiöse Überzeugungen und empfinden dennoch eine allumfassende Selbstlosigkeit, den spirituellen Wunsch, anderen zu dienen und ihr Leid zu mildern, ganz gleich, was diese glauben. (Mutter Teresa ist dafür ein gutes Beispiel, sie war eine strenggläubige Katholikin, die ihr Leben den Ärmsten Indiens widmete.) Diese Menschen sind vielleicht davon überzeugt, dass ihre Religion die einzig richtige ist, gleichzeitig aber haben sie vollen Respekt vor dem Glauben der anderen.

Allerdings liegt der Zweck der dogmatischen Religion, wenn wir hier schon polarisieren, darin, das Ego zu *stärken* – durch den Glauben, durch Kategorisierungen und durch die Gruppenidentität. Der Zweck der spirituellen Religion ist hingegen das genaue Gegenteil davon: Sie will das Ego durch Mitgefühl, Selbstlosigkeit und spirituelle Übungen *transzendieren*.

Der Ursprung der dogmatischen Religion

Im Wesentlichen kann man dogmatische Religion als Ergebnis des Zusammenspiels unterschiedlicher Aspekte der Ego-Verrücktheit betrachten.

Die Verrücktheit der dogmatischen Religion beginnt mit der erstaunlichen Formbarkeit der kindlichen Psyche, die es Eltern und anderen Autoritätspersonen ermöglicht, ihr religiöses Glaubenssystem weiterzugeben. Wie bereits erläutert, werden Glaubenssätze, die in die Struktur der Psyche „gepflanzt" werden, während sich diese noch entwickelt, so tief verankert, dass man sie nur noch schwer loswerden kann. Ganz gleich, wir bizarr sie auf andere Menschen wirken, bleiben sie doch für diesen Menschen eine selbstverständliche Wahrheit. Humanisten meinen manchmal, man könne Religion mit der Vernunft bekämpfen, aber so einfach ist das nicht. Sind die Glaubenssätze tief in der Psyche eines Menschen verwurzelt, ist es ebenso sinn- wie nutzlos, mit rationalen Argumenten dagegen anzugehen, so, als wolle man einen Schizophrenen davon überzeugen, er solle wieder zur Vernunft kommen.

Der Ursprung des religiösen Glaubens

Es wird oft angenommen, dass der Glaube an Götter dem Menschen naturgegeben sei und dass wir schon immer an sie glaubten. Aber das stimmt nicht. Die meisten indigenen Völker der Erde glaubten nicht an Götter – so wie wir den Begriff verwenden. Sie verehrten keine Götter, vielmehr gründete ihre Religion – falls dieses Wort das wirklich beschreibt – auf ihrem Gefühl, die ganze Welt und alles auf ihr sei von einer lebendigen Kraft durchdrungen. Dabei handelt es sich nicht um ein allmächtiges, anthropomorphes Wesen wie einen Gott, sondern gewöhnlich um eine körperlose, unpersönliche Kraft. Fast jede indigene Gruppe hat ein Wort für diese Kraft. In Afrika heißt sie bei den Nuer *kwoth* und bei den Mbuti *pepo*. In Amerika nannten die Pawnee sie *tirawa* und die Lakota *wakan-tanka* (wörtlich: die Kraft, die jedes Ding bewegt). Die Ainu in Japan sprachen von *ramut*, in Neu-Guinea heißt sie *imunu* (übersetzt: „Seele").

Sie spüren diese alldurchdringende Kraft – oder den Geist – nicht nur, die meisten indigenen Völker betrachten auch die Welt als von Geistern bevölkert. Es wäre falsch, diese Geister als Götter aufzufassen. Sie werden nicht mit einer anthropomorphen Form imaginiert, sondern abstrakter, als Kräfte oder Mächte – vergleichbar mit Schatten oder Dampfschwaden. Es gibt zwei Arten von Geistern: die Geister der Verstorbenen und die Naturgeister, die in Verbindung mit bestimmten Naturphänomenen stehen und diese manchmal beleben. Diese Naturgeister wohnen in Steinen, Tieren, Flüssen und im Wind. Sie erklären natürliche Vorgänge. Wird jemand krank, dann deshalb, weil ein böser Geist in seinen Körper gekrochen ist. Regnet es, so wurde der Geist des Regens erregt, und so weiter. (Nur in diesem einen Sinne gleichen die Geister Göttern. In theistischen Religionen übernimmt Gott diese erklärende Rolle. Wird beispielsweise jemand krank und stirbt, war das eben „der Wille Gottes"; beginnt es zu regnen, dann deshalb, weil gerade der Regengott „erwacht".)

Ich halte die Vorstellung von Gott als anthropomorphes, allmächtiges Wesen, das die gesamte Welt überblickt und unsere Geschicke lenkt, für eine weitere Folge unserer *Humanie* – insbesondere für eine Reaktion auf das Gefühl der Ego-Abtrennung und der Unvollständigkeit. Wenn Sie glauben, dass Gott immer über Sie wacht, bedeutet das, dass Sie nie allein sind. „Er" gibt ein tröstliches Gefühl der Gemeinschaft, das unser Gefühl der Isolation mildert, des Gefangenseins in unserem geistigen Raum, aus dem die übrige Wirklichkeit „ausgeschlossen" ist.

Zusätzlich ist die Vorstellung eines persönlichen Gottes eine geistige, (mentale) Reaktion auf die Angst. Diese Angst entstammt in großem Maße der Beliebigkeit der Geschehnisse. Wir haben Angst vor der Zukunft, weil wir sie weder kennen noch vorhersagen können. Sie ist – wie ein finsterer Wald – voller potenzieller Gefahren. Wir fürchten uns vor Naturkatastrophen, vor Krankheit, vor dem Tod, vor dem Verlust geliebter Menschen oder der Lebensgrundlage und so weiter. Glauben wir aber, dass Gott alles in seinen Händen hält, und sind wir zuversichtlich, dass am Ende schon alles gut werden wird, dann verschwinden diese Beliebigkeit und (zumindest teilweise) die Angst. Alles ist vorherbestimmt, Teil des göttlichen Plans.

Die Vorstellung eines Lebens nach dem Tod ist ein ebenso wichtiger Grund für die Attraktivität der Religion. Auch indigene Völker glauben an ein Leben nach dem Tod, sie stellen es sich gemeinhin aber nicht als Himmel oder Paradies vor, wo ihnen jeder Wunsch erfüllt wird und sie ewig in einem Zustand der Seligkeit leben. Viele Völker glauben, dass sie in der nächsten Welt ein ähnliches Leben wie in dieser führen werden, nur eben als Schatten oder Geist. Andere kennen eine spirituelle Vorstellung des Todes und betrachten ihn als den Zeitpunkt, an dem sich der individuelle Geist erneut mit dem Großen Geist vereint oder sie in den Schoß der Erde zurückkehren.

Weil jedoch *Humanie* bedeutet, dass unser ganzes Leben voller Leid ist – sowohl inneres als auch gesellschaftliches Leid durch Unterdrückung und Krieg –, stellen wir uns das Leben nach dem Tod als idyllischen Ort vor, der uns für die Entbehrungen des irdischen Daseins entschädigt. Es verwandelt sich so in eine Art kollektiven Wunschtraum, der uns hilft, die Härten des Lebens zu erdulden, ein zukünftiger Ort, an dem wir das erlangen können, was uns hier verwehrt blieb: Zufriedenheit, Erfüllung, Befriedigung all unserer Wünsche. Besonders für unsere Vorfahren, deren Leben als Bauern, Leibeigene oder Sklaven schrecklich, brutal und kurz waren, war der Glaube an ein idyllisches Leben nach dem Tod eine psychologische Notwendigkeit. Ohne ihn wäre ihnen ihr Leben wie ein grausamer und bedeutungsloser Scherz vorgekommen.

Gruppenidentität und Macht

Religion kann ein breites Spektrum an menschlichen Bedürfnissen befriedigen, vom höchsten bis zum niedrigsten. Man kann es sich im Sinne von Abraham Maslows „Hierarchie der Bedürfnisse" vorstellen. In ihrer spirituellen Form kann die Religion dem Bedürfnis nach „Selbstverwirklichung" nachkommen – nach Maslow das höchste der menschlichen Bedürfnisse. Sie trägt dazu bei, dass wir Moral und Mitgefühl entwickeln, unsere Selbstzentriertheit und Abgetrenntheit transzendieren und ein Gefühl für das Heilige entwickeln. Weiter unten in der Hierarchie ermöglicht uns die Religion in ihrer dogmatischen Form die Befriedigung unseres Bedürfnisses nach Sicherheit und Identität.

Haben sich erst einmal religiöse Überzeugungen gebildet, liefern sie die Grundlage für eine Gruppenidentität. Eine religiöse Gruppierung entsteht, und dann übernehmen andere Menschen diesen Glauben (genauso wie bei der Weitergabe an die Kinder der Mitglieder der Gruppe), weil sie das Identitätsgefühl und die Zugehörigkeit benötigen, die die Gruppe bietet. Neben der Zugehörigkeit zu einer ethnischen Gruppe liefert die dogmatische Religion wohl die meisten

Gruppenidentitäten der Menschheit – und die meisten Konflikte. Häufig geht die ethnische mit der religiösen Identität Hand in Hand, etwa im Falle der irischen Protestanten und Katholiken oder der bosnischen Muslime und serbischen Christen. Die eine Identität bestärkt die andere und vergrößert auf diese Weise das Konfliktpotenzial.

Häufig bedient sich auch das Bedürfnis nach Status und Macht der dogmatischen Religion. Der Drang, andere zu missionieren, begegnet nicht nur der Herausforderung fremder Glaubenssätze, sondern entstammt auch dem Wunsch, die eigene Macht auszuweiten. Letztendlich wollen dogmatisch religiöse Menschen das Gleiche wie Imperialisten und Kolonialisten: Sie wollen die ganze Welt ihrem eigenen Glaubenssystem unterwerfen. Dogmatisch religiöse Menschen sprechen liebevoll davon, die „frohe Botschaft" zu verbreiten, aber im Grunde handeln sie aus denselben Beweggründen wie Alexander der Große oder Stalin. Als sich der Ostblock gegen Ende der 1980er-Jahre auflöste, strömten von überall her Missionare in die ehemals kommunistischen Staaten – Mormonen, Zeugen Jehovas, wiedergeborene Christen und viele andere. Gleichzeitig kam es zu einem massiven Zustrom westlicher Firmen, die begierig Ausschau nach neuen Märkten hielten. In gewissem Sinne wollten die Missionare und die Firmenbosse dasselbe: ihr Reich erweitern.

Einer der Gründe, warum Humanisten so ablehnend gegenüber der Religion eingestellt sind, ist die Überzeugung, dass Religion die Menschen teilt und Konflikte schafft. Das stimmt ohne Zweifel. Um aber auf ein bereits vorgebrachtes Argument in Bezug auf Krieg und genetische Unterschiede zurückzukommen: Es ist nicht die Religion, die trennt und zu Krieg führt, sondern das psychische Bedürfnis nach Gruppenidentität. Gäbe es die Religion nicht, die den Menschen ihre Identität verleiht, würden sich die Leute – was sie ja auch tatsächlich tun – eine andere Quelle ihrer Identität suchen: ethnische oder regionale Unterschiede, politische Ansichten oder Fußballmannschaften.

Das ist zum Teil der Grund, warum Religion trotz aller Anstrengungen dogmatischer Atheisten wie Richard Dawkins (der glaubt, dass sie eines Tages von Vernunft und Wissenschaft ersetzt wird) niemals verschwinden wird. Für viele von uns in der industriellen Welt kennt das Leben keine Härte und Unterdrückung mehr, deshalb bedeutet uns Religion nicht mehr so viel wie unseren Vorfahren. Da unser Leben nicht mehr so leidvoll ist, müssen wir uns nicht länger so stark an das Luftschloss des idyllischen Lebens nach dem Tod klammern. Dennoch besteht nach wie vor ein *kleines* Bedürfnis nach Religion, weil wir immer noch das psychische Leid spüren. Wir alle müssen irgendwie mit diesem Leid zurechtkommen, das die *Humanie* verursacht. Einige von uns tun das, indem sie sich in Ablenkungen und Aktivitäten verlieren, manche von uns jagen Status und Reichtum nach, andere setzen quasireligiöse Mittel ein, etwa als Fan einer Fußballmannschaft oder einer Partei. Tatsächlich hat die Religion durch Rationalismus und Wissenschaft an Glaubwürdigkeit eingebüßt. Deren Methoden werden immer populärer. Dennoch ist die dogmatische Religion nach wie vor eine wirkungsvolle Antwort auf die *Humanie*. Einige Menschen werden sie immer nutzen. Es wird dogmatische Religion geben, solange wir an *Humanie* leiden.

KAPITEL 8

Vom Ursprung der *Humanie*

Anders als bei physischen Krankheiten ist es sehr schwer, den Auslöser einer geistigen Störung auszumachen. Beispielsweise weiß niemand genau, was eine Schizophrenie verursacht. Viele Möglichkeiten wurden diskutiert, unter anderem genetische Faktoren, die Hirnchemie (zum Beispiel ein Ungleichgewicht von Dopamin und Serotonin), Kopfverletzungen, sogar Virusinfektionen; dazu kommen noch Umweltfaktoren wie Trauma oder Drogenmissbrauch.

Wie steht es nun mit der *Humanie*? Ich habe bereits ausgeführt, dass dieses Leiden zwei Hauptcharakteristika aufweist: die Abtrennung des Egos sowie unsere kognitive Zerrissenheit. Wissen wir, aus welchen Gründen sich diese Eigenschaften entwickelt haben?

Vielleicht beginnen wir damit, jene Völker genauer zu untersuchen, die *nicht* an dieser Störung leiden.

Die Harmonie indigener Völker

Ich habe bereits vermutet, dass die meisten indigenen Völker nicht an *Humanie* leiden, zumindest nicht im gleichen Maße wie wir. Wenn das stimmt, worin unterscheiden sie sich dann von uns?

Ich habe mich zum Großteil auf die Ureinwohner Amerikas bezogen, aber es gibt selbstverständlich zahlreiche weitere indigene Völker, darunter die australischen Aborigines, die Stämme in den Bergen und Wäldern Indiens, Borneos, Neuguineas, Polynesiens und so weiter. Tragischerweise sind ein Großteil dieser Gruppen durch den Kontakt mit den Europäern geschädigt worden oder ganz verschwunden, folglich leiden viele dieser Völker nun ebenfalls unter schweren sozialen und psychischen Problemen. Es gibt jedoch noch Gemeinschaften –

besonders in extrem isolierten Regionen –, die nach wie vor ihrer traditionellen Lebensweise nachgehen.

Gerade weil diese Menschen so wenige Anzeichen der *Humanie* aufwiesen, fiel es den europäischen Kolonisten und Missionaren so schwer, sie zu begreifen. Deshalb betrachteten sie sie als minderwertig oder sogar untermenschlich. Beispielsweise waren die frühen Kolonisten schockiert von der vermeintlichen „Faulheit" der indigenen Völker, weil diese das europäische Bedürfnis, der eigenen Psyche durch Aktivität oder Zerstreuung zu entkommen, nicht teilten. Für Europäer galt das Nichtstun als Sünde, die dem Teufel Tür und Tor öffnete, was auch in dem Sprichwort „Müßiggang ist aller Laster Anfang" zum Ausdruck kommt. In Amerika arbeiteten die Indianer aber nicht mehr als nötig. Manchmal arbeiteten sie sechs Monate am Stück, dann ruhten sie sich sechs Monate lang aus. Sie spürten nicht den Drang, weiterzuschuften und einen Überschuss an Nahrungsmitteln anzulegen, die sie aufbewahren oder verkaufen konnten.

Auch als Anthropologen begannen, Gesellschaften von Jägern und Sammlern zu untersuchen, waren sie entsetzt, wie wenig Zeit diese mit „Arbeit" verbrachten. Sie fanden heraus, dass gerade einmal zwischen 12 und 20 Wochenstunden mit der Suche nach Nahrung verbracht wurden. Der Rest war Freizeit, die nach Belieben genutzt werden konnte. Selbst heutzutage verbringen traditionelle Aborigine-Gruppen nur etwa vier Stunden mit der Suche nach Nahrung. Den Rest des Tages singen sie, erzählen Geschichten, widmen sich der Kunst oder plaudern mit Familie und Freunden. Anders gesagt: „Nichtstun" ist für sie kein Problem. Viele moderne indigene Menschen scheinen nach wie vor die beneidenswerte Eigenschaft zu besitzen, einfach nur ruhig dasitzen zu können, nichts Besonderes zu tun und sich dabei weder rastlos noch frustriert zu fühlen.

Deshalb verfügen viele dieser Menschen augenscheinlich über eine erstaunliche Fähigkeit: Sie können *warten*. Anthropologen haben festgestellt, dass indigene Völker nur selten Anzeichen von Ungeduld zeigen, auch wenn sie vielleicht stundenlang auf einen Wetterwechsel warten müssen, damit sie jagen gehen können, oder darauf, dass das

Meer sich beruhigt, damit sie fischen können, oder vielleicht sogar tagelang, bis der Schnee auf einem Bergpass getaut ist. Vor mehreren Jahren stellten die Anthropologen Andrew Miracle und Juan de Dios fest, dass die chilenischen Aymara keinerlei Aufregung zeigten, selbst wenn sie mehrere Stunden auf den Lastwagen warteten, der sie zum Markt mitnahm. Der amerikanische Anthropologe Edward T. Hall beobachtete, dass die eingeborenen Amerikaner, mit denen er zusammenlebte, nicht verärgert waren, wenn sie stundenlang im Krankenhaus oder in einem Büro warten mussten, wogegen das die Europäer stets missmutig und unruhig machte. Es ist unser Bedürfnis, uns an Aktivität oder Unterhaltung zu klammern, das uns beim Warten so frustriert. Müssen wir warten, haben wir keine andere Wahl: Wir können nichts tun. Wir können unsere Aufmerksamkeit auf nichts konzentrieren – außer vielleicht auf einige alte Zeitschriften oder eine öde Nachmittagssendung im Fernsehen –, wir müssen uns also nach innen wenden und unsere psychische Zerrissenheit erfahren.

Mit anderen Worten könnte es also der Fall sein, dass indigene Völker weniger psychische Zerrissenheit empfinden als wir. Ihre Psyche scheint geeinter und friedvoller zu sein. Das stimmt mit den Berichten der Anthropologen überein, die einhellig dokumentiert haben, dass indigene Menschen eine überraschende Lebensfreude zeigen, eine fröhliche und sorgenfreie Einstellung – selbst bei Schwierigkeiten. Diese Eigenschafft verblüffte die frühen Kolonisten und Entdecker besonders. Beispielsweise beschrieb Anfang des 18. Jahrhunderts der Entdecker Kolben die südafrikanischen Hottentotten als „die freundlichsten, tolerantesten und zueinander gutmütigsten Menschen, die je auf Erden weilten". Der russische Zoologe und Philosoph Peter Kropotkin führte dieses Zitat 1902 in seinem Buch *Gegenseitige Hilfe in der Tier und Menschenwelt* an und stellte fest, dass ähnliche Sätze „in praktisch jeder Beschreibung der Wilden auftauchten … der Ostjaken, der Samojeden, der Eskimos, der Dajaken, der Aleuter, der Papuas und so weiter, und zwar von hochrangigen Autoritäten. Ich entsinne mich, dass es auch von den Tungusen, den Tchuktchisen, den Sioux und mehreren weiteren berichtet wurde."

In der heutigen Zeit beschrieb der englische Anthropologe Colin Turnbull das Leben der Pygmäen in Zentralafrika, bei denen er in den 1950ern drei Jahre lang lebte, als „wunderbar, voller Freude und Glück und sorgenfrei“. Und als aktuellstes Beispiel hat der Anthropologe Daniel Everett Ähnliches über die Pirahã-Indianer des Amazonas geschrieben: „Seit der ersten Nacht, die ich bei ihnen verbrachte, erstaunte mich ihre Geduld, ihr Glück und ihre Hilfsbereitschaft.“ Er meint weiter, die Pirana „weisen niemals Anzeichen von Depressionen, chronischer Erschöpfung, extremer Angst, Panikattacken oder anderen psychischen Leiden auf, die in den industriellen Gesellschaften allgegenwärtig sind“.

Natürlich handelt es sich bei Glück um einen sehr subjektiven Zustand. Man darf die Eindrücke von Entdeckern oder Anthropologen nicht unbedingt als wirkliches Indiz werten. Selbst wenn es stimmt, dass diese Völker glücklicher sind als wir, könnten dazu auch weitere Faktoren beitragen, etwa die Nähe zur Natur, weit weniger Stress und ein größerer Zusammenhalt in der Gemeinschaft. Dennoch ist das genau die Art von Wohlbefinden, die wir bei Menschen erwarten würden, die nicht unter *Humanie* leiden. Mihaly Csikszentmihalyi meint ebenfalls, dass indigene Völker frei sind von dem, was er „psychische Entropie“ nennt. Er stellt fest, dass sie „oft eine Heiterkeit an den Tag legen, um die sie der Besucher aus differenzierteren Gesellschaften beneidet“. Es ist beachtenswert, dass nie ein einziges indigenes Volk die scheinbare Heiterkeit und Gutmütigkeit der europäischen Kolonialisten bemerkt hat. Wie wir bereits gesehen haben, dokumentieren tatsächlich alle ihre Kommentare die gegenteilige Auffassung.

Ich habe bereits ausgeführt, dass indigene Völker im Allgemeinen nicht den Drang spüren, materielle Güter anzusammeln, und dass sie zudem egalitär leben und an Status wie Macht nicht interessiert sind. Letzteres trifft insbesondere auf Gesellschaften von Jägern und Sammlern zu. Der Anthropologe James Woodburn spricht von dem „tiefgreifenden Egalitarismus“ der Jäger und Sammler, die jede Ressource, die sie finden, sofort verbrauchen oder einsetzen. Er bemerkt, dass „keine andere Lebensweise des Menschen eine so starke Betonung der Gleichheit ermöglicht". Er führt aus, es handle sich um

> „... *Gesellschaften von Gleichen – gleich an Vermögen, gleich an Macht, gleich an Status ... In diesen Gesellschaften wird Gleichheit aktiv gefördert und Ungleichheit aktiv durch eine Reihe zusammenhängender und sich gegenseitig bestärkender institutioneller Maßnahmen vermieden". (Woodburn, 2005, p. 21)*

In solchen Gruppen hat niemand das Recht, jemand anderem Befehle zu erteilen, alle Entscheidungen der Gruppe werden demokratisch gefällt. Selbst wenn es einen Häuptling gibt (was in manchen Fällen vorkommt), ist dessen Macht beschränkt. Er oder sie kann gegen den Willen der Mehrheit nichts beschließen. Ein weiterer Anthropologe, Christopher Boehm, hat angemerkt, dass die heutigen Vereinten Nationen ähnlich arbeiten wie die Jäger und Sammler, da ihre Mitgliedsstaaten gemeinsam durch Übereinstimmung entscheiden.

Frauen besitzen in den indigenen Gruppen gemeinhin einen hohen Status. Im vorkolonialen Afrika gab es häufig weibliche Häuptlinge und Dorfvorsteherinnen, Frauen waren auch Mitglied der Ratsversammlungen. Auch die amerikanischen Ureinwohnerinnen verfügten über einen hohen Grad an Autorität: Ihnen kam zum Beispiel oft die Aufgabe zu, den neuen Häuptling zu ernennen. Als die ersten Europäer Verträge mit den Indianern schlossen, mussten diese von den Frauen unterzeichnet werden, weil das den Männern nicht zustand. In Tahiti konnten Frauen Häuptling werden, mit Männern Sport treiben und besaßen große sexuelle Freiheiten. Bei den Jägern und Sammlern, die ihre Erträge unmittelbar verbrauchen, haben Männer oft überhaupt keine Rechte gegenüber Frauen. Die Frauen suchen sich aus, wen sie heiraten, welche Arbeit sie verrichten und wann sie arbeiten wollen. Geht eine Ehe in die Brüche, erhalten sie automatisch das Sorgerecht. Der hohe Status der Frauen in diesen Gesellschaften – zusammen mit der offenen Einstellung gegenüber der Sexualität – lässt die Idee, man müsse Frauen töten, wenn sie unehelichen Sex haben oder um die Scheidung bitten, noch wahnsinniger erscheinen.

Indigene Völker waren im Allgemeinen friedlich und neigten wenig zu kriegerischen Auseinandersetzungen. Dieser Punkt ist allerdings umstritten, weil wir konditioniert wurden, uns diese Völker als primitive „Wilde“ vorzustellen, die sich gegenseitig mit der Keule erschlugen und die jeden Fremden mit Speeren durchlöcherten. Viele von uns kennen aus ihrer Kindheit zudem die Westernfilme, in denen wilde Indianer erbarmungslos kämpfen und von jedem Gefallenen einen Skalp nehmen. Darüber hinaus gibt es evolutionäre Psychologen (wie etwa Steven Pinker), die den Krieg für eine grundlegende Eigenschaft des Menschen halten und die zu belegen versuchen – gewöhnlich durch eine Manipulation oder Selektion der Indizien –, dass er in prähistorischen und indigenen Gesellschaften ebenso häufig vorkam wie in heutigen. Viele Anthropologen akzeptieren allerdings, dass sich indigene Völker in ihrer natürlichen Umgebung äußerst friedlich verhalten und große Anstrengungen unternehmen, um Konflikte zu vermeiden. Sie hatten, wenn überhaupt, nur sehr selten den Drang, andere Stämme zu erobern und sich ihren Besitz und ihr Territorium anzueignen. In seinem Buch *The Origin of War* (auf Deutsch etwa: „Vom Ursprung des Krieges“) untersucht der Anthropologe J. M. G. van der Dennen mehr als 500 Stammesgruppen. Die überwiegende Mehrheit davon war „äußerst unkriegerisch“, nur ein kleiner Teil kannte „milde, geringe und/oder ritualisierte Kriegsführung“.

Die unterschiedlichen australischen Aborigine-Völker bekämpften sich beispielsweise praktisch nie untereinander. Kam es zu Kämpfen, wurde dieser Konflikt im Allgemeinen als „ritueller“ Kampf zwischen zwei Individuen ausgetragen. Jeder Stamm wählte einen Vertreter, die beiden Männer standen dann bewegungslos zwischen 15 und 20 Meter voneinander entfernt und warfen Speere aufeinander. Wurde dabei einer von ihnen verletzt, war der „Krieg“ vorüber. Eine potenzielle Konfliktquelle zwischen den Aborigines besteht darin, dass sich die Jäger eines Volkes dem Lager eines anderen nähern. Es gibt jedoch ein traditionelles Ritual, das die Lage entschärft. Die Jäger warten in einer bestimmten Entfernung zum Lager und stellen sicher, dass sie gesehen werden können. Anschließend legen sich die unverheirateten Männer der Jagdgruppe und jene, die schon lange von ihren Frauen getrennt sind, auf den Rücken. Bei Sonnenuntergang kommt dann eine Gruppe Frauen vom Lager, legt sich auf die Jäger, und hat Sex mit ihnen.

Vielleicht sind indigene Völker deshalb zum größten Teil frei von unseren pathologischen Eigenschaften, weil sie auch zum größten Teil von der Ego-Isolation und der kognitiven Zerrissenheit verschont geblieben sind. Sie erleben sich ganz offensichtlich in einem gewissen Maße ebenfalls als Individuen, ihr Sinn für Individualität ist jedoch – wie bereits zu Beginn von Kapitel 2 gezeigt – weniger ausgeprägt als unserer. Ihr Ego-Gefühl ist nicht so stark, dass es eine Trennung zwischen ihnen und ihren Mitmenschen, anderen Kulturen, ihrem Land und der Erde selbst bewirkt. Folglich leiden sie nicht so sehr unter dem Gefühl der Trennung und des Mangels, das sich so negativ auf unser Leben auswirkt.

Ihre Fähigkeit, abzuwarten und nichts zu tun, und ihre intensive Wahrnehmung deuten an, dass der Geist der indigenen Völker ebenfalls weniger vom Gedankengeschwätz gestört wird als unserer. Als Carl Gustav Jung den Häuptling in New Mexico fragte, warum er die Europäer für wahnsinnig hielt, antwortete der:

> *„Sie meinen, sie denken mit dem Kopf."*
> *„Natürlich", sagte Jung. „Womit denkst du denn?"*
> *„Wir denken hier", antwortete Häuptling Mountain Lake und zeigte auf sein Herz.*
> *(Jung, 2002, p. 42)*

Folglich muss der geistige Raum der indigenen Völker harmonischer sein als unserer, sie sind damit zufrieden, Zeit in ihm zu verbringen. Wenn wir Teenagern ähneln, die es nicht mehr in ihrem Elternhaus aushalten, weil dort eine feindselige Atmosphäre herrscht, dann sind die indigenen Völker wie Kinder eines glücklich verheirateten Ehepaars, in deren Haus es gemütlich und friedlich zugeht.

Der Sündenfall

Es stellt sich die Frage, warum wir an *Humanie* erkrankt sind, wenn diese Völker offenbar von ihr verschont blieben, zumindest aber zu einem wesentlich geringeren Grad daran leiden.

Diese Frage lässt sich unmöglich endgültig beantworten, eine Möglichkeit ist jedoch, dass es sich bei der Ego-Verrücktheit um eine psychische Veränderung handelt, die an einem bestimmten Zeitpunkt in der Geschichte unserer Vorfahren aufgetreten ist. Grundsätzlich wird *Humanie* durch eine starke Ego-Struktur mit festen Grenzen ausgelöst – dem „überentwickelten Ego", wie ich es manchmal nenne. Es gibt Hinweise darauf, dass sich dieses starke Gefühl des Egos vor etwa 6000 Jahren entwickelte, und zwar über mehrere Jahrhunderte im vierten Jahrtausend vor Christus.

Die Vorfahren der meisten modernen europäischen, nahöstlichen und asiatischen Völker – also jene, die am meisten unter der *Humanie* leiden – stammen aus Zentralasien und dem Nahen Osten. Archäologische Funde belegen, dass sie im Verlauf des vierten Jahrtausends vor Christus aus ihrer Heimat auswanderten. Etwa zu dieser Zeit treffen wir auf die ersten Anzeichen einer erwachenden Individualität: Einzel- statt Gemeinschaftsgräber, persönliches Eigentum, Texte, die die Namen und Taten von Einzelpersonen überliefern, und Mythen, die die Verlagerung vom Unpersönlichen zum Persönlichen zum Inhalt haben. Damals brach überall in Zentralasien und im Nahen Osten Krieg aus, gleichzeitig gibt es die ersten Hinweise auf patriarchalische und hierarchische Gesellschaften.

Falls wir den geistigen Wandel auf eine bestimmte Zeit fixieren wollen, dann können wir diese in Betracht ziehen. Und es ist sogar möglich – obwohl ich betonen muss, dass es sich hierbei nur um eine spekulative Hypothese handelt –, dass dieser geistige Wandel mit einer veränderten Umwelt einherging. Bis etwa 4000 v. Chr. waren Zentralasien und der Nahe Osten eine fruchtbare Region voller Tier- und Pflanzenleben, doch in dieser Zeit begann ein Prozess der massiven, großflächigen Wüstenbildung. Die Regenmenge verringerte sich,

Flüsse und Seen trockneten aus, die Vegetation verschwand und es kam zu Hungersnöten.

Ackerbau war nicht mehr möglich und Wassermangel machte die Jagd gefährlich. Die Region war dicht bevölkert (zumindest im Vergleich zu anderen Regionen), aber nun kam es zu einer Massenauswanderung von Tieren und Menschen auf der Suche nach fruchtbarem Land.

Diese veränderten Umweltbedingungen könnten bei unseren Vorfahren zu einer psychischen Veränderung geführt haben, die das Wachstum eines schärferen und abgetrennteren Egos förderte. Einerseits könnte das zu einer neuen Art des Egoismus und der Individualität geführt haben. Die Menschen mussten stärker auf ihr individuelles Überleben achten, weniger auf das der Gemeinschaft. Gleichzeitig könnten diese Schwierigkeiten eine neuartige Intelligenz gefördert haben. Um höhere Überlebenschancen zu besitzen, mussten die Menschen bessere Problemlösungskompetenzen, ein effektives logisches und abstraktes Denkvermögen sowie die Fähigkeit zur Zukunftsplanung entwickeln. Diese Art der Intelligenz erfordert einen stärkeren Sinn des Egos, weil das Ego der Teil unseres Geistes ist, *mit* dem wir denken. Das Ego verleiht uns die Macht zur Selbstreflexion und Abstraktion, dazu kommt noch die Fähigkeit, uns die Zukunft vorzustellen. Indigene Völker hatten – und haben – diese Fähigkeiten bis zu einem gewissen Grad, unsere Vorfahren entwickelten sie jedoch viel ausgeprägter.

An sich war diese Art der Intelligenz natürlich eine sehr positive Entwicklung. Diese kognitiven Fähigkeiten haben es uns ermöglicht, Städte zu bauen, zum Mond zu fliegen, Computer zu erfinden, lebensrettende medizinische Verfahren und Behandlungsweisen zu entwickeln und so weiter. Doch die enormen Schattenseiten dieser kognitiven Entwicklungen sind die Abtrennung und Zerrissenheit des Egos.

Wenn das stimmt, dann liegt der Grund, warum indigene Völker nicht an *Humanie* leiden, wohl darin, dass sie diesen psychischen Wandel nicht mitgemacht haben. Vielleicht veränderte sich ihre

Umwelt weniger stark als die unserer Vorfahren. Deshalb haben sie nie eine starke Ego-Struktur entwickelt. Folglich litten sie nie unter den massiven psychischen und sozialen Problemen, die die *Humanie* erzeugt.

Die koloniale Verrücktheit

Ein massives Problem, auf das sie trafen, war hingegen ihre Begegnung mit europäischen Kolonisten, die von der *Humanie* befallen waren. Die Eroberung, Dezimierung und kulturelle Zerstörung der indigenen Stämme durch die Europäer ist ein schreckliches Beispiel für die zerstörerische Kraft der Ego-Verrücktheit.

Wenn eine Gruppe, die unter *Humanie* leidet, auf Menschen trifft, die von ihr verschont geblieben sind, werden sie diese unvermeidlich vernichten. Ihre Gier nach Macht und Reichtum, gepaart mit ihrer mangelnden Empathie, treibt sie an, die andere Gruppe zu unterjochen und letztlich auszumerzen – besonders da diese, aufgrund der mangelnden Tradition an sozialer Unterdrückung und Kriegsführung, wahrscheinlich weder über das Temperament noch die nötigen Waffen verfügt, um der Brutalität und militärischen Macht ihrer Gegner lange zu widerstehen.

Genau das ist den indigenen Völkern der Welt widerfahren. Für sie war der Kontakt mit den Europäern tödlich – so tödlich wie die Beulenpest. Ihre Bevölkerungszahlen wurden in einem entsetzlichen Ausmaß reduziert. Die Gesamtzahl der amerikanischen Bevölkerung vor der Ankunft von Columbus ist sehr schwer zu schätzen; Experten gehen von 20 bis 100 Millionen Menschen aus. 1920 zählte die indigene Bevölkerung in den Vereinigten Staaten und Kanada nur noch 220.000 Menschen. In Australien sank die Zahl der Ureinwohner von mindestens einer Million vor der europäischen Invasion auf nur noch 30.000 in den 1930er-Jahren.

Noch vor 500 Jahren bewohnten indigene Völker praktisch den ganzen Erdball, unter anderem den amerikanischen Kontinent und Australien. Heute sind sie fast verschwunden. An *Humanie* Erkrankte beherrschen jetzt die Welt – kulturell und geografisch. Am Ende der *Humanie* steht die völlige Beherrschung, die Eroberung des gesamten Planeten – aber leider bedeutet das auch unsere Ausrottung als Spezies.

Der Verlust der kindlichen Harmonie

Wir müssen jedoch nicht die ganze Welt bereisen, um Menschen zu treffen, die nicht unter dem Einfluss der *Humanie* stehen. Möglicherweise leben welche in Ihrem Haus, ganz sicher laufen Sie Ihnen jeden Tag über den Weg.

Die Rede ist natürlich von den Kindern. Wie indigene Völker erleben sich Kinder nicht als ein „Ich" in ihren Köpfen, als zerbrechliches, von der Welt abgetrenntes Ego. Sie fühlen sich nicht isoliert von der Welt „da draußen", sondern sind ganz in ihr versunken, wie ein Schwimmer in einem Fluss, nicht wie die Leute am Ufer, die ihn vorbeifließen sehen. Folglich leiden Kinder nicht an Gefühlen der Unvollständigkeit oder Einsamkeit. Sie verspüren keinen Mangel und müssen ihre Egos nicht aufblähen.

Zudem scheint der Geist der Kinder nicht beständig damit beschäftigt zu sein, gedanklich in die Zukunft oder die Vergangenheit abzuschweifen, um Szenen ihres Lebens zu wiederholen bzw. durchzuspielen. Sie kommen anscheinend ohne die negativen Gedanken aus, die uns Erwachsene befallen, und ohne die Gefühle von Besorgnis, Angst, Bitterkeit und Reue, die diese Gedanken auslösen. Wann haben Sie zum letzten Mal ein fünfjähriges Mädchen sagen hören: „Ich mache mir etwas Sorgen wegen der Geburtstagsparty nächste Woche, zu der ich eingeladen bin. Ich kenne dort niemand und fürchte, ich könnte ausgegrenzt werden." Wann haben Sie zum letzten Mal gehört, wie ein fünfjähriger Junge sagt: „Der Junge da drüben hat mich letzte Woche ignoriert, als ich an ihm vorbeiging, also rede ich heute nicht mit ihm." Kinder gehen völlig in der Gegenwart auf. Pascals Klage, wir verbrächten unsere Zeit „in Zeiten, die uns nicht gehören", trifft auf sie sicherlich nicht zu. Sie verbringen kaum Zeit in dem Zustand des „Anderswoseins".

Das ist einer der Gründe, warum Menschen, die sich an ihre Kindheit erinnern, häufig feststellen, dass ihnen damals alles viel intensiver und realer vorkam, Farben wirkten kräftiger und Aromen intensiver. Das kommt zum Teil daher, dass die Welt für Kinder völlig neu ist. Sie sind für ihre Erfahrungen noch nicht desensibilisiert worden. Es ist jedoch auch eine Frage der *Aufmerksamkeit*. Was immer sie gerade tun – ob sie Schokolade essen, baden, einem Lied oder einem Gedicht lauschen oder schaukeln –, stets widmen Kinder ihrer Erfahrung die volle Aufmerksamkeit. Es gibt kein Gedankengeschwätz, das sie von der Gegenwärtigkeit ihrer Erfahrungen und Empfindungen ablenkt. Auf dem Spielplatz verschwenden sie keinen Gedanken daran, was sie am nächsten Tag im Kindergarten machen werden. Sie vergleichen diesen Spielplatz auch nicht mit einem anderen, auf dem sie letzte Woche waren. Sie versinken völlig in der Freude und der Aufregung des Spielens. Selbst wenn wir als Erwachsene nicht eigens über eine bestimmte Sache nachdenken, haben wir immer noch einen diffusen geistigen Nebel im Kopf, der aus undeutlichen Bildern und Fragmenten von Vorstellungen besteht und der die Intensität unserer Wahrnehmungen und Empfindungen verschleiert. Ohne diesen abstrakten Nebel sind die Erfahrungen der Kinder bunter und frischer.

Mit anderen Worten erfahren junge Menschen viel weniger innere Zerrissenheit als Erwachsene. (Sie erleben häufig *emotionale* Zerrissenheit, die sich in Wutausbrüchen äußert, wenn ihre Wünsche nicht erfüllt werden oder sie müde und unsicher sind. Die gehen aber ziemlich schnell vorbei und führen nicht zu Unzufriedenheit.) Folglich sind sie weniger anfällig für Ängste, wenn sie unstrukturierte Freizeit haben oder wenn es um sie herum still und ruhig ist. Selbstverständlich sind Kinder gern kreativ und aktiv und schauen auch gern fern, wenn ihre Eltern ihnen das erlauben, aber sie fühlen sich – mit Ausnahme der kurzen Frustrationsschübe – nicht unwohl, wenn sie nichts mehr zu tun haben. Erwachsene unterscheiden sich von Kindern dadurch, dass Kinder ihre Aufmerksamkeit *einzig deshalb* an externen „Aufhängern" festmachen, weil sie eine Aktivität oder Unterhaltung interessiert. Wir hingegen tun es, um unserer inneren Zerrissenheit zu entgehen.

Deshalb benötigen Kinder weder Alkohol noch Drogen, sie brauchen keine materiellen Güter und müssen sich nicht über ihre ethnische oder religiöse Zugehörigkeit definieren (das hält die Erwachsenen natürlich nicht davon ab, ihnen eine Religion überzustülpen). Sie müssen keine Unzufriedenheit überdecken, keine Unvollständigkeit auffüllen, keine Bedeutungslosigkeit kompensieren. Meine Kinder besuchen eine Schule, in der alle ethnische Gruppen und Religionen vertreten sind. Die Schüler/-innen sind zu einem Drittel Weiße, zu einem Drittel Schwarze und zu einem Drittel Asiaten. Während ich das schreibe, sind meine älteren Kinder acht und fünf, und es ist schön zu sehen, dass weder sie noch ihre Schulkameraden zwischen den verschiedenen sozialen Identitäten unterscheiden. Sie beziehen sich ausschließlich als Menschen aufeinander, losgelöst von allen Konzepten. Das Resultat ist eine lebendige Mischung ohne Vorurteile. (Die beiden besten Freunde meines ältesten Sohnes haben asiatische Wurzeln.) Kleine Kinder gehen immer so vorurteilslos aufeinander zu, erst im Alter von elf oder zwölf Jahren beginnen sie, ethnische und religiöse Unterschiede anzunehmen und sich stärker abzugrenzen.

Diese mangelnde Ego-Verrücktheit bei Kindern ist nur eine Frage der psychischen Entwicklung. Da unsere Vorfahren sie vor vielen tausend Jahren entwickelten, ist die starke Ego-Struktur tief in die „Blaupause" unserer geistigen Entwicklung eingegraben. Kinder sind nur deshalb frei davon, weil sie dieses Entwicklungsstadium noch nicht erreicht haben. Psychologen glauben, dass kleine Babys überhaupt kein Selbstempfinden oder Ähnliches besitzen und keinerlei Trennung zwischen sich und der Welt erleben. Das Gefühl des Selbst – und der Abtrennung – erscheint etwa ab einem Lebensalter von sechs Monaten, entwickelt sich aber erst im späten Jugendalter völlig, ungefähr in derselben Zeit, in der auch der Körper physisch voll ausgebildet wird. Kleine Kinder – etwa bis acht oder neun Jahre – haben nur einen sehr gering ausgeprägten Sinn für ihr Selbst. Die Grenze zwischen ihrer Selbst-Struktur und der Welt ist schwach, vergleichbar mit einem wackeligen Drahtzaun zwischen zwei Feldern. Die „Ego-Grenze" verhärtet sich erst in einem Alter von 15 Jahren. In dieser Zeit entwickeln wir die Empfindung, dass wir unsere Körper bewohnen, dass wir der „Geist in der Maschine“ sind.

Der Ursprung des Gedankengeschwätzes

Einen ähnlichen Prozess durchläuft das Gedankengeschwätz. Man kann das Gedankengeschwätz als eine Nebenwirkung der starken Ego-Struktur auffassen, die sich parallel dazu entwickelt und unseren Geist in einem Alter von 15 bis 20 Jahren übernimmt. Zu einem bestimmten Zeitpunkt entwickeln wir die Fähigkeit, in unserem Kopf mit uns selbst zu sprechen, mit uns selbst in einen inneren Dialog zu treten, unsere Erfahrungen zu überdenken und zu deuten. Historisch wird das in der Zeit geschehen sein, als unsere Vorfahren eine starke Ego-Struktur und schärfere kognitive Kraft entwickelten. Es widerfährt uns allen in unserer eigenen psychischen Entwicklung, wenn wir uns auf die Pubertät zubewegen.

Diese Selbstreflexion kann für uns alle von Nutzen sein – und ist es auch. Es handelt sich um die „Vernunft“ und „Verstandeskraft“, die uns vom Tier unterscheidet, die unser Leben ordnen kann, die uns die Lage analysieren lässt, uns Pläne und Entscheidungen und so weiter ermöglicht. Unglücklicherweise weist diese Fähigkeit zur Selbstreflexion aber eine Störung auf. Wie ein Computer, der plötzlich seinen eigenen Willen hat, ist dieser Mechanismus nicht mehr unter unserer Kontrolle und erzeugt eine endlose und chaotische Folge von Eindrücken und Bildern.

Das Gedankengeschwätz ist das Ergebnis der Interaktion dieser selbstreflexiven Fähigkeit mit unserem Gedächtnis, unserer Vorstellungskraft und Erwartung. Wenn diese Selbstreflexion automatisch und wahllos wird, interagiert sie mit unserem Gedächtnis und spielt uns immer wieder Szenen aus unserer Vergangenheit vor; sie interagiert mit unserer Vorstellungskraft und erschafft imaginäre Umwelten, in denen wir leben könnten; schließlich interagiert sie mit unserem Antizipationsvermögen – unserer Fähigkeit, die Zukunft zu planen und sie uns vorzustellen – und ermöglicht uns, Zukunftsszenarien zu erschaffen.

Sie sollte in der Tat als psychische Verwirrung verstanden werden, als Laune des Geistes.

Die Probleme der Pubertät

Die Entwicklung des starken Egos lässt die Pubertät für manche Menschen zu einer so schwierigen Phase werden. Die Frische und Freude der Kindheit geht in Langeweile und Verwirrtheit über. Nachdem wir Teil im Fluss des Erlebens der Welt waren, befinden wir uns plötzlich außerhalb der Welt – allein in unserem geistigen Raum. Uns geht die intensive Wahrnehmung unserer Kindheit verloren und wir beginnen, die Welt nur noch durch einen geistigen Nebel zu erkennen. Wir schmecken nun die Zerrissenheit und das Leid der *Humanie*. Da die *Humanie* für uns etwas Neues ist – und da sie sich so schnell nach der Freiheit und Leichtigkeit der Kindheit einstellt –, erleben wir sie besonders intensiv.

Ich erinnere mich genau an diesen Übergang während meiner eigenen Pubertät. Nach einer unbeschwerten Kindheit fühlte ich mich plötzlich in mir selbst eingesperrt, ganz auf mich allein gestellt mit meinen Gedanken und Empfindungen, die kein anderer je verstehen konnte. Dazu spürte ich die deutliche Bewusstheit meiner selbst. Ich war mir jeder meiner Bewegungen und jedes meiner Worte bewusst. Nichts geschah nur noch „einfach so". Ging ich eine Straße entlang, fühlte ich mich ausgeliefert, ich wusste, dass mich die Leute von ihren Fenstern aus anstarrten. Nur nachts in meinem Schlafzimmer fühlte ich mich noch sicher. Ich mochte den Sommer nicht, weil die Tage so unendlich lang und hell waren – ich fühlte mich noch unbeholfener und noch stärker ausgeliefert.

Das neue pubertäre Ego ist besonders nackt und zerbrechlich. Deshalb empfinden Pubertierende – wie im letzten Kapitel gezeigt – ein besonders starkes Bedürfnis nach Zugehörigkeit in einer Gruppe und sind so anfällig für Schmähungen. Dabei handelt es sich vielleicht um die Hauptstrategie, mittels derer Pubertierende mit der Zerbrechlichkeit des Egos zurechtkommen. Wenn wir jedoch älter werden, setzen wie eine andere Strategie ein, die uns nach und nach wichtiger wird. Dabei handelt es sich um das Ansammeln von Anhaftungen für das Ego, wir fügen Dinge hinzu, um es zu stärken: Im frühen Erwachsenenalter nehmen wir die Rollen und Bezeichnungen unseres Jobs an, sind Ehemänner, Ehefrauen oder Eltern. Wir haften uns geistig an unsere Glaubenssätze, an unsere Leistungen und unser Wissen, an Hoffnungen und Pläne, an unser Geld oder unseren Erfolg und so weiter. All das polstert das Ego auf wie Sandsäcke einen Deich gegen die Flut. Schließlich ist das Ego durch diese Anhaftungen so gestärkt, dass das zerbrechliche pubertäre Ego darunter begraben und vergessen wird. Wir fühlen uns sicherer und stabiler, gleichzeitig aber nagt es an uns, dass wir etwas verloren haben, dass Spontaneität und Frische dahin sind, dass die Bürde unserer Anhaftungen uns nur noch stärker von der Welt abgegrenzt hat.

Die Tatsache, dass sie nicht unter der *Humanie* leiden oder litten, macht weder die indigenen Völker noch die Kinder uns überlegen. Es bedeutet nicht, dass sie sich in einem Idealzustand befinden, in den wir zurückkehren sollten. Ich habe bereits anklingen lassen, dass die Entwicklung einer starken Ego-Struktur von größtem kognitivem Nutzen für uns war. Und es wäre dumm, diesen Vorteil zu opfern. Wir müssen voran-, nicht zurückgehen, und zwar in einen neuen Zustand, der diesen Nutzen bewahrt – in einen neuen harmonischen Zustand, der frei ist von dem schrecklichen Leiden der *Humanie*. Es wird eine Rückkehr zu Harmonie und Gesundheit sein – aber in einer *ganz anderen* Form.

Im zweiten Teil dieses Buchs untersuchen wir nun, wie wir diesen Zustand erreichen können.

Teil 2

Zurück zu Harmonie und Gesundheit

KAPITEL 9

Das Erleben der Harmonie des Seins

Vor mehreren Jahren unterrichtete ich an einem College und war nicht glücklich. Die neue Leiterin mochte mich nicht und unternahm alles Mögliche, um mir das Leben schwer zu machen. An einem Freitagabend ging ich mit unserem Baby spazieren und grübelte über meine Probleme nach. Die Aussicht, am Montag wieder zum College zu müssen, erfüllte mich mit Angst und Unbehagen. Plötzlich und aus keinem besonderen Grund stoppten meine Gedanken. Der geistige Nebel verzog sich, mein Geist war vollkommen leer und rein. Ich begriff, dass es keinen Anlass zur Sorge gab. Die Lage an meinem Arbeitsplatz war nun einmal so. Wenn ich darüber nachgrübelte, änderte sich nichts daran. Zudem betrafen diese Dinge einen Zeitpunkt, der noch drei Tage entfernt in der Zukunft lag. Die Arbeit hatte nichts mit mir gerade jetzt zu tun.

Dieser Zustand des reinen und leeren Geistes wirkte völlig natürlich und richtig. Das innere Anderswosein, das ich noch vor wenigen Sekunden erlebt hatte – und in das ich immer wieder hineingerutscht war, seitdem die Probleme aufgetreten waren –, wirkte wie eine Trance. Es kam mir absurd vor, dass ich so in diesem Zustand versunken gewesen war, dass ich begonnen hatte, ihn für normal zu halten. Nun spürte ich Raum und Leichtigkeit in mir. Und die Welt draußen sah herrlich aus. Bäume und Sträucher leuchteten in einem hellen Grün, sie glitzerten im Regen, jedes Blatt war anders und einzigartig. Die Bäume waren lebendig, fast fühlende Wesen. Plötzlich musste ich laut loslachen. Dann kniete ich mich hin und küsste unser Baby Hugh.

Das ist eine typische Erfahrung dessen, was ich die „Harmonie des Seins“ nenne. Diese Erfahrungen stellen sich ein, wenn wir kurzzeitig frei von *Humanie* sind, wenn unser Geist ruhig und still wird, befreit von kognitiver Zerrissenheit, und wir unser gewöhnliches Gefühl der Abtrennung und Unvollständigkeit verlieren.

Manchmal kommen diese Erlebnisse der Harmonie scheinbar aus dem Nichts, ohne ersichtlichen Grund, wie gerade beschrieben. Vielleicht erleben Sie einen solchen Moment morgens nach dem Erwachen, wenn Sie gut geschlafen haben. Für einen winzigen Augenblick, bevor Ihre Gedanken ihr Geschwätz über den Tag beginnen, der vor Ihnen liegt, ist Ihr Geist ruhig und still und Sie sind erfüllt von dem merkwürdigen Gefühl des Wohlbefindens und der Ganzheit. Oder Sie erleben es an einem anderen Morgen, wenn Sie früher aufwachen und sich schon an den Frühstückstisch setzen: Stille und Ruhe umgibt Sie und Sie fühlen sich auch innerlich ruhig und still – ein Glanz der Zufriedenheit, der sich in Ihnen ausbreitet. Sie betrachten durch das Fenster den Garten, dessen Konturen gerade erst in der Morgendämmerung sichtbar werden, und stellen fest, wie schön er ist. Es ist fast so, als würden Sie ihn anders als sonst betrachten. Sie bemerken Blumen und Pflanzen, die Ihnen sonst nicht auffallen, die gesamte Natur wirkt ruhig und strotzt zugleich vor Leben.

Sie können diese Harmonie des Seins auch erleben, wenn Sie Ihren Kindern im Sommer beim Spielen im Park zusehen. Sie schauen sich um, das Sonnenlicht scheint durch die Blätter, der Himmel über Ihnen strahlt in einem makellosen Blau, Sie hören Ihre Kinder lachen – und all das ist so vollkommen, dass die Zeit stillsteht. Oder Sie fahren in Ihrem Auto, und urplötzlich bemerken Sie, wie schön die Abendsonne ist, die aus den Wolken bricht und die Felder beleuchtet. Einige Minuten lang sind auch Sie innerlich erleuchtet, die angenehme Wärme des Wohlbefindens durchströmt Ihr gesamtes Sein.

Die Erfahrung der „Harmonie des Seins“

Spontane Erlebnisse der Harmonie wie die soeben beschriebenen sind recht selten. Gewöhnlich ist die Harmonie des Seins mit bestimmten Aktivitäten oder Situationen verknüpft. Beispielsweise erzeugen manche Sportarten diesen Zustand. Mehrere Jogger und

Langstreckenläufer haben mir erzählt, dass das Laufen eine mächtige psychische Wirkung auf sie ausübt, sie fühlen sich ruhig und lebendig, einfach „geerdet". Ein Kollege erklärte mir, warum er jeden Tag laufe:

> *„Es hilft mir, meinen Geist zu klären und zu mir zurückzufinden. Es bringt mich nach all den Mühen der Arbeit neu in Einklang mit der Welt. Der ganze Arbeitskram wird gedanklich ausgeblendet und ich genieße nur noch, wo ich gerade bin und was mich umgibt."*

Schwimmen kann diese Harmonie ebenfalls erzeugen. Als ich einmal mit meinen Studenten über die Meditation sprach, meinte eine junge Frau: „Genau das mache ich, wenn ich schwimmen gehe!" Sie erläuterte:

> *„Wenn ich schwimme, gehe ich ganz in die Rhythmen meiner Bewegung ein und in das Gefühl, durch das Wasser zu gleiten. Ich gehe so darin auf, dass ich alles vergesse. Ich spüre das Wasser auf meiner Haut und betrachte das Licht, das auf das Wasser scheint, und die Wellen, die sich an der Oberfläche bewegen – und alles sieht perfekt aus. Wenn ich aus dem Wasser steige und mich umziehe, bin ich glücklich und friedlich."*

Gefährlichere und anstrengendere Hobbys können diese Harmonie ebenfalls hervorrufen, etwa Bergsteigen, Fliegen oder Tauchen. Diese Aktivitäten verlangen eine solch starke Konzentration, dass sie uns die kleinen Sorgen des Alltags vergessen lassen. Die Beanspruchung durch die gegenwärtigen Erfordernisse – das nächste Manöver oder die Vermeidung einer potenziellen Gefahr –, fokussiert unsere Aufmerksamkeit so sehr, dass das Gedankengeschwätz verschwindet und Vergangenheit und Zukunft nicht länger existieren. Als Folge dessen erleben Bergsteiger und Piloten manchmal ein Gefühl der Ganzheit und Zufriedenheit, sie sind sich der Schönheit ihrer Umgebung aufs Intensivste bewusst und fühlen sich sogar eins mit ihr.

Die Pilotin Diane Ackerman zum Beispiel, die sich selbst als „zwanghafte Denkerin" beschreibt, hat einmal gesagt, dass sie fliege, weil sie sich dann „völlig wach und lebendig, aber ganz frei von Gedanken" fühle, in einer Art „Ekstase". Ähnlich hat der amerikanische Entdecker Richard Byrd einen Augenblick der Harmonie beschrieben, den er bei seiner zweiten Antarktis-Expedition erlebte, als er bei Temperaturen von unter –80° C auf sich allein gestellt war:

> *„Es war eine tolle Zeit. Ich war mir nur eines vollkommen friedlichen Geistes bewusst, ein Geist, der über die glatten, romantischen Gezeiten der Imagination glitt wie ein Schiff, das auf die Kraft und den Sinn seiner Umgebung reagiert. Nur selten erfährt ein Mensch Zeiten der Gelassenheit, und nur wenige davon nähren ihn sein Leben lang. Ich entdeckte damals das Vergnügen innerlichen Friedens, sein imposantes Echo wirkte noch lange fort."*
> *(Byrd, 1987, p. 144)*

Ohne Zweifel ist das einer der Gründe für die Attraktivität dieser Aktivitäten. Man kann laufen oder schwimmen, weil man einfach nur fit bleiben möchte, man kann bergsteigen oder fliegen, weil man stolz auf solche Leistungen sein will. Aber vermutlich üben diese Sportarten auch deshalb eine so hohe Anziehungskraft auf uns aus, weil sie diese innere Harmonie erzeugen, weil sie das Gedankengeschwätz verlangsamen und den Geist reinigen, weil man sich wieder lebendig und vernetzt fühlt. Menschen, die Spaß an Extremsportarten wie Paragliding, Drachenfliegen oder Bungeejumping haben, nennt man manchmal „Adrenalinjunkies", ein geeigneteres Wort wäre sicherlich „Harmoniesucher". Sie suchen womöglich den Nervenkitzel, aber eben auch die Harmonie des Seins. Je anstrengender – und sogar gefährlicher – eine Aktivität ist, desto mehr Konzentration verlangt sie uns ab, desto stärker beruhigt sie den Geist und desto höher ist die Wahrscheinlichkeit, dass wir den Zustand der Harmonie des Seins erreichen.

Auch Sex führt aus ähnlichen Gründen häufig zu Harmonie. Was wir während des Aktes empfinden, ist gemeinhin so angenehm und mächtig, dass es unseren Geist beruhigt: Wir machen uns keine Gedanken mehr um Vergangenheit oder Zukunft und sind vollkommen gegenwärtig. Anschließend fühlen wir uns von der beruhigenden Wärme des Wohlbefindens erfüllt, liegen in den Armen unseres

Partners und lauschen den Geräuschen der Nacht oder starren in die warme tiefe Dunkelheit. Und dann zieht man vielleicht die Vorhänge zurück, blickt aus dem Fenster und merkt, dass sich alles irgendwie verändert hat. Die Wolken am Himmel wirken irgendwie realer, so, als habe man ihnen eine neue Dimension hinzugefügt, und die schwarzen Räume zwischen ihnen sind noch kräftiger und dichter als zuvor. Auch auf der Straße befindet sich alles am richtigen Platz, die Autos, die vorm Haus parken, und die Bäume und die Straßenbeleuchtung. Das Licht der Lampen wirkt hell und irgendwie wohlwollend.

Offensichtlich spielen hier auch chemische Veränderungen eine Rolle. Wir fühlen uns nach dem Sex zum Teil so euphorisch, weil wir dabei Endorphine ausschütten. Das trifft auch auf das Laufen zu, denn Endorphine werden bei jeder anstrengenden Tätigkeit ausgeschüttet. Dennoch lassen sich diese Erfahrungen der Harmonie nicht nur auf eine chemische Ursache zurückführen. Sie sind vorwiegend das Ergebnis einer mentalen Veränderung, die über die Physiologie hinausgeht, bei der die kognitive Zerrissenheit abnimmt und die Ego-Abtrennung verschwindet.

Der Kontakt zur Natur stellt eine weitere wichtige Quelle der Harmonie dar – und einen der Hauptgründe dafür, dass viele von uns so gerne auf dem Lande sind. Die Schönheit und Erhabenheit der Natur zieht unsere Aufmerksamkeit vom Gedankengeschwätz ab; die Ruhe und die Weite beruhigen uns zusätzlich. Infolgedessen beruhigt sich unser Geist, unsere Ego-Grenzen weichen auf, wir transzendieren unsere Isolation und Abtrennung und fühlen uns mit unserer Umgebung verbunden.

Es überrascht daher wenig, dass Forscher kürzlich herausgefunden haben, dass der Kontakt mit der Natur Depressionen ebenso effektiv entgegenwirkt wie Medikamente. Untersuchungen an der Universität Essex ergaben 2007, dass in einer Gruppe von depressiven Menschen 90 Prozent angaben, ihr Selbstwertgefühl wäre nach einem Spaziergang durch einen Park gestiegen, fast drei Viertel fühlten sich weniger niedergeschlagen. Eine andere Studie derselben Forscher fand heraus, dass 94 Prozent der Menschen mit psychischen Erkrankungen der

Ansicht waren, ein Kontakt mit der Natur habe sie positiver gestimmt. Diese Untersuchungen haben zur Entwicklung der „Ökotherapie“ geführt, dem Einsatz des Naturkontakts als Therapie durch Fachärzte für psychische Krankheiten.

Aber nicht nur idyllische Naturszenerien, jeder Anblick eines schönen Objekts oder Phänomens kann eine vergleichbare, den Geist beruhigende Wirkung haben – ein Naturwunder, ein stilvolles Gebäude, ein tolles Gemälde oder ein Musikstück. Ein Besuch der Niagarafälle oder des Taj Mahal, die beeindruckende Lebendigkeit eines Gemäldes wie van Goghs „Sonnenblumen“ oder Monets „Wasserlilien“ oder die berauschenden Melodien der Beatles oder von Brian Wilson, Mozart und Mahler – all das kann den Geist bremsen und uns völlig in die Gegenwärtigkeit versetzen, in den Zustand der Harmonie. Und noch mal: Das ist zum Teil der Grund dafür, warum uns solche schönen Aussichten, Objekte oder Melodien anziehen – nicht nur aufgrund ihrer ästhetischen Qualität, sondern auch wegen ihrer geistigen Wirkung auf uns. Wir strengen uns an und machen Umwege, um sie zu erleben, weil sie die Macht haben, den Hintergrundlärm unseres Gedankengeschwätzes eine Zeitlang anzuhalten, unseren Geist zumindest zeitweise zu leeren und uns von Ängsten und Zerrissenheit zu befreien.

Deshalb freuen wir uns auch so auf Urlaub und Ferien. Menschen verreisen natürlich aus unterschiedlichen Gründen: etwa um zu entspannen und Kraft zu tanken, um zu trinken und Spaß zu haben, neue Liebespartner zu finden oder einmal den Alltagspflichten und -problemen zu entrinnen. Aber vielleicht liegt der Hauptgrund dafür, dass Urlaub für uns einen so hohen Stellenwert besitzt, darin, dass er uns – so seltsam das auch im ersten Moment klingen mag – der inneren Harmonie näher bringt, indem er unsere Aufmerksamkeit steigert und unseren Geist entschleunigt.

Einer der Gründe, warum wir generell nicht so stark auf unsere Alltagsumgebung achten, ist der, dass sie uns einfach viel zu vertraut ist. Wir sind so an sie gewöhnt, dass wir ihre Gegenwart ausblenden. Sie ist für uns nur halb real, scheint uns also keine Aufmerksamkeit abzuverlangen – vergleichbar mit einer öden alten Fernsehsendung, die nicht im Geringsten sehenswert ist. Bereist man aber neue, unbekannte Orte – mal angenommen, Sie besuchen eine ungewohnte Umgebung und keinen Touristenkomplex –, dann wird man dem Unvertrauten ausgesetzt. Fremde Gebäude und Straßen, ungewohntes Essen, eine andere Sprache und Kultur wirken realer. Diese Aspekte sind so neu und anders, dass man sie nicht einfach ausschalten kann. Man schenkt ihnen viel größere Beachtung und wird so aus dem inneren Anderswosein herausgezogen, man befindet sich mehr in der Gegenwart als zu Hause. Gäbe es ein Maß für das Gedankengeschwätz, das durch unseren Kopf läuft, dann könnte man feststellen, dass es in einer unvertrauten Umgebung abnimmt. Folglich erleben wir eine geringere kognitive Zerrissenheit und sind so näher am Zustand der Harmonie.

Es ist zudem wichtig, dass wir uns im Urlaub wirklich entspannen. Gewöhnlich fühlen wir den inneren Drang, uns zu beschäftigen, so, als hätten wir einen tyrannischen Chef in uns, der beständig sagt: „Los, weiter! Keine Atempause, du musst jetzt arbeiten!" In gewissem Maße ist dieser Beschäftigungsdrang nicht nur eine Reaktion auf die psychische Zerrissenheit, sondern auch einfach eine Gewohnheit. Unsere ständige Aktivität führt zu einer kaum noch aufzuhaltenden Dynamik. Befinden wir uns jedoch nicht mehr in unserer alltäglichen Umgebung, dann darf diese Dynamik verschwinden und der Antreiber gibt endlich Ruhe. (Natürlich führt die verringerte kognitive Zerrissenheit in uns dazu, dass uns das leichter fällt.)

Konzentration und Versunkenheit

Während Beschäftigungen wie Lesen oder Fernsehen ein Fluchtmittel darstellen, bringen uns die zuvor beschriebenen Aktivitäten der Wirklichkeit *näher*. Sie nehmen uns *in* uns selbst und in die Gegenwart hinein – anstatt heraus. Ein wichtiger Unterschied ist, dass es bei Aktivitäten wie Sport, dem Betrachten von Kunst und dem Kontakt mit der Natur darum geht, den Geist zu *fokussieren*, während uns Beschäftigungen wie Lesen oder Fernsehen in einen Zustand der Versunkenheit versetzen. Bei der fokussierten Aufmerksamkeit und der Versunkenheit handelt es sich um unterschiedliche Zustände, auch wenn der Unterschied zwischen beiden eher gering ist. Bei der Versunkenheit ist die Aufmerksamkeit derart stark in eine bestimmte Aufgabe oder Zerstreuung vertieft, dass man sich von der Umgebung „abschottet". Man ist in seiner eigenen Sphäre der Aufmerksamkeit gefangen. Möglicherweise ist man sich der Dinge, die an der Peripherie dieses Bereichs geschehen, andeutungsweise bewusst, und vielleicht kann ein neuer Reiz leicht zu Ihnen durchbrechen – wenn Sie beispielsweise im Büro am Computer arbeiten und das Telefon klingelt oder jemand Ihren Namen ruft. Sie können dabei auch teilweise innerlich woanders und sich der Gedanken bewusst sein, die durch Ihren Kopf gehen. Grundsätzlich befinden Sie sich jedoch außerhalb der Gegenwart und außerhalb der Wirklichkeit. Ihr Geist sitzt abgeschottet in einer „Blase" der Versunkenheit. Das geschieht beim Anderswosein.

Aber bei Aktivitäten wie Schwimmen, Sex, Bergsteigen oder Fliegen versenken wir uns nicht auf diese Art. Ein Bergsteiger oder jemand, der ein berühmtes Gemälde betrachtet, *versinkt* nicht wörtlich in dem, was er tut – er befindet sich stattdessen in einem Zustand der fokussierten bzw. konzentrierten Aufmerksamkeit. Der Unterschied liegt darin, dass die Aufmerksamkeit zwar auf etwas fokussiert, aber nicht darin *versunken* ist. Und obwohl sie sich auf einen bestimmten Bereich beschränkt, ist sie nicht abgeschottet. Folglich ist man noch empfänglich für die Gegenwart. Man verschließt sich nicht der Gegenwart oder der übrigen Umgebung, sondern bleibt ein Teil davon.

Flow

Diese Zustände ähneln in hohem Maße demjenigen, den Csikszentmihalyi den „Flow" nennt. Seiner Beschreibung nach ist der Flow ein Zustand, in dem wir die Bewusstheit unserer selbst und unserer Umgebung verlieren und in dem alles leicht und mühelos wird. Jede Handlung ist das natürliche Ergebnis der vorangegangenen (daher „Flow", Fluss). Er vergleicht es mit dem Jazz, bei dem der Musiker nicht über das nachdenkt, was er spielt, sondern sich ganz der Musik überlässt. Er weiß nie, was ihn erwartet, aber alles, was er spielt, wirkt natürlich und richtig. Im „Flow" fühlen wir uns kraftvoll und lebendig. Wir spüren, dass wir unseren Geist beherrschen.

Aktivitäten des „Flows" müssen anspruchsvoll sein und benötigen gewisse Fähigkeiten und einen Grad an Konzentration (zumindest anfänglich, bevor sie mühelos erledigt werden). Deshalb führen passive Aktivitäten wie Fernsehen diesen Zustand nur selten herbei. Bei einer Untersuchung mit amerikanischen Teenagern fand Csikszentmihalyi heraus, dass Spiele und Hobbys in 39 Prozent der Fälle einen Flow auslösten, aber nur zu 15 Prozent beim Fernsehen oder Musikhören. Zu den Aktivitäten, die mit höchster Wahrscheinlichkeit den „Flow" auslösen, gehören kreative und herausfordernde Betätigungen wie Tanzen oder Schreiben, Schach spielen oder anstrengende und gefährliche Sportarten, wie ich sie ein paar Seiten zuvor beschrieben habe, also Bergsteigen oder Fliegen. Wenn Sie ein Glückskind sind, haben Sie einen Beruf, der Ihnen einen leichten Zugang zum Flow ermöglicht. Wenn Sie in einem Call-Center oder als Kartoffelerntehelfer arbeiten, werden Sie wohl kaum in den Flow kommen – eher schon, wenn Sie als Lehrer, Koch, Zimmermann oder Grafiker tätig sind. Eine Tänzerin beschrieb Csikszentmihalyi ihre Erfahrung mit dem Flow so: „Man ist völlig konzentriert. Der Geist schweift nicht ab, man denkt nicht an etwas anderes, man ist vollkommen bei dem, was man gerade tut ... Man ist entspannt, fühlt sich wohl, voller Energie." Oder, wie es ein Bergsteiger ausdrückte: „Wenn man klettert, ... ist man in seiner ureigenen Welt. Nur man selbst ist von Bedeutung. Es geht um Konzentration. Wenn man erst einmal in dem Zustand ist, ist alles unfassbar real, man selbst sitzt am Hebel."

Laut Csikszentmihalyi ist der Flow eine der Hauptquellen für unser Wohlbefinden im Leben. Und bezeichnenderweise ist seine Erklärung dafür, warum der Flow diese Wirkung besitzt, dass er uns von dem befreit, was Csikszentmihalyi „psychische Entropie" nennt – dem gewöhnlichen, zufälligen, unkontrollierbaren Gedankengeschwätz. Im Flow beruhigt sich unser Geist und wir übernehmen die Kontrolle über unsere Gedanken. Wir müssen nicht länger über das nachdenken, was wir nicht wollen; tatsächlich müssen wir gar nicht mehr denken.

Mit anderen Worten: Im Flow wird die *Humanie* geheilt – zumindest zeitweise.

Meditation

Der direkteste und effektivste Weg zur zeitweiligen Heilung der *Humanie* ist vermutlich die Praxis der Meditation. Man könnte sogar sagen, dass das der eigentliche Zweck der Meditation ist (zumindest einer davon): Sie soll unsere gewöhnliche innere Zerrissenheit beseitigen, damit wir die Harmonie des Seins erfahren können.

Ich vermute, dass die meisten Leser dieses Buchs die grundlegenden Prinzipien der Meditation bereits kennen. Gemeinhin konzentriert man seine Aufmerksamkeit auf ein Objekt – ein Wort oder einen Satz, den man im Geist still wiederholt (das sogenannte Mantra), eine geistige Vorstellung oder den eigenen Atem. Man schließt die Augen, sitzt still (häufig im Schneidersitz, aber nicht notwendigerweise) und versucht, seine Aufmerksamkeit fest auf diesem Objekt zu halten. Das klingt ziemlich einfach, ist aber in Wirklichkeit äußerst schwer. Beim Meditieren merken wir, wie verrückt unser Geist ist und wie wenig wir ihn unter Kontrolle haben. Manchmal stellt man fest, dass so viel Gedankengeschwätz herrscht, dass man seine Aufmerksamkeit überhaupt nicht konzentrieren kann. Die Gedanken kreisen so irre, dass es sich so anfühlt, als wolle man ein Schiff mitten in einem Hurrikan festmachen. Zu einer anderen Zeit stellt man vielleicht fest, dass man die Aufmerksamkeit einige Sekunden lang fokussieren kann, bevor schließlich eine neue Gedankenwelle angerollt kommt und alles fortspült. Ehe man sich versieht, sitzt man wieder ein paar Stunden zuvor in seinem Büro oder befindet sich ein paar Tage in der Zukunft und stellt sich vor, wie das Wochenende wohl wird.

Gewöhnlich merkt man allerdings, dass, wenn man nur beharrlich weitermacht und seine Aufmerksamkeit immer wieder auf das Mantra richtet – oder das Bild oder den Atem –, der Geist sich allmählich beruhigt. Die Gedanken rasen nicht mehr so schnell und haben nicht mehr die gleiche Kraft, Sie mitzureißen. Nach und nach bewegt man sich auf den Zustand der geistigen Stille zu und spürt allmählich ein Gefühl des inneren Wohlbehagens und der Ganzheit. Man fühlt sich allmählich in sich selbst wohl. Das Wesen scheint sich zu öffnen und weiter zu werden. Gleichzeitig kann man eine feine „Identitätsverlagerung“ spüren, das Gefühl, man habe sich verändert, man fühle sich nun irgendwie vollständiger, wahrhaftiger und geerdeter.

Und schließlich, wenn die Meditation beendet ist und man die Augen öffnet und sich erneut seiner Umgebung bewusst wird, fühlt man überaus stark die eigene Gegenwärtigkeit. Alles wirkt wirklicher, schöner und interessanter. Farben erscheinen heller, Gegenstände wirken komplexer und einzigartiger, man bemerkt plötzlich Muster und Objekte, die zwar schon immer da waren, die man aber irgendwie nie bemerkt hat. Man *erkennt* das Muster auf einer Tasse oder einem T-Shirt scheinbar zum allerersten Mal oder das Motiv, das das Sonnenlicht auf den Fußboden malt, und ist überwältigt von der Schönheit des Gartens oder des Himmels. Gleichzeitig empfindet man sich nicht als abgetrennt von seiner Umgebung: Die Grenzen zwischen Ihnen und „der Welt“ werden durchlässiger, es kommt zu einem fließenden Informationsaustausch zwischen Ihnen und Ihrer Umgebung.

Ich erwähnte bereits, dass die Versunkenheit in das Gedankengeschwätz sich nicht unwesentlich vom Traum unterscheidet. Und beim Meditieren spüre ich häufig sehr stark, dass ich auf diese Weise „erwache“. Der geistige Nebel verzieht sich allmählich und nach einer Weile – etwa zehn Minuten – ereignet sich urplötzlich eine Verschiebung. Die Wahrnehmung meiner Umgebung wird heller und klarer. Es gleicht einem endlosen blauen Himmel, der hinter einer Wolkenbank zum Vorschein kommt. Ich fühle dann ganz deutlich, dass dies der *eigentliche* Zustand meines Bewusstseins ist, mein optimaler und gleichzeitig natürlichster Zustand. Im Vergleich zu ihm wirkt mein normaler Geisteszustand sehr begrenzt und getrübt.

Quellen der Harmonie

Aber warum genau können wir uns in solchen Momenten von unserer *Humanie* befreien? Was lösen Meditation, Sex, Bergsteigen oder Laufen aus, wenn sie diese Harmonie des Seins erzeugen? Vermutlich sind in all diesen Fällen die gleichen – oder zumindest ähnliche – psychische Prozesse am Werk.

Wie ich bereits angedeutet habe, besteht einer der wichtigsten Faktoren darin, dass bei all diesen Aktivitäten der Geist fokussiert wird. Die Aufmerksamkeit wird beständig auf einen besonderen Gegenstand gerichtet. Bei einigen Aktivitäten ist dieser Fokus besonders stark, etwa bei den „Flow-Aktivitäten". Bei anderen Gelegenheiten ist der Fokus weniger bewusst und entspannter, etwa beim Laufen, Schwimmen oder Wandern. Aber in beiden Fällen beruhigt diese konstant anhaltende Konzentration der Aufmerksamkeit unser Gedankengeschwätz. Das ist darauf zurückzuführen, dass unser Gedankengeschwätz angetrieben wird von der Aufmerksamkeit, die wir ihm widmen. Jeder Mechanismus benötigt Treibstoff, um am Laufen zu bleiben; und die irre, Gedanken aufwirbelnde Maschine in unseren Köpfen speist sich aus Aufmerksamkeit. Solange wir ihr zuhören und uns in sie hineinziehen lassen, wird sie ewig laufen. Wenn wir unsere Aufmerksamkeit aber hin und wieder auf etwas anderes richten und von ihr abziehen, und sei es auch nur für wenigstens fünf Minuten, verstummt sie allmählich, so wie ein Auto stehen bleibt, wenn der Tank leer ist.

Das zeigt die folgende Textpassage der Naturforscherin Annie Dillard sehr deutlich, in der sie beschreibt, was passierte, als sie der Spur von Bisamratten, einer Nagetierart, folgte. Sie konzentrierte sich extrem, um den Tieren nachzustellen und sie zu beobachten:

> *Mehr noch als Baseball ist die Pirsch ein Spiel, das nur in der Gegenwart stattfindet. Jede Sekunde kann die Bisamratte auftauchen, dableiben, untertauchen. Alles hängt von deiner Geschicklichkeit ab.*

Kann ich stillhalten? Es ist erstaunlich, wie viele Menschen das nicht können oder wollen. Ich konnte oder wollte nicht dreißig Minuten lang innerlich stillhalten, aber am Bach entschleunige ich, ich finde meine Mitte, ich entleere mich, damit ich nicht aufgeregt bin: Meine Atmung geht langsam und regelmäßig … Ich werde nicht starr, ich werde ruhig. Ich finde meine Mitte, wo immer ich mich gerade aufhalte, ich finde Ausgeglichenheit und Ruhe. Ich ziehe mich zurück – nicht in mich selbst, sondern außerhalb meiner selbst, ich bin ein Geflecht aus Sinnen. Überall erkenne ich Vielfalt und Fülle. Ich bin die Oberfläche des Wassers, über die der Wind streicht: Ich bin Blütenblatt, Feder, Stein …

Ich habe das nun schon so oft getan, dass ich mich – ganz ohne meiner selbst bewusst zu sein – langsam bewege und plötzlich innehalte; es ist mir zur zweiten Natur geworden. Und oft schon habe ich bemerkt, dass selbst wenige Minuten dieser Selbstvergessenheit unermesslich belebend wirken.
(Dillard, 1974, p. 197)

Ruht der Geist in dieser Weise, befreien wir uns sowohl von der Störung als auch der Negativität des Gedankengeschwätzes. Wir fühlen eine innere Ruhe, weil es im wahrsten Sinne des Wortes ruhig in uns *ist*. Unser Wesen wird ruhig wie die Oberfläche eines stillen Sees. Das bedeutet aber auch, dass das hyperkritische Männchen in unserem Kopf verschwindet, welches ständig unser Verhalten bemängelt und uns an die Dinge erinnert, aufgrund derer wir in unserer Vergangenheit ein schlechtes Gewissen haben und in der Zukunft besorgt sein sollten. Niemand redet uns Schuldgefühle ein, lässt uns sorgenvoll in die Zukunft oder verbittert in die Vergangenheit blicken.

Die Beruhigung des Gedankengeschwätzes bewirkt auch eine Aufweichung der Ego-Grenzen. Bis zu einem hohen Grad erhält das Denken unser Ego am Leben. Denken ist die Aufgabe des Egos; das Gedankengeschwätz entsteht, wenn das Ego Selbstgespräche führt. Jeder Gedanke stärkt das Ego ein klein wenig, so wie Krafttraining einen Muskel aufbaut. Oder anders betrachtet: Da immer ein „Ich“

anwesend ist, das für uns denkt, und immer auch etwas, worüber *nachgedacht* wird, bestärkt das Gedankengeschwätz fortwährend die Ich-Es-Dualität, die das Ego erzeugt. Konzentrieren wir unsere Aufmerksamkeit also länger auf etwas anderes als das Gedankengeschwätz, weichen die Grenzen des Egos auf und wir werden nicht mehr von dem Gefühl der Isolation und Unvollständigkeit heimgesucht. Folglich entfällt der Unterschied zwischen dem Selbst und dem, was wir tun, so wie es Mihaly Csikszentmihalyi beim Flow beschreibt. In Situationen, in denen unser Bewusstsein diffuser ist, löst sich die Grenze zwischen dem Selbst und unserer Umgebung allmählich auf. Die Dualität weicht der Einheit; Beobachtung wird durch Teilnahme transzendiert, Fragmentierung durch Ganzheit. Das nagende Gefühl des Mangels, das wir gewöhnlich empfinden, wird von uns genommen. Eine glatte, fließende Verbindung zwischen uns und unserer Erfahrung entsteht. Wir sind wie Inseln, die zwar als isoliert erscheinen, aber auf dem Meeresgrund miteinander verbunden sind. Wir alle sind Teil derselben Landmasse.

Eine weitere Auswirkung ist die Verbesserung der Wahrnehmung, die Erlebnisse von Harmonie für gewöhnlich mit sich bringen (wie schon zuvor bei der Meditation beschrieben). Dieser Effekt ist ein Ergebnis der zusätzlichen, nun zur Verfügung stehenden geistigen Kraft, die nicht länger vom Denken und zur Aufrechterhaltung des Egos verbraucht wird. Unsere Wahrnehmung geschieht aus Energiespargründen generell automatisch; wir verwenden nur wenig bewusste Anstrengung darauf, Gegenstände um uns herum und unsere Umgebung ganz allgemein wahrzunehmen. Erleben wir aber die Harmonie, müssen wir keine geistige Energie mehr einsparen und können die Reserve der Wahrnehmung zuführen. Wir nehmen nun nicht mehr automatisch wahr, deshalb wirkt die Welt auf uns realer und lebendiger.

In uns selbst ruhen

Da nun weniger psychische Zerrissenheit in uns herrscht, werden wir nicht mehr aus uns selbst heraus in Ablenkungen gezwungen. Wir können nun unseren eigenen geistigen Raum bewohnen, sind in der

Lage, in uns selbst und gleichzeitig in der Welt zu leben – und in der Gegenwart zu existieren. Deshalb erleben wir dieses Gefühl der Weite und Fülle – weil wir nun „in uns" gehen können. Unser Gedankengeschwätz ereignet sich auf der Oberfläche unseres Seins, es bildet eine Grenze, die uns davon abhält, tiefer zu gehen. Verschwindet es allerdings, können wir in unser eigenes Sein eintreten, tief in uns gehen. Und deshalb fühlen wir uns vollständiger und weiter. Es ist so, als verlasse man eine winzige, enge Kammer und trete hinaus in die weite Welt.

Wir werden uns bewusst, dass, auch wenn die Oberfläche unseres Seins voll ist von Negativität und Störungen, darunter ein tiefes Reservoir an Ruhe und Wohlbefinden liegt. Die Oberfläche unseres Seins gleicht einem sturmgepeitschten Ozean, der uns hin und her wirft und uns desorientiert und ängstlich macht. Legt man jedoch einen Taucheranzug an und taucht unter diese Oberfläche, befindet man sich plötzlich inmitten von endloser Stille und Ruhe.

Auf dieser tieferen Ebene werden wir uns auch einer *Kraft* bewusst, die unser ganzes Sein erfüllt – einer unerschöpflichen und äußerst mächtigen Kraft, die der Ursprung unseres Wohlbefindens zu sein scheint. Es ist das Strahlen des Bewusstseins, dessen Natur das Wohlbefinden ist, so wie Nässe die Natur des Wassers ist.

Mit anderen Worten: Die Zufriedenheit, die wir in diesen Zuständen empfinden, ist weit mehr als nur die Abwesenheit unserer gewöhnlichen Unzufriedenheit. Sonst wäre der Zustand neutral. Es ist ein positives und mächtiges Erlebnis des Wohlbefindens aus der Tiefe unseres Seins. Sobald unsere gewöhnliche Unzufriedenheit verblasst, wird sie durch eine tiefe Zufriedenheit ersetzt. Offenbar hat unser Sein zwei Schichten: eine seichte Oberflächenschicht der Unzufriedenheit und eine tiefe, darunterliegende Schicht des Wohlbefindens.

Ich habe bereits erwähnt, dass Meditation zu einer „Identitätsverlagerung" führen kann; das trifft auf jede authentische Erfahrung der Harmonie des Seins zu. Sex, Langstreckenläufe oder Musik können ebenso bewirken, dass Sie sich als tiefer gehende und authentischere Version Ihres Selbst empfinden, als eine Person, die Ihr echteres *Ich* verkörpert. Sie spüren, dass der Mensch, der Sie vorher waren – Ihr normales Selbst – eigentlich ein Hochstapler war, der Sie so lange hypnotisiert hat, bis Sie ihn für Ihr wahres Ich hielten. Nun treten Sie einen Schritt zurück, betrachten dieses Selbst und stellen fest, dass es limitiert und falsch war. Anders formuliert: Diese beiden Schichten Ihres Seins manifestieren sich auch als Identitäten. Es scheint eine seichte Oberflächenschicht zu geben, das normale Ego-Selbst, und darunter ein tieferes, grundlegenderes Selbst, das beobachtende Bewusstsein, das die indische Philosophie *atman* nennt.

In diesen Augenblicken bedeutet der Mangel an Zerrissenheit in uns, dass wir frei werden von dem Drang, etwas zu tun, und einfach nur *sein* können. Tatsächlich ist diese Fähigkeit zum Nichtstun einer der angenehmsten Aspekte der Harmonie des Seins. Wir können uns hinsetzen oder im Haus umhergehen und damit zufrieden sein, einfach nur hier zu sein. Wir fühlen weder den Impuls, den Fernseher oder das Radio anzuschalten, noch das Verlangen, nach einer Zeitschrift zu greifen oder die Mails zu checken oder einen Freund anzurufen, um kurz mit ihm zu plaudern.

Am verblüffendsten an diesem Zustand ist, wie *natürlich* er sich anfühlt. Wir fühlen, dass wir nach Hause kommen, dass wir in unseren natürlichen Zustand zurückkehren, als würden wir unser Sein so erleben, wie es ursprünglich war, bevor unser Geist sich mit *Humanie* ansteckte.

Dauerhafte Harmonie

Wie wichtig diese Erfahrung der Harmonie ist, kann gar nicht stark genug betont werden. Es handelt sich um die seltenen Momente, in denen wir wahrhaft gesund werden, wenn das geistige Wespennest in uns zeitweise zur Ruhe kommt und wir die Ganzheit und das Wohlbefinden unserer tieferen Natur erfahren. Es sind die Augenblicke, in denen wir die natürliche Ganzheit und Frische erspähen, die kleine Kinder noch erleben, und die natürliche Zufriedenheit und Verbundenheit der indigenen Völker. In diesen Augenblicken werden wir zu menschlichen Wesen, anstatt zu Menschen, die bloß funktionieren. Das

Leben ist auf einmal mehr als der tägliche Kampf voller Stress und Zerrissenheit. Alles wird leicht.

Man könnte dennoch meinen, das Problem mit diesen Erfahrungen sei eben, dass es sich um *reine* Erfahrungen handelt. Sie gehen vorbei. Sie können wohl ein paar Stunden andauern, aber früher oder später sind wir wieder von der Ego-Verrücktheit umgeben – so wie Kopfschmerzen, die ein paar Stunden, nachdem Sie eine Schmerztablette genommen haben, wieder zurückkehren. Irgendwann beginnt der Geist wieder zu plappern, das Ego errichtet neue und feste Mauern und unsere psychische Zerrissenheit taucht ein weiteres Mal auf. Unser normaler Seinszustand scheint sich immer wieder zu erneuern, als sei er die Form, in die unsere Psyche nun einmal gepresst worden ist. Nachdem man so frei und zufrieden gewesen ist, sich so verbunden mit dem eigenen Selbst und der umgebenden Welt gefühlt hat, ist man jäh zurück in der Welt der Sorgen und des Stresses.

Es ist jedoch von Bedeutung zu wissen, dass – wie ich bereits erwähnt habe – diese Harmonie nicht vorübergehend sein *muss*. Da wir mittlerweile in der Tat die psychologischen Bedingungen zeitweiliger Erfahrungen identifiziert haben, lassen sich die Umstände eines dauerhaften Zustandes leicht erkennen. Es ist ein Zustand der permanenten geistigen Stille ohne willkürliches Gedankengeschwätz, das durch den Geist jagt, in der weder Störung noch Negativität in uns heimisch werden können. Wir würden dann einen anhaltenden Zustand innerer Ruhe und Weite erfahren. Unsere Ego-Struktur wäre permanent aufgeweicht, sodass wir keine Isolation und Unvollständigkeit mehr erleben würden. Unser Ego wäre kein isoliertes Wesen mehr, sondern ein ständiger integraler Bestandteil unseres Seins.

Im Laufe der nächsten beiden Kapitel untersuche ich, wie wir diese permanente Veränderung unseres Seins herbeiführen können.

KAPITEL 10
Nach innen gehen

Eine der aufregendsten wissenschaftlichen Entwicklungen der letzten Jahre ist die Neuroplastizität (oder neuronale Plastizität). Die meisten Wissenschaftler waren der Ansicht, dass das Gehirn des Menschen voll ausgebildet wäre und sich den Rest des Lebens nicht mehr veränderte, sobald das Erwachsenenalter erreicht worden war. Das Gehirn bliebe festgelegt und starr und wäre dafür „programmiert", bestimmte Dinge zu tun. Es änderte sich nicht mehr (es sei denn, durch Verletzungen oder Krankheiten), bis es dann im Alter zu verfallen begänne. Dank moderner bildgebender Verfahren bei der Untersuchung des Gehirns wissen wir jetzt, dass das nicht stimmt. Wir wissen, dass das Gehirn wunderbar formbar ist, dass es ständig wächst und sich neu erfindet.

Aus diesem Grund können sich Menschen von einem Schlaganfall erholen. Sie bilden neue Gehirnzellen und neue Verknüpfungen zwischen den alten. Zusätzlich werden Fähigkeiten und Funktionen in andere, unversehrte Teile des Gehirns verlagert. Ist zum Beispiel der Teil des Gehirns, der für die Verarbeitung visueller Reize zuständig ist, durch einen Schlaganfall geschädigt worden, kann ein anderer Teil des Gehirns seine Rolle übernehmen.

Etwas Vergleichbares geschieht, wenn wir unser Gehirn „trainieren". Die Neurogenese – die Erschaffung neuer Gehirnzellen – kann dadurch eingeleitet werden, dass wir neue Informationen aufnehmen, neue Fähigkeiten erlernen oder unser Gedächtnis, unsere Konzentrationsfähigkeit oder andere kognitiven Fähigkeiten schulen. Wir können so auch neue „neuronale Netzwerke" erschaffen – Gruppen aus miteinander verknüpften Gehirnzellen, die zusammenarbeiten – und das Niveau verschiedener Chemikalien im Gehirn verändern.

Eine Untersuchung fand 2005 heraus, dass die Neurogenese recht schnell ablaufen kann. Dazu wurde ein MRT (Magnetresonanztomogramm) der Gehirne von Medizinstudenten erstellt, während diese sich auf das Examen vorbereiteten. Innerhalb weniger Monate nahm die Zahl der Gehirnzellen im hinteren und seitlichen Parietallappen des Cortex – dem Teil direkt unterhalb des Scheitels – dramatisch zu.

Die Neuroplastizität zeigt, dass wir die *Kontrolle* über unser Gehirn haben. Wir wissen, dass wir die Verantwortung für unseren Körper tragen, dass wir es sind, die entscheiden, ob wir ihn fit und gesund halten oder ob wir ihn verfallen lassen. In derselben Weise sollten wir über unser Gehirn denken. Wir können unser Gehirn so *trainieren*, dass es sich in bestimmten Teilen stärker entwickelt und ganz allgemein lebendig und scharfsinnig bleibt. Wir können aber auch dafür sorgen, dass unser Gehirn „verschrumpelt", indem wir es versäumen, neue Zellen zu bilden, und die neuronalen Kreisläufe schwächer werden lassen.

Auch wenn diese Entdeckungen von enormer Bedeutung sind, sind sie in Bezug auf die *Humanie* nicht besonders relevant – denn es handelt sich bei ihr nach wie vor um eine psychische, keine neuronale Störung. Von Interesse ist aber ein ähnliches Konzept wie die Neuroplastizität, das ich „*Psycho*plastizität" nenne. Es geht dabei darum, dass der *Geist* – oder die Psyche – ebenso plastisch und formbar ist wie das Gehirn. So wie wir unser Gehirn trainieren und seine Struktur verändern können, können wir auch unsere eigene Psyche gestalten.

Im Besonderen, und darum geht es in diesem Buch, besitzen wir die Möglichkeit, die Psyche so umzuformen, dass wir die *Humanie* heilen. Wir können die Auswirkungen traumatischer Erfahrungen heilen und die Struktur und Funktionsweise des Egos ändern. Das Ego muss die Psyche nicht dominieren und solch starke Grenzen schaffen. Unser Geist *muss* nicht voller Zerrissenheit sein. Wir können uns eine neue Art von Psyche schaffen.

Im Laufe der nächsten beiden Kapitel zeige ich in acht Stufen auf, wie dieses Ziel erreicht werden kann. Diese Stufen werden in einer bestimmten Reihenfolge erklärt, die aber nicht unabänderlich ist – besonders die letzten drei Stufen sind austauschbar und können auch in anderer Reihenfolge unternommen werden. Der Zeit- und Kraftaufwand auf jeder Stufe richtet sich nach Ihrer derzeitigen mentalen Verfassung. Es kann gut sein, dass Sie bereits einige Arbeit der frühen Stufen bewältigt haben – beispielsweise sind Sie vielleicht schon damit vertraut, Zeit mit sich selbst zu verbringen, oder haben sich bereits einer Traumatherapie unterzogen oder sich längst um Ihre negativen Gedanken gekümmert. In diesem Fall beginnen Sie einfach mit einer der späteren Stufen. Sie entscheiden, an welcher Stelle Sie sich befinden und wo Sie anfangen wollen.

Es ist auch wichtig zu berücksichtigen, dass die Stufen sich nicht gegenseitig ausschließen, sondern holistisch wirken. Es handelt sich nicht um die Sprossen einer Leiter, sondern um Ebenen, die man hinzufügt und die einander ergänzen. Das bedeutet, dass Sie die früheren Praktiken weiterführen sollten, auch wenn Sie sich bereits mit den späteren beschäftigen, so wie beim achtfachen Pfad des Buddhismus oder dem achtgliedrigen Weg im Yoga. Es bedeutet zudem, dass Sie nicht jede Stufe vollends „gemeistert" haben müssen, bevor Sie sich der nächsten zuwenden – es reicht, dass Sie davon überzeugt sind, einen gewissen Fortschritt erzielt zu haben. Tatsächlich kann es von Nutzen sein, wenn sich bestimmte Stufen überlappen. Wenn Sie beispielsweise bis zur siebten Stufe (regelmäßige Meditation) gekommen sind, stärkt dieser den Fortschritt, den Sie bereits in den Stufen drei und vier (sich nicht mehr mit den Gedanken identifizieren und mit negativen Gedankenmustern fertig werden) erzielt haben.

Die Voraussetzungen für die Heilung der *Humanie*

Auch wenn sie zu wenig Bedeutung besitzen, um selbst als Stufen zu gelten, gibt es zwei Voraussetzungen zur Genesung von der *Humanie*. Dabei handelt es sich genau genommen um die beiden Voraussetzungen, die nötig sind, um jede Krankheit oder Störung zu heilen. Als Erstes geht es einfach darum, sich dessen bewusst zu sein, dass diese Krankheit existiert, zu begreifen, dass sich die Symptome auf eine besondere Ursache zurückführen lassen und diese offenzulegen. Das ist bei der *Humanie* gar nicht so leicht, denn die Störung ist uns so nahe, dass wir uns schwer von ihr abgrenzen können. Es ist schwierig, sie als Problem zu begreifen, weil wir sie *sind*. Wenn Sie aber diese Stelle im Buch erreicht haben, sollten Sie sich bewusst sein, dass es sich um eine Störung handelt!

Die zweite Voraussetzung ist der Mut, sich der eigenen *Humanie* zu stellen und sie als Problem zu akzeptieren. Viele Menschen versuchen, mit einer ernsthaften Erkrankung zurechtzukommen, indem sie sie ignorieren. Sie überzeugen sich selbst davon, dass es ja alles gar nicht so schlimm sei, vermeiden es, überhaupt daran zu denken, und überlassen sich ganz den Ablenkungen und der Aktivität. Doch das hilft auf keinen Fall. Es mag die Angst unterdrücken, transzendiert sie jedoch nicht. Unter der Oberfläche wächst die Angst immer weiter. Irgendwann bricht sie dann durch.

Gerade bei der *Humanie* ist diese Vermeidungsstrategie sehr einfach – denn schließlich machen die meisten von uns ihr ganzes Leben lang nichts anderes. Das ist so, als wenn Sie ein Problem in Ihrer Ehe bemerken. Da liegt die Versuchung nahe, einfach so weiterzumachen wie bisher, um der Mühe und dem Aufwand, die eine Veränderung mit sich bringt, aus dem Weg zu gehen und zu hoffen, dass sich das Problem von selbst lösen wird. Und doch köchelt die Uneinigkeit stets unter der Oberfläche weiter. Falls Sie wieder eine harmonische Ehe führen wollen, müssen Sie irgendwann den Mut aufbringen, das Problem anzugehen und eine geeignete Lösung zu finden.

Wenn Sie sich einer Krankheit oder Störung stellen, ist das genau der Zeitpunkt, an dem der Heilungsprozess beginnt.

Stufe 1: Die Aufmerksamkeit nach innen lenken

Die erste Stufe auf dem Weg zu einem dauerhaften Zustand der Harmonie besteht darin, *in* sich selbst zu gehen. Das klingt beinahe trivial, da aber die meisten von uns ihr Leben *außerhalb* von sich selbst verbringen, ist das beileibe keine einfache Aufgabe.

In gewissem Maße ist es eine Frage der Gewohnheit. Wir sind so daran gewöhnt, unsere Aufmerksamkeit auf etwas außerhalb von uns zu richten, auf Aktivitäten, Aufgaben und Ablenkungen, dass es sich fremd anfühlt, wenn wir unsere Aufmerksamkeit umkehren und in unseren Geist blicken. Je häufiger wir eine bestimmte Handlung wiederholen – wie etwa Rauchen oder Glücksspiel – desto stärker wird ihre „Gewohnheitskraft", bis sie sich in einen Automatismus verwandelt, in ein starres Verhaltensmuster, das wir kaum noch kontrollieren können. Da wir unsere Aufmerksamkeit jeden Tag unseres Erwachsenenlebens Dutzende Male immer wieder auf etwas außerhalb von uns gerichtet haben (um etwas zu finden, in das wir uns versenken können), ist diese Gewohnheitskraft enorm stark.

Ein weiteres Problem ist, dass wir, weil wir so viel Zeit außerhalb von uns verbringen, gar nicht mehr wissen, wie wir unseren eigenen geistigen Raum bewohnen sollen. Wenn wir in uns gehen und auf unsere innere Zerrissenheit treffen, dann wirkt das so verstörend auf uns, weil es uns so wenig vertraut ist. Wir gleichen einem Menschen, der nie über den Vorort hinausgekommen und total geschockt ist, wenn er die Stadt besucht und auf ihre chaotische Kakophonie trifft. Das stellt auch für viele Menschen ein Problem dar, die mit dem Meditieren beginnen – besonders wenn man sie eine Methode lehrt, die sehr dicht und anspruchsvoll ist, und ihnen dabei nur wenig Anleitung zukommen lässt. Sie erschrecken über die Wildheit ihres eigenen Geistes, die Myriaden von wirr umherflatternden Gedanken, die durch sie hindurchrasen. Das Chaos in ihrem Geist macht ihnen Angst. Am Ende der Meditation sind sie ängstlicher und weniger gefestigt als vorher.

Es braucht also eine bewusste Anstrengung, um Zeit mit uns selbst zu verbringen, in unserem eigenen geistigen Raum, selbst wenn das zu Anfang ein wenig unbequem sein mag. Es bedeutet, dass wir uns in einem gewissen Maße von den Ablenkungen entwöhnen müssen, indem wir nicht mehr so viel Zeit damit verbringen, vor dem Fernsehen zu sitzen, im Internet zu surfen oder shoppen zu gehen. Es bedeutet vielleicht auch, dass im Hintergrund weder Radio noch CD-Player dudeln, während man kocht oder Geschirr spült, dass man auf dem Weg zur Arbeit den iPod ausgeschaltet lässt und in der U-Bahn keine

Texte oder E-Mails schreibt. Wie bei jeder Sucht ist es vernünftig, die Entwöhnung schrittweise durchzuführen – das gilt nicht nur im Hinblick auf die Zeit, sondern auch darauf, dass man zu immer „leichteren" Ablenkungen wechseln sollte, die weniger fesselnd sind. Man kann beispielsweise die Zeit reduzieren, die man vor dem Fernseher oder mit dem Surfen im Internet verbringt und dafür öfter mal lesen oder Musik hören.

Ich kann auch empfehlen, Aktivitäten zu unternehmen, die Sie nicht ablenken und es Ihnen ermöglichen, mehr Zeit mit Ihrem eigenen Wesen zu verbringen. Dabei können uns tatsächlich all die Harmonie erzeugenden Aktivitäten helfen, die wir im letzten Kapitel betrachtet haben – Sportarten wie Laufen, Schwimmen oder Bergsteigen und Wandern, oder den Flow einleitende kreative Tätigkeiten wie Musik machen, Tanzen, Schreiben, Malen, Gartenarbeit und so weiter. (Sie sollten allerdings jetzt noch nicht meditieren.)

Das kann eine neue Einstellung zum Genuss erfordern. Es gibt grob gesprochen zwei Arten von Genuss. Zum einen den hedonistischen Genuss, der dazu beiträgt, die innere Zerrissenheit zu übertönen oder uns von ihr abzulenken: Alkohol trinken oder Drogen nehmen, Shopping, Junkfood essen, in Nachtclubs und auf Partys gehen sowie schnelle Autos fahren. Solche Aktivitäten betätigen unseren instinktiven „Genuss-Schalter", der angenehme chemische Veränderungen auslöst. Diese Art des Genusses kann sehr mächtig sein, hält aber für gewöhnlich nur kurz an. Danach fühlen wir uns noch schlechter als vorher.

Die zweite Art von Genuss entstammt den Harmonie erzeugenden Aktivitäten, die ich bereits erwähnt habe, also Sport, Wandern und kreative Tätigkeiten. Sie führen zum Glück, indem sie unser Wesen oder die Struktur unserer Psyche verändern. Sie ermöglichen uns nicht, unserer inneren Zerrissenheit zu entkommen, sie helfen uns aber dabei, sie zu *heilen*. Das Glück, das diese Aktivitäten bringen, ist nicht chemischer, sondern spiritueller Natur.

Deshalb ist es auf dem Weg zur Harmonie von Bedeutung, dass wir uns häufiger dem Genuss der zweiten Art hingeben. Das heißt natürlich nicht, dass Sie wie ein Mönch leben und von nun an auf gutes Essen, Wein und Freunde verzichten sollen. (Ich zumindest genieße all diese Dinge.) Es geht um die Mäßigung und auch um Ihre Einstellung zu diesen Aktivitäten. Essen und Freunde treffen kann sowohl eine hedonistische als auch eine Harmonie erzeugende Tätigkeit sein, das hängt ganz von Ihrer Einstellung ab. Essen Sie langsam und bedacht, verwandelt sich das Essen in eine meditative Übung, begegnen Sie anderen Menschen offen, aufmerksam und mit Empathie, verwandelt sich ein solches Zusammentreffen in die kraftvolle Erfahrung von Verbundenheit, die die Ego-Trennung transzendiert.

Solche Aktivitäten erzeugen nicht nur vorübergehende Zustände der Harmonie, sie schwächen gleichfalls die psychische Gewohnheit, uns auf etwas außerhalb von uns zu konzentrieren, und tragen somit zu der *neuen* Gewohnheit bei, in unserem geistigen Raum zu ruhen. Wir sind wie Reisende in einem fremden Land: Um dort ein neues Leben zu beginnen, müssen wir uns zuerst akklimatisieren.

Stufe 2: Trauma angehen

Da jedoch unsere psychische Zerrissenheit uns dazu treibt, unsere Aufmerksamkeit auf etwas außerhalb von uns selbst zu konzentrieren, müssen wir auch Wege finden, sie zu mildern. Um die Metapher, die ich bereits verwendet habe, weiter einzusetzen: Ein Teenager, der seine Zeit immer außer Haus verbringt, weil er der schrecklichen Atmosphäre im Elternhaus entgehen will, wird erst dann in der Lage sein, sich zu Hause aufzuhalten, wenn dort eine harmonischere Atmosphäre herrscht. Wir fühlen uns erst dann in unserem eigenen geistigen Raum wohl, wenn die Zerrissenheit in einem gewissen Maße verschwunden ist.

Wenn Sie in Ihrer Vergangenheit traumatische Erlebnisse erlitten haben, haben diese wahrscheinlich das „Ausgangsniveau“ Ihrer inneren Zerrissenheit intensiviert. Deshalb sollten Sie sich zunächst mit diesem Trauma beschäftigen. Wenn Sie den Restschmerz traumatischer Erfahrungen in sich tragen oder diese die Struktur Ihrer Psyche beschädigt haben, wird es sehr schwer, innere Harmonie herzustellen, bevor nicht ihre Auswirkungen durch eine Therapie bis zu einem gewissen Grad geheilt worden sind.

Eine der wirkungsvollsten Methoden, ein Trauma zu heilen, ist das relativ neue Eye Movement Desensitization and Reprocessing (EMDR, auf Deutsch etwa: Augenbewegungs-Desensibilisierung und Wiederaufarbeitung), das in den letzten beiden Jahrzehnten von der Psychologin Francine Shapiro entwickelt wurde. Das Grundprinzip dieser Therapie besteht darin, dass traumatische Erfahrungen so überwältigend sind, dass das Gehirn sie nicht richtig verarbeiten kann. Sie werden nicht im Gedächtnis gespeichert, sondern in einem eigenen Erinnerungsnetzwerk, wo sie weder vernunftgemäß begriffen noch bewusst verarbeitet werden können. Sie werden auf eine dysfunktionale Weise gespeichert und entwickeln sich so zu einer Quelle für Ängste und psychischen Schmerz.

Ziel der EMDR-Methode ist es, den Klienten bei der Verarbeitung der traumatischen Erinnerungen zu unterstützen und somit seinen Schmerz zu verringern. In einer EMDR-Sitzung wird der Klient gebeten, ein visuelles Bild zu schaffen, das mit der traumatischen Erfahrung assoziiert wird. Dabei folgen seine Augen dem sich hin und her bewegenden Finger des Therapeuten. (Aus noch ungeklärten Gründen scheinen rhythmische Augenbewegungen Stress und Ängste zu vermindern.) Gleichzeitig ermutigt der Therapeut den Klienten, die Erfahrung „neu auszurichten“, sie vertrauter und angenehmer zu machen, und damit auch weniger bedrohlich. In der Folge wird der Klient für die Erfahrung desensibilisiert. Man nimmt auch an, dass die Erfahrung, sobald sie aus ihrem eigenen Erinnerungsnetzwerk „herausgelöst“ wurde, Verknüpfungen mit anderen, bewussteren Erinnerungsnetzwerken eingeht, was auch dazu beiträgt, dass sie weniger bedrohlich wird.

EMDR klingt beinahe absurd einfach, aber es wurden so gute Resultate mit dieser Methode erzielt, dass sie seit dem 6. Juli 2006 in Deutschland durch ein Gutachten des „Wissenschaftlichen Beirats Psychotherapie“ als wissenschaftlich anerkannt gilt. Die US-Regierung setzt sie bei der Behandlung von Kriegsveteranen mit posttraumatischen Belastungsstörungen ein. Auch bei der Heilung von Traumata nach Naturkatastrophen und Terrorangriffen hat sich EMDR als wirksam erwiesen. Gewöhnlich sind nur wenige Sitzungen nötig, bis ein Klient die Erinnerung an die ursprüngliche traumatische Erfahrung nicht mehr als schmerzhaft empfindet.

Eine weitere bei der Behandlung von Traumata erfolgreiche Technik ist die Konfrontationstherapie. Bei dieser Methode durchlebt der Klient seine traumatische Erfahrung erneut und wird dadurch nach und nach desensibilisiert. Das kann durch Visualisierung geschehen oder indem man im Präsens über das Erlebnis spricht, so, als ereigne es sich gerade jetzt. Während der Klient das Erlebnis durchlebt, leitet ihn der Therapeut mithilfe von Entspannungstechniken und ermutigt ihn, seine Gedanken über die Erfahrung „neu auszurichten". Dadurch sollen negative Gedanken und Gefühle zerstreut werden.

Das kann auch innerhalb einer virtuellen Realität geschehen, in der der Klient mit Geräuschen, Gerüchen und Bildern konfrontiert wird, die er mit der traumatischen Erfahrung assoziiert. Ein Kriegsveteran wird zum Beispiel dem Geräusch von Bomben und Gewehrschüssen und dem Geruch von Feuer ausgesetzt. Diese Konfrontation wird viele Male wiederholt, bis der Klient diese Erfahrung „habitualisiert" und nicht länger mit negativen Gefühlen reagiert.

Eine ähnliche und ebenso effektive Behandlungsmethode ist die Akzeptanz- und Commitmenttherapie (ACT). Sie ermutigt den Klienten, sich seiner traumatischen Erfahrung zu stellen, sie zu akzeptieren und ihr nicht aus dem Weg zu gehen. Der Klient soll die negativen Gedanken und Überzeugungen, die mit dem Trauma assoziiert werden, hinterfragen, während ihn der Therapeut darin unterstützt zu begreifen, dass diese Gedanken und Überzeugungen den Klienten *nicht* ausmachen – dass er also eine davon unabhängige Identität besitzt und seine Gedanken beobachten und kontrollieren kann. Sobald der Klient erkennt, wie die Überzeugungen sich auf sein Leben auswirken, kann er anfangen, sie zu verändern. Zu diesem Zeitpunkt verpflichtet er sich (engl. to commit), seine Überzeugungen zu transformieren und seine Lebensqualität zu verbessern.

Auch andere Therapien haben sich als sehr effektiv bei der Heilung von Traumata erwiesen, darunter Peter Levines Somatic Experiencing und die kognitive Verhaltenstherapie selbst (von der einzelne Elemente in allen bereits besprochenen Therapien enthalten sind). Es mag sicher eine Therapie geben, die am besten zu Ihnen passt oder die am besten zu dem von Ihnen erlittenen Trauma passt (offensichtlich eignen sich manche Arten von Traumata – etwa sexueller Missbrauch – beispielsweise gar nicht für eine Konfrontationstherapie). Bei einer so großen Bandbreite von wirksamen Therapien besteht kein einziger Grund, warum Sie sich als hilfloses Opfer eines Traumas betrachten sollten. Es stimmt zwar, dass ein Trauma schwere psychische Schäden anrichten kann, aufgrund der Plastizität der Psyche können diese Schäden jedoch überraschend einfach und schnell geheilt werden.

MRT-Bilder von Gehirnen haben belegt, wie schnell Therapien aufgrund der neuronalen Plastizität die Form und Funktionsweise des Gehirns verändern können. Der amerikanische Psychiater Dr. Jeffrey M. Schwartz (von der UCLA School of Medicine) hat beispielsweise Patienten therapiert, die unter Zwangsstörungen litten, und vor und nach der Behandlung ein MRT (Magnetresonanztomogramm) erstellt. Nach der Therapie zeigten die Bilder, dass derjenige Teil des Gehirns, der mit Zwangsstörungen in Verbindungen stand – der Nucleus caudatus –, weniger aktiv war.

Und wenn diese Veränderungen auf der neurologischen Ebene möglich sind, dann können sie natürlich auch auf der psychischen Ebene stattfinden.

Stufe 3: Zurücktreten von den Gedanken

Haben Sie sich erst einmal die Gewohnheit angeeignet, in sich zu schauen, und werden Sie nicht länger von traumatischen Erfahrungen beeinträchtigt, besteht der nächste Schritt in dem Versuch, die kognitive Zerrissenheit zu reduzieren, die von Ihren Gedanken verursacht wird. Das Gedankengeschwätz *an sich* ist schon ein Problem, weil es für ständige Unruhe in uns sorgt. Zudem ist es problematisch, dass es oft einen *negativen Unterton* besitzt, was zu negativen Stimmungen und Emotionen führt.

Ich habe bereits darauf hingewiesen, dass diese negative Färbung zum größten Teil eine Folge der ängstlichen Atmosphäre ist, die unsere Ego-Abtrennung erzeugt. Viele unserer negativen Gedankenmuster sind allerdings auch erworben; wir haben sie von unseren Eltern übernommen oder als Reaktion auf eine unserer Erfahrungen entwickelt. Könnten wir unsere Beziehung zu diesen negativen Gedanken verändern oder die Gedanken *selbst*, würde das unsere innere Zerrissenheit weiter reduzieren und es uns erleichtern, in uns selbst zu leben.

Das Wichtigste, was wir in Bezug auf unser Gedankengeschwätz lernen müssen, ist, uns nicht mehr länger mit ihm zu identifizieren. Gewöhnlich sind wir in unsere Gedanken versunken und unsere Identität ist mit ihnen verknüpft. Um es sinngemäß mit den Worten des Philosophen Descartes (der schrieb: „Ich denke, also bin ich") zu umschreiben, *sind* wir, was wir denken. Unsere Gedanken bestimmen unsere Stimmung. Wenn Sie beispielsweise etwas Negatives denken – etwa: „Mein Gott, morgen habe ich schon wieder so ein langweiliges Meeting" oder: „Warum passieren so schlimme Sachen immer nur mir? Die ganze Welt ist gegen mich" –, wird Ihre Stimmung ein wenig sinken. Wenn Ihnen häufiger negative Gedanken durch den Kopf gehen, werden Sie möglicherweise leicht depressiv. Hängen Sie gewohnheitsmäßig negativen Gedanken nach, so wie oben beschrieben, dann werden Sie sehr wahrscheinlich an einer Depression erkranken.

Wenn Sie aber im Gegenteil positiv denken – etwa: „Das ist ja toll, in zwei Wochen fahre ich weg" oder: „Heute habe ich wirklich gute Arbeit abgeliefert!" –, dann wird sich Ihre Stimmung leicht steigern. Denken Sie gewohnheitsmäßig positiv, dann sind Sie vermutlich ein allgemein glücklicher Mensch.

Gedanken können aber noch weitere Stimmungen erzeugen. Denken Sie an ein Ereignis in der jüngsten Zeit, bei dem Sie schlecht behandelt wurden, werden Sie wütend; wenn Sie in Gedanken eine günstige Gelegenheit durchspielen, die Sie damals nicht ergriffen haben, löst das Verbitterung und Bedauern bei Ihnen aus und so weiter.

Rufen Sie sich gewohnheitsmäßig solche negativen Ereignisse der Vergangenheit ins Gedächtnis, werden Ihre Mitmenschen Sie als verärgert und frustriert wahrnehmen.

Das Gedankengeschwätz eines jeden Menschen weist unterschiedliche Akzentuierungen und spezifische Charakteristika auf. Ihr Denken kann allgemein optimistisch oder pessimistisch sein, ängstlich oder zuversichtlich, selbstkritisch oder bestärkend und so weiter. Jeder Mensch trägt eigene „Kerneinstellungen" in sich, die er durch sein Denken zum Ausdruck bringt und die er als Kind von der Einstellung der Eltern übernommen hat oder die von anderen Lebenserfahrungen herrühren. (In geringerem Ausmaß können diese Einstellungen auch genetisch vererbt sein. Ihre ureigene Persönlichkeit – falls es so etwas gibt – könnte also von Natur aus zu Pessimismus oder Optimismus neigen oder zu Depressionen oder Glücklichsein.) Wenn Sie eine schwere Kindheit hatten oder andere schmerzhafte Erfahrungen gemacht haben, werden diese Kerneinstellungen mit Sätzen ausgedrückt wie: „Ich verdiene es nicht, glücklich zu sein" oder: „Egal was ich mache, es geht immer alles schief." Hatten Sie eine glückliche Kindheit, dann sind Ihre Kerneinstellungen vermutlich eher positiver Art, was etwa folgendermaßen verbalisiert werden könnte: „Ich erwarte, dass ich glücklich bin und alles erreiche, was ich mir vornehme." Es ist daher leicht zu verstehen, warum gewohnheitsmäßige Gedankenmuster in weitem Maße unsere Persönlichkeit definieren: ob wir zuversichtlich oder schüchtern sind, entspannt oder ängstlich, glücklich oder depressiv und so weiter.

Wir müssen jedoch lernen, dass diese Gedanken, so mächtig sie auch sein mögen, uns nicht *ausmachen*. Wie die bereits besprochene Akzeptanz- und Commitmenttherapie uns lehrt, ist das wirkliche „Ich" nicht identisch mit unseren Gedanken. Es gleicht einem Menschen am Flussufer, der den Strom verbeifließen sieht. Gemeinhin befinden wir uns *in* diesem Fluss und werden von unseren Gedanken mitgerissen, deshalb müssen wir lernen, *aus* dem Fluss zu steigen. Tiefe Meditation lässt uns bewusst werden, dass wir im Grunde aus zwei Identitäten bestehen: der von den Gedanken erschaffenen Persönlichkeit und dem Wesenskern bzw. dem Bewusstsein, das diese von den Gedanken erschaffene Persönlichkeit betrachtet und selbst dann noch bewusst bleibt, wenn diese Persönlichkeit zeitweilig außer Kraft gesetzt ist (etwa während der Meditation oder im Tiefschlaf). In den spirituellen Traditionen nennt man das manchmal den „Zeugen“ oder das „Selbst“. In den uralten indischen *Upanischaden* werden diese beiden Selbste mit zwei Vögeln verglichen, die auf dem selben Baum sitzen. Der eine isst die Früchte, der andere sieht still zu.

Wir müssen also unsere Identität vom denkenden Selbst auf das beobachtende Selbst verlagern. Das kann sehr schnell geschehen, besonders in Krisenzeiten, wenn das von den Gedanken erschaffene Selbst sich so stark in negative Gedanken und Gefühle verstrickt, dass es den Drang verspürt, sich selbst zu zerstören. Das passierte dem spirituellen Lehrer und Autor Eckhart Tolle, als er nach einer langen Zeit der Angst und Depression kurz vor dem Selbstmord stand. In seinem Buch *Jetzt! Die Kraft der Gegenwart* beschreibt er, wie er immer wieder dachte: „Ich kann mit mir selbst nicht mehr leben.“ Plötzlich begriff er, dass dieser Gedanke eine Dualität enthielt, nämlich zwischen dem „Ich“ und dem „Mir“, mit dem es nicht mehr leben konnte. Er wurde sich seiner beiden inneren Identitäten bewusst und urplötzlich zog sich seine Identität aus dem von Gedanken erzeugten Selbst zurück. Er verstand nun seine Identität als das tiefer sitzende, beobachtende Selbst. Sein leidendes Ego-Selbst löste sich auf und das beobachtende Selbst wurde zu seinem normalen, permanenten Selbst.

In meinem Buch *Out of the Darkness* erzähle ich die Geschichte von Ken Baldwin, der von der Golden Gate Bridge in San Francisco sprang, um sich umzubringen. Kurz nachdem er gesprungen war, löste er sich von seiner Identifikation mit dem leidenden Selbst und all seinen negativen Gedanken. Es schien so, als verzöge sich in einem einzigen Augenblick der ganze geistige Nebel. Er wusste augenblicklich, dass er nicht sterben wollte und dass „alles, was ich in meinem Leben für unveränderlich hielt, leicht geändert werden konnte – außer der Tatsache, dass ich gerade gesprungen war“. Glücklicherweise gehörte er zu der Handvoll Leute, die den Sprung von der Brücke überlebten. So erhielt er die Chance, sein Leben neu zu beginnen.

Dennoch können wir uns in großem Maß darauf trainieren, uns nicht mehr mit dem Gedankengeschwätz zu identifizieren. Eine Methode dafür ist die *Vipassana*-Meditation. Während die meisten Formen der Meditation versuchen, den Geist zu beruhigen, liegt der Sinn des *Vipassana* darin, einfach nur zu *beobachten*, neben dem Fluss unserer Erfahrungen zu stehen und das Auftauchen und Vergehen von Gedanken, Emotionen und Wahrnehmungen zu betrachten. Auf diese Weise trainiert uns *Vipassana* darauf, uns nicht mehr mit unseren Gedanken und Emotionen zu identifizieren, sondern mit dem Zeugen. (In diesem Sinne kann man *Vipassana* besser als eine Art der *Achtsamkeit* auffassen als als Meditation. Ich werde auf den Unterschied zwischen Achtsamkeit und Meditation in Kürze eingehen.)

Sie können auch eine weniger formale Art des *Vipassana* üben. Wenn Sie beispielsweise nachts oder morgens im Bett liegen, verbringen Sie einfach ein paar Minuten damit, den Fluss Ihrer Gedanken zu beobachten. Während Sie das tun, achten Sie darauf, wie Ihre Gedanken Sie in sich „hineinziehen“ wollen. Es ist wie auf einer Party, auf der Sie sich von einem interessanten Gespräch angezogen fühlen: Ein Teil von Ihnen will daran teilhaben und denkt, er verpasse etwas, wenn Sie diese Gelegenheit verstreichen lassen. Dann unternehmen Sie eine geistige Anstrengung, um sich zurückzuhalten. Wenn Sie der Versuchung widerstehen, sich von dem Gedanken mitreißen zu lassen, zieht er rasch vorbei. Halten Sie jedoch an ihm fest, dann befeuert ihn Ihre Aufmerksamkeit und er mutiert in Dutzende weiterer Gedanken, die alle in unterschiedliche Richtungen laufen und Sie mit sich nehmen.

Eine andere nützliche Übung ist die Rückverfolgung der Gedanken, wie ich sie im zweiten Kapitel beschrieben habe. Selbst wenn Sie sich nicht davon abhalten können, an Ihren Gedanken festzuhalten, sodass sie Sie schließlich mit sich reißen, dann verfolgen Sie einen Gedankengang, nachdem er ausgeklungen ist, zu seinem Ursprung zurück – und zwar über alle Stationen, die er durchlaufen hat. Vermutlich werden Sie die Drehungen und Wendungen überraschen, die Ihr Gedanke in so kurzer Zeit genommen hat, wie er ohne Sinn und Verstand von einem Thema zum nächsten gesprungen ist, als verfüge er über einen eigenen Willen. Am wichtigsten ist aber, dass diese Übung es Ihnen ermöglicht, eine gewisse Distanz zwischen Ihnen und Ihre Gedanken zu bringen. Das hilft Ihnen dabei, die Gewohnheit zu entwickeln, sie nur zu beobachten.

Uns nicht mit unseren Gedanken zu identifizieren, verringert die psychische Zerrissenheit auf zwei Arten. Zum einen verliert das Gedankengeschwätz an Dynamik und wird ruhiger, weil es nicht länger von unserer Aufmerksamkeit und Versenkung angetrieben wird. Sich einfach nur seiner Gedanken *bewusst zu sein,* statt in ihnen zu versinken, vermindert ihre Kraft.

Zum anderen haben Sie einen Etappensieg bei der Auflösung der Verbindung zwischen Gefühlen und Gedanken erreicht, wenn Sie erst einmal gelernt haben, einen Schritt zurückzutreten und die Gedanken zu beobachten. Sich eines auftauchenden Gedankens bewusst zu werden und sich neben ihn zu stellen, anstatt in ihm zu versinken, bedeutet bereits, dass er es viel schwerer hat, negative Gefühle zu erzeugen. Wenn zum Beispiel plötzlich ein Gedanke an eine Rede, die Sie in ein paar Wochen halten sollen, aufkommt, wird die Wahrscheinlichkeit, dass dieser zu Ängsten führt, nicht so hoch sein. Oder wenn Sie sich plötzlich an etwas erinnern, das in der Vergangenheit nicht geklappt hat, löst das weniger Gefühle der Demütigung oder des Bedauerns aus. Allein dass Sie sich dieses Prozesses bewusst sind, schwächt schon seine Wirkung. Ihr beobachtendes Selbst kann Ihnen nun sagen: Warte mal, es ist nur ein Gedanke, du musst ihm keine Beachtung schenken. Der Gedanke hat weniger Kraft, Sie zu beeinflussen, so wie die Kritik von einem Menschen, auf dessen Meinung Sie nichts geben.

Stufe 4: Negative Gedankenmuster transzendieren

Wenn Sie sich erst einmal zu einem bestimmten Grad nicht mehr mit Ihren Gedanken identifizieren, können Sie den Prozess in Angriff nehmen, die Art Ihres Denkens zu *verändern*. Weil im abgetrennten Selbst eine angsterfüllte Atmosphäre herrscht und weil die meisten unserer Eltern selbst an *Humanie* litten und uns somit *ihre* negative

Einstellung übertragen haben, weisen praktisch alle von uns irgendwelche negativen kognitiven Gewohnheiten auf. Sie sind oft so stark in uns verankert, dass wir sie nur schwer erkennen können. Viele davon manifestieren sich als leichte Schüchternheit, Unsicherheit, Angst oder Misstrauen. Andererseits können sie sich auch in Strategien manifestieren, die wir entwickeln, um sie zu kompensieren – beispielsweise in Arroganz, Narzissmus oder einer aufgeblasenen Persönlichkeit. Werden die diesen Charakterzügen zugrunde liegenden negativen Überzeugungen und Gedanken erst einmal freigelegt, lassen sie sich verblüffend einfach verändern. Dies ist einer der Vorteile der Psychoplastizität. Da die Psyche derart formbar ist, können neue kognitive Gewohnheiten die alten schnell ersetzen.

Das ist Ziel und Zweck der kognitiven Verhaltenstherapie. Ihre große Erkenntnis liegt darin, dass uns weniger die Ereignisse oder Erfahrungen in unserem Leben unglücklich oder glücklich machen, sondern die Art, wie wir sie interpretieren und über sie denken. (Um Shakespeares *Hamlet* zu zitieren: „An sich ist nichts entweder gut oder böse, sondern das Denken erst macht es dazu.“) Negative Gedanken erzeugen negative Stimmungen, positive Gedanken erzeugen positive Stimmungen. Wenn uns irgendetwas zustößt, bestimmen unsere kognitiven Vorurteile und Einstellungen sehr häufig, ob wir das in einem positiven oder negativen Licht betrachten.

Oft sind die Dinge, die wir für Probleme halten, einfach nur neutrale Ereignisse – und sogar potenziell gute –, die von unseren Gedanken in ein negatives Licht gerückt werden. Wenn man Sie am Arbeitsplatz beispielsweise um eine Präsentation bittet, können Sie das als Problem ansehen und sich tagelang Sorgen machen. Jemand anderes aber sieht das positiv und freut sich auf diese Gelegenheit, seine Sichtweise und sein Wissen darzubieten. Oder wenn Sie ein Freund zu seiner Hochzeit einlädt, denken Sie vielleicht: *Herrlich! Es wird toll, all meine alten Freunde wiederzutreffen!* Jemand anderes aber denkt möglicherweise: *Oh nein! Jetzt heiratet selbst Sally und ich bin immer noch Single! Jetzt sind alle meine Freundinnen verheiratet. Wie demütigend!* Vor ein paar Jahren feierte meine Frau ihren 40. Geburtstag und ein paar Freundinnen kamen zum Frühstück. Eine von ihnen meinte: „Kaum zu glauben, dass wir alle schon vierzig sind! Wie ernüchternd – wir werden alt!" Kerry, eine der Freundinnen meiner Frau, stammt jedoch aus Südafrika, wo einige ihrer Bekannten und Verwandten schon in ihren Zwanzigern und Dreißigern gestorben waren. Sie hatte dementsprechend eine vollkommen andere Einstellung dem Alter gegenüber. „Ich finde das gar nicht niederschmetternd", antwortete sie. „Ich bin heilfroh, dass ich das Alter von vierzig überhaupt erreicht habe."

Das deutet darauf hin, dass der beste Weg, mit Problemen umzugehen, nicht notwendigerweise darin liegt, das ganze Leben zu verändern, sondern nur die Art des *Denkens*. Wenn Sie in Ihrer Beziehung unglücklich sind, dann sagt Ihnen Ihr erster Instinkt vielleicht, dass Sie Schluss machen und nach einem neuen Partner Ausschau halten sollten. Doch bevor Sie das tun, kann es lohnenswert sein nachzuforschen, wie sehr Ihre Gedanken über sich selbst – und über Ihren Partner – die Beziehung belasten. Das Gleiche gilt auch für Ihren Job – oder wenn Sie nicht glücklich mit Ihrem Aussehen oder mit Ihrer Wohnung sind. Es kann gut sein, dass Sie wirkliche Probleme und echte Gründe für Ihre Unzufriedenheit haben – etwa einen gewalttätigen Partner oder einen eintönigen Job, der Sie nicht erfüllt. Dann sollten Sie die Beziehung wirklich beenden oder sich eine neue Arbeit suchen. Es ist aber durchaus möglich, dass das *wahre* Problem weniger in der jeweiligen Situation an sich begründet ist, sondern in Ihren diesbezüglichen Einstellungen und Überzeugungen.

Bei der kognitiven Verhaltenstherapie arbeiten Therapeut und Klient gemeinsam daran, verzerrte Gedanken und Einstellungen aufzudecken. Sie finden beispielsweise heraus, dass der Klient immer nur mit dem Schlimmsten rechnet. Das dem zugrunde liegende Drehbuch sagt etwa: „Die Welt hat etwas gegen mich – alles, was ich mache, geht letztendlich schief." Es kann sich dabei um negative Drehbücher handeln, die der Klient von seinen Eltern übernommen hat, wie beispielsweise: „Ich verdiene es nicht, geliebt zu werden", „Keiner mag mich" oder „Man kann den Leuten nicht trauen". Gemeinsam finden sie vielleicht heraus, dass der Klient äußerst dünnhäutig ist und die Handlungen anderer Menschen immer als Beleidigungen oder Kränkungen deutet. Sie können auch gemeinsam an Ängsten und Phobien arbeiten, etwa an der Flugangst oder einer Spinnenphobie.

Nachdem sie diese negativen Gedankenprozesse aufgedeckt haben, versuchen der Therapeut und der Klient, sie durch alternative Erklärungen oder Überzeugungen zu ersetzen. Um zum Beispiel das Drehbuch „Die Welt hat etwas gegen mich" zu bewältigen, muss der Klient Belege aufführen, die diese Vorstellung entkräften, und sich an Ereignisse erinnern, bei denen alles gut für ihn gelaufen ist, und diese auflisten. Falls der Klient empfindlich und dünnhäutig ist, wird der Therapeut ihn dazu ermutigen, die Situation zu „entpersonalisieren", die Sichtweise anderer einzunehmen und dadurch zu begreifen, dass es sich bei so mancher „Herabsetzung" häufig nur um Vergesslichkeit oder Unwissenheit handelt. Wenn Sie beispielsweise jemand ignoriert und Sie sich davon verletzt fühlen, war dieser Mensch vielleicht gerade in Eile oder hat Sie nicht einmal bemerkt. Selbst wenn der andere wirklich respektlos oder unhöflich war, kann das seine Gründe gehabt haben: Vielleicht ist derjenige eifersüchtig oder fühlt sich von Ihnen bedroht.

Die kognitive Verhaltenstherapie wird manchmal für die große Menge an „Hausaufgaben" kritisiert, die sie mit sich bringt, etwa das Erstellen von Listen mit Belegen für oder gegen eine Überzeugung oder das Führen eines Gedankentagebuchs. Diese Dinge sind jedoch nötig, um neue Gedankenmuster zu verankern und die alten, negativen kognitiven Gewohnheiten durch neue, positive zu ersetzen.

Zudem wird der kognitiven Verhaltenstherapie vorgehalten, sie führe nur zu oberflächlichen und kurzzeitigen Veränderungen. Einige Psychologen vertreten die Ansicht, sie dürfe nur in Verbindung mit einer tiefer gehenden Therapie (wie etwa der personenzentrierten Psychotherapie oder der psychodynamischen Therapie) durchgeführt werden, damit sich lang anhaltende Resultate erzielen lassen. Dennoch gibt es eindrucksvolle Belege für die Effektivität der kognitiven Verhaltenstherapie. Bei einer vor kurzem erschienenen Studie erhielten beispielsweise Menschen, die an „pathologischem Perfektionismus" leiden (die sich selbst also unmöglich zu erfüllende Anforderungen stellen und sich deshalb ständig als Versager empfinden und folglich unter Ängsten leiden), eine zwölfwöchige Einführung in die kognitive Verhaltenstherapie. Vor und nach der Veranstaltung wurde ihre Gehirnaktivität gemessen. Die Wissenschaftler fanden heraus, dass die Therapie signifikante Veränderungen im Cortex zur Folge hatte. Im Vergleich zur Kontrollgruppe wiesen die Teilnehmer auch ein signifikant höheres Niveau an „kortikaler Inhibition" auf, zudem nahmen ihre Ängstlichkeit und ihre automatischen Gedanken ab. (Natürlich ist diese Studie auch ein weiterer Beleg für die Schnelligkeit, mit der die Neuroplastizität arbeitet.)

Ich selbst habe ebenfalls Belege für die Effektivität der kognitiven Übungen gefunden. Vier Jahre lang gab ich an der Universität von Manchester Kurse über die Psychologie des Glücks. Wir testeten verschiedene Übungen zur Stärkung unseres Wohlbefindens. Zwei davon stellten sich als am effektivsten heraus. Bei der ersten Übung handelte es sich um eine „Gefällt-mir-Liste". Ich schrieb ein paar Satzanfänge an die Tafel und bat meine Studenten, sie mit eigenen Worten zu vervollständigen: „Ich bin froh, dass ich nicht ... bin", „Ich mag mein ...", „Ich bin froh, dass ich ... bin" und „Was habe ich doch für ein Glück, weil ...". Nachdem sie diese Sätze mit ihren Partnern durchgesprochen hatten, gab ich jedem einen Satz farbiger Karten und ein paar Stifte und bat sie, eine „Gefällt-mir-Liste" mit mindestens acht dieser Sätze oder Variationen von ihnen anzufertigen.

Am Ende der Stunde trug ich ihnen auf, diese Liste an einem gut sichtbaren Platz in ihrer Wohnung aufzuhängen, wo sie sie jeden Tag sehen konnten – in der Küche, im Flur, sogar auf der Toilette. Es wäre wichtig, mindestens fünf Minuten am Tag aufzuwenden, um diese Liste durchzugehen und sich mit der Bedeutung der Sätze auseinanderzusetzen. Die meisten Studenten hielten sich daran, und gegen Ende des Kurses vier Wochen später meinten alle, es hätte einen großen Einfluss auf ihre Haltung und ihre Stimmung gehabt. Sie alle waren dankbarer und verständnisvoller geworden und fühlten sich generell glücklicher. Mehrere Monate später nahm ich zu einigen von ihnen Kontakt auf und die meisten erzählten mir, sie hätten das Gefühl, dass diese Dankbarkeit zur Gewohnheit geworden wäre. Sie hätten immer ein grundlegendes Gefühl, dass sie bei vielen Dingen, die sie als gegeben hingenommen hatten, nun den Wert zu schätzen wüssten, etwa ihre Gesundheit, ihre Freunde und Verwandten, ihre Freiheit und ihren Wohlstand – und das Leben selbst.

Die effektivste Übung allerdings war eine, bei der ich mich auf die unterschiedlichsten negativen Gefühle konzentrierte: Furcht/Angst, Schuld, Eifersucht/Sehnsucht, Unsicherheit und Verbitterung/Missgunst. Ich überreichte den Studenten ein Arbeitsblatt mit drei Spalten. Ich bat sie, sich an zwei oder drei Situationen zu erinnern, wo sie Derartiges empfunden hatten, und die jeweilige Situation kurz in der ersten Spalte zu beschreiben. In der nächsten Spalte sollten sie dann die Gedanken ausformulieren, die sie in dieser Situation hatten. Wenn sie beispielsweise schrieben: „Ich fühle mich schuldig, weil ich einen Freund im Stich gelassen habe, als er mich brauchte", dann könnte der Gedanke in etwa lauten: „Ich bin egoistisch – ich sollte mich schämen." Oder wenn sie als ein Beispiel für Unsicherheit schrieben: „Es gibt jemanden bei der Arbeit, der mich nicht ausstehen kann", dann könnte der Gedanke lauten: „Ich bin ein Langweiler. Die anderen können mich nicht leiden."

Als Nächstes bat ich die Studenten, sich vorzustellen, ein sehr weiser Freund würde ihnen einen wohlüberlegten Ratschlag erteilen, wie sie diesen negativen Gedanken entgegenwirken könnten. Ich bat sie, diesen Ratschlag in die dritte Spalte einzutragen. Der „entgegenwirkende Gedanke" zu „Ich sollte mich schämen" könnte lauten: „Die Vergangenheit ist vergangen – ich kann daraus nur lernen und es besser machen." Oder zu „Die anderen können mich nicht leiden": „Aber viele Leute können mich leiden – wenn andere das nicht tun, ist das ganz normal – du kannst es nicht jedem recht machen" oder: „Solange ich mich selbst leiden kann, ist mir egal, was die anderen denken."

Nachdem sie schließlich die weisen und vernünftigen entgegenwirkenden Gedanken zu all ihren negativen Gedanken notiert hatten, bat ich sie, ein neues Blatt Papier zu nehmen und alle „Gegengedanken" in einer Liste niederzuschreiben. Das war dann die Liste der eigens für sie erstellten „Affirmationen“, die sich auf ihre eigenen negativen Gedanken bezogen. Sie gingen diese Liste mit ihren Partnern durch und gegen Ende der Stunde bat ich sie, es sich zur Gewohnheit zu machen, diese Liste jeden Morgen vor dem Frühstück durchzugehen oder sie sich selbst beim Autofahren laut vorzusagen.

Ich bezweifle einige Arten von Affirmationen sehr, besonders die vom Typ „Gesetz der Anziehung“, wo man den Leuten vormacht, sie könnten alles, was sie im Leben wollen, allein dadurch erreichen, dass sie es verbalisieren und visualisieren. Das wirkt auf mich wie eine bizarre Form des Narzissmus und der Wunscherfüllung. Solange sie aber realistisch und auf die eigenen Bedürfnisse zugeschnitten sind, können affirmative Aussagen als Bestärkung positiver Gedanken äußerst wirksam sein und neue kognitive Gewohnheiten erschaffen. 1980 ergab eine Untersuchung, die Psychologen in Neuseeland durchführten, dass alleine das Aufsagen von Affirmationen für zehn Minuten jeden Morgen, und das zwei Wochen lang, das Glücksgefühl der Probanden um 25 Prozent erhöhte. In diesem Fall war es von Bedeutung, dass diese Affirmationen spezifisch und nicht überambitioniert waren – beispielsweise „Ich vertraue meinen Entscheidungen“, „Ich spüre, dass die Zukunft viel Gutes für mich bereithält“ oder „Ich akzeptiere, dass ich Schwächen habe, aber daran kann ich etwas ändern“ und „Alles, was ich tue, bereitet mir viel Freude“. Andererseits ergab eine kürzlich durchgeführte Studie, dass Menschen mit geringem Selbstwertgefühl, die eine vage positive Affirmation mehrere Minuten lang wiederholten („Ich bin liebenswert“), damit in Wirklichkeit ihr Selbstwertgefühl zusätzlich schwächten. Das zeigt, wie wichtig es ist, Affirmationen in der richtigen Weise zu verwenden.

Meine Studenten zumindest fanden diese Übung effektiv – am Ende der Stunde, in der wir damit anfingen, herrschte eine tolle Stimmung im Raum, da sich alle durch die Affirmationen sofort leichter fühlten. Viele berichteten mir, dass diese positive Einstellung noch mehrere Wochen lang angehalten hätte.

Um es empirischer anzugehen, bat ich die Studenten bei sechs- oder achtwöchigen Kursen (im Vergleich zu den zweitägigen Workshops, die ich manchmal hielt), in der ersten Woche ihr allgemeines Wohlbefinden mit einer Zahl von 1 bis 10 zu bewerten. (Der genaue Wortlaut meiner Frage war: „Wie glücklich oder unglücklich sind Sie im Allgemeinen?“) Neben den Bewertungen standen entsprechende Beschreibungen, 0 bedeutete also „äußerst unglücklich“, 5 „neutral“, 6 „leicht glücklich“ und 10 „extrem glücklich“. Ich stellte ihnen zudem folgende Fragen: „Zu wie viel Prozent Ihrer Zeit fühlen Sie sich glücklich? Zu wie viel Prozent Ihrer Zeit fühlen Sie sich unglücklich? Zu wie viel Prozent Ihrer Zeit fühlen Sie sich neutral?“ Sie sollten darauf achten, dass die Prozentzahlen zusammen immer 100 ergeben. (Diese Fragebögen wurden von Dr. Michael Fordyce entwickelt, einem Pionier der Glücksforschung.) Ich sammelte die Antworten ein und stellte den Studenten dann nach sechs oder acht Wochen genau dieselben Fragen (ohne ihnen ihre Antworten vom Anfang zu verraten). Dann verglich ich die Werte mit den ursprünglichen Zahlen.

Insgesamt veranstaltete ich vier Glückskurse, jeder dauerte sechs oder acht Wochen und umfasste Gruppen von 12 bis 20 Erwachsenen. Und in jedem einzelnen Fall kam es zu einer signifikanten Erhöhung des Glücksniveaus der Studenten bei beiden Messungen. Bei dem ersten Fragebogen hob sich der Index im höchsten Fall von 6,8 auf 8,3, im niedrigsten Fall von 7,0 auf 7,9. Das zeigt, dass diese beiden Übungen – in Verbindung mit anderen, die ich hier nicht beschreibe – eine echte Wirkung zeigten.

Weil die Psyche so formbar ist, braucht es nur wenige Wochen, bis neue kognitive Gewohnheiten buchstäblich zur Gewohnheit werden. Anders gesagt, müssen Sie nach einer bestimmten Zeit gar nicht mehr bewusst positiv denken bzw. die „Gefällt-mir-Liste“ oder eine Liste mit Affirmationen lesen, weil diese positiven Einstellungen längst verankert sind. Jetzt denken Sie automatisch positiv. Deshalb wirkt die kognitive Verhaltenstherapie oft so schnell – man hält in der Regel schon sechs bis acht wöchentliche Sitzungen für ausreichend.

Die weit verbreitete Vorstellung, man benötige nur drei Wochen, um eine neue Gewohnheit auszubilden, ist sicher leicht übertrieben. In einer Untersuchung am University College London wurden im Jahr 2009 96 Leute dabei beobachtet, wie sie versuchten, sich eine neue Gewohnheit anzutrainieren – etwa zu jedem Mittagessen ein Stück Obst zu essen, ein Glas Wasser zu trinken oder jeden Tag 15 Minuten lang zu joggen. Im Schnitt dauerte es 66 Tage, bis die Verhaltensweise zum Automatismus wurde. Aber 66 Tage sind nicht viel Zeit, insbesondere wenn es so große Auswirkungen hat, die eigene Denkweise zu ändern: weniger innere Zerrissenheit, verbessertes Wohlbefinden und damit einhergehend die verbesserte Fähigkeit, in uns selbst zu leben.

Allerdings stößt die Effektivität solch kognitiver Maßnahmen auch an ihre Grenzen. Lehrer des positiven Denkens in der kognitiven Verhaltenstherapie betrachten einen positiven Gemütszustand manchmal als Endziel, aber es handelt sich nur um einen, wenn auch wichtigen, Zwischenschritt. Denken bleibt Denken, auch wenn es positiv ist. Unsere Denkweise zu verändern, ist ein wichtiger Schritt hin zum Wohlbefinden, ein noch wichtigerer Schritt aber ist es, gänzlich *jenseits des Denkens* zu gelangen. Wenn sich kein Gedanke mehr in unserem Geist befindet – oder zumindest in viel geringerem Maße als gewöhnlich –, spüren wir eine tiefere Art des Glücks, eine positive Stimmung, die nicht durch Gedanken ausgelöst wird, sondern der tiefen Quelle des natürlichen Wohlbefindens in uns selbst entspringt. Paradoxerweise ist einer der Hauptvorteile des positiven Denkens, dass es uns genau das erleichtert. Es trägt dazu bei, dass wir uns in unserem geistigen Raum wohlfühlen – so wohl, dass wir den Geist vollständig leeren können. Dies ist eines der Ziele der Meditation, die wir uns bald genauer anschauen werden. Es gibt jedoch noch zwei weitere Übungen, die wir zuvor noch in unser Leben integrieren müssen.

KAPITEL 11

Innere Harmonie schaffen

Menschen, die einem Weg der persönlichen oder spirituellen Entwicklung folgen, werden häufig des Egoismus beschuldigt. Sie seien nur mit ihrem eigenen Wohlbefinden beschäftigt, anstatt sich um das der anderen zu kümmern, so das Argument. Sie ziehen sich zurück, meditieren mit geschlossenen Augen, statt sich in der Welt zu engagieren und sie zum Besseren zu verändern.

Ich denke nicht, dass das so stimmt. Es trifft sicherlich zu, dass sich manche spirituelle Sucher in Klöster oder Aschrams zurückziehen oder die alltägliche Welt als Illusion abtun, die nicht von Bedeutung sei. Eines der extremsten Beispiele dafür ist der indische Mystiker Ramakrishna, der nach dem Wert sozialer Taten befragt antwortete: „Krankenhäuser, Apotheken und all diese Dinge sind nicht wirklich. Gott alleine ist wirklich ... Warum sollten wir uns selbst vergessen und uns in zu vielen Aktivitäten verlieren?“

In den meisten Fällen macht die spirituelle Suche die Menschen jedoch weniger ichbezogen und lässt sie stärker zusammenwachsen. Sie erzeugt mehr Empathie und eine größere Anteilnahme an sozialen und globalen Problemen. Auf jeden Einsiedler kommt mindestens ein „spiritueller Aktivist“, der den Großteil seiner Zeit damit verbringt, anderen zu helfen. Selbst wenn einige zu Beginn ihrer Laufbahn ein zurückgezogenes „spirituelles Training“ absolvierten, haben Mystiker wie die Heilige Teresa von Avila, die Heilige Katharina von Siena, der Baal Schem Tov (der Begründer der chassidischen Bewegung des Judentums), George Fox, Vivekananda, Gandhi – und viele andere – doch ein altruistisches Leben geführt, sich gegen Ungerechtigkeit und Unterdrückung aufgelehnt und ihr Möglichstes getan, um Leid zu mildern und die Lage der Unterdrückten und Armen zu verbessern.

Wie wir bereits gesehen haben, bezeichnet mangelnde Empathie – und daraus folgend ein Mangel an Altruismus – eine der Haupteigenschaften der *Humanie*. Unsere starke Ego-Abgrenzung zieht eine Mauer zwischen uns und anderen Menschen und hindert uns daran, mit ihnen eine empathische Verbindung einzugehen. Zusätzlich erschwert uns unsere Fixierung auf unsere eigene innere Zerrissenheit, „aus uns herauszugehen". Wir sind so sehr in unsere eigenen Probleme vertieft, dass wir uns um die der anderen nicht auch noch kümmern können. Laut dem Philosophen Ken Wilber nehmen wir eine „egozentrische" Haltung ein statt einer weiter gefassten soziozentrischen oder weltzentrischen Perspektive, die eine Sorge um soziale und globale Probleme entstehen lässt oder den Wunsch, „die Welt zu einem besseren Ort zu machen".

Sobald Sie daher die Auswirkungen des Traumas zu einem gewissen Grad geheilt und damit begonnen haben, die negativen Gedankenmuster zu transzendieren, stellen Sie fest, dass Sie ganz natürlich empathischer und selbstloser werden. Wenn Sie weniger in Ihre persönliche Welt der Zerrissenheit versunken sind, greifen Sie nach dem geistigen Raum Ihrer Mitmenschen. Es versetzt Sie in die Lage, „mit ihnen zu fühlen", ihr Leid oder Glück zu erspüren, so als wäre es Ihr eigenes.

Stufe 5: Dienen

Aber gleichzeitig ist es von Bedeutung, an das Dienen zu denken – das Ausführen selbstloser Taten – und zwar als eine Übung zur Entwicklung, die wir bewusst einsetzen können, um unseren Geist zu heilen. Taten der Nächstenliebe helfen dabei, die Trennung zu transzendieren. Sie verbessern unsere empathische Verbindung zu unseren Mitmenschen und weichen so unsere Ego-Grenzen auf. Sie lassen uns unsere wahre Identität als Teil eines Ozeans des gemeinsamen Bewusstseins spüren, anstatt als Inseln des individuellen Bewusstseins, bei dem sich jeder im Mittelpunkt seines eigenen Universums befindet. Wenn wir anderen Menschen dienen – selbstlos handeln, um ihr Leid zu lindern, ihre Lage zu verbessern oder ihre Entwicklung zu fördern –, verbinden wir uns nicht nur mit ihnen, sondern auch mit einer transzendenten Dimension der Einheit, die aller scheinbaren Trennung zugrunde liegt. Je mehr wir uns mit dieser Dimension verbinden, desto weniger selbstzentriert und abgetrennt werden wir.

Wenn Sie kleine Kinder oder Eltern im gehobenen Alter haben oder wenn Sie als Krankenschwester tätig sind, als Berater oder Lehrer, dann setzen Sie den Dienst am Menschen bereits als Mittel zur Entwicklung ein, auch wenn Sie das vielleicht noch gar nicht realisiert haben. Sollte das nicht der Fall sein, übernehmen Sie doch freiwillig eine ehrenamtliche Arbeit für die Gemeinschaft: Helfen Sie im Hospiz, im Krankenhaus oder in einem Heim für Obdachlose, in einem Verein, der ältere Menschen berät, oder im Umweltschutz. Sie können auch auf etwas abstraktere Weise der gesamten Menschheit dienen, indem Sie sozial oder politisch aktiv werden und versuchen, wenigstens etwas von der Unterdrückung und Zerrissenheit der Welt zu lindern.

Schließlich ist es nur folgerichtig, dass wir wenigstens versuchen sollten, die Welt zu heilen, nachdem wir sie schon so lange misshandelt haben. Die Welt braucht alle Selbstlosigkeit, die wir ihr geben können, schon wegen all der Verwüstung, die die *Humanie* in Tausenden von Jahren voller Krieg, Unterdrückung und Ungleichheit auf ihr angerichtet hat. Wir haben die kollektive *Pflicht*, das Leid auf der Welt erträglicher zu machen. Da passt es nur zu gut, dass wir durch den Prozess der Linderung des Leids der anderen auch dazu beitragen, das Leid in uns selbst zu heilen.

Stufe 6: Bewusste Aufmerksamkeit

Wo immer wir uns gerade befinden, was immer wir auch gerade tun, wir können stets drei Dinge mit unserer Aufmerksamkeit vollbringen: Wir können sie dem Gedankengeschwätz in unseren Köpfen überlassen, wir können sie in Aufgaben oder Ablenkungen vertiefen oder wir können sie auf die Gegenwärtigkeit richten, auf unsere Umgebung und unser Erleben. Sitzen Sie zum Beispiel im Wartezimmer eines

Arztes, können Sie tagträumen (vielleicht ans Wochenende denken oder über Probleme bei der Arbeit nachgrübeln), Sie können sich in eine Zeitschrift vertiefen oder die anderen Menschen und die Einrichtungsgegenstände im Raum beobachten. Wenn Sie joggen gehen, können Sie tagträumen, einem Hörbuch auf Ihrem iPod lauschen oder Ihre Aufmerksamkeit der Umgebung schenken, der Landschaft, durch die Sie laufen, und der Natur. Kurz gesagt, kann man diese drei Zustände als die „drei As" bezeichnen: Abstraktion (also das Versinken im Gedankengeschwätz), Absorption (das Vertiefen in Aktivitäten oder Ablenkungen) und Aufmerksamkeit (die sich bewusst auf die Erfahrung richtet).

Es gibt natürlich keine eindeutigen Trennlinien – im Zustand der Abstraktion oder Absorption befinden Sie sich gewöhnlich auch in einem Zustand der *teilweisen* Aufmerksamkeit. Wenn Sie zum Beispiel beim Joggen tagträumen oder einem Hörbuch lauschen, sind Sie zu einem *gewissen Grad* aufmerksam für Ihre Umgebung. Sie sind aufmerksam genug, um auf den Verkehr zu achten oder Ihrer vertrauten Route zu folgen. Es handelt sich dabei aber um eine sehr grundsätzliche und funktionale Aufmerksamkeit; den Großteil Ihrer geistigen Energie widmen Sie der Abstraktion oder Absorption.

In jedem Augenblick unseres Lebens bewerten wir unbewusst diese drei Optionen und entscheiden uns dann für eine von ihnen. Gewöhnlich wählen wir eines der beiden ersten As und begeben uns in ein internes oder externes „Anderswosein". Nach den vorangegangenen fünf Schritten sollten Sie jedoch feststellen, dass Sie einen immer größer werdenden Teil Ihrer Zeit im dritten Zustand verbringen. Während Ihre psychische Zerrissenheit abnimmt – und Sie mit Ihrem geistigen Raum vertrauter werden und weniger auf Zerstreuung angewiesen sind –, werden Sie es von Natur aus einfacher finden, Ihrer Erfahrung bewusste Aufmerksamkeit zu schenken. Wie das Dienen sollte auch die bewusste Aufmerksamkeit eine Praxis an sich sein, eine Gewohnheit, die gepflegt und gefördert werden kann.

Das bedeutet, die Aufmerksamkeit bewusst auf das Hier und Jetzt zu richten. Immer wenn Sie merken, dass Sie woanders sind, versuchen Sie es sich zur Gewohnheit zu machen, sich selbst zurück in die Gegenwart zu bringen. Jedes Mal, wenn Sie merken, dass Sie in das Gedankengeschwätz eintauchen, ziehen Sie Ihre Aufmerksamkeit davon ab und fokussieren sich erneut auf Ihre Umgebung und Ihre Erfahrung. Konzentrieren Sie sich auf den Raum, in dem Sie sich aufhalten, auf die Gegenstände und Leute, die sich um Sie herum befinden, und auf die Geräusche, die Sie hören. Achten Sie auf die Farben und Formen der Gegenstände und ihre Beziehung zueinander. Erfühlen Sie die Struktur des Tisches, an dem Sie sitzen, des Stiftes, den Sie verwenden, oder des Teppichs unter Ihren Füßen. Unternehmen Sie die bewusste Anstrengung, Ihren *Geruchssinn* einzusetzen – vermutlich ist der Raum oder die Straße voller Gerüche, die Sie noch nie bemerkt haben. Machen Sie das jedes Mal, wenn Sie den Drang spüren, Ihre Aufmerksamkeit in Ablenkungen oder Aktivitäten zu versenken.

Es ist wichtig, sich ins Gedächtnis zu rufen, dass all das sanft geschehen sollte. *Reißen* Sie Ihre Aufmerksamkeit nicht vom Gedankengeschwätz fort. So erschaffen Sie einen Widerstand, der es Ihnen erschwert, gegenwärtig zu sein. Die Gegenwärtigkeit funktioniert nicht mit erzwungener Aufmerksamkeit, sondern nur mit entspannter und natürlicher Achtsamkeit. Statt sich dazu zu zwingen, führen Sie sich einfach sanft zurück in die Gegenwart und orientieren Sie sich dort neu. Man kann das mit einem Spaziergang im Park in Begleitung eines Kleinkindes vergleichen, das noch keine Vorstellung von einer geraden Linie hat und deshalb immer wieder vom Weg abweicht: Alle paar Schritte müssen Sie es sanft anheben und ihm erneut die richtige Richtung weisen.

Wenn Sie beispielsweise morgens auf dem Weg zum Zug sind und Ihr Kopf voller Gedanken an den gestrigen Abend oder an das ist, was heute erledigt werden muss, geben Sie sich einen sanften mentalen Schubs und führen Sie Ihre Aufmerksamkeit fort von diesen Gedanken zurück in die Gegenwart. Wenden Sie Ihre Aufmerksamkeit ab vom Gedankengeschwätz und hin zum Himmel über Ihnen, zu den Bäumen und Häusern, zu den Autos vor Ihnen und zur Bewusstheit Ihrer selbst in Ihrem eigenen Körper, der sich inmitten dieser Umgebung bewegt. Wenn Sie zu Abend essen und merken, dass Sie gerade in der Zeitung blättern, versetzen Sie sich einen mentalen Knuff und führen Sie Ihre Aufmerksamkeit zurück zum Geschmack des Essens und zum Kauen und Schlucken. Oder wenn Sie bei der Arbeit in einem Meeting sitzen: Nehmen Sie Ihre Aufmerksamkeit einen Augenblick lang aus dem Gespräch heraus und werden Sie sich des Raumes bewusst, seiner Form, seiner Farben und seiner Möbel. Werden Sie sich selbst bewusst, wie Sie dort sitzen: mit dem Gesäß auf der Sitzfläche des Stuhles, dem Rücken gegen die Lehne und den Füßen auf dem Boden.

Gewöhnlich nehmen wir an, dass Aktivitäten wie Autofahren oder Essen oder Kochen sich selbst nicht genügen, weil sie so alltäglich und eintönig sind. Wir haben das Gefühl, wir müssten sie mit etwas Ablenkung verbinden, um sie erträglicher zu machen – beispielsweise die Zeitung lesen, während wir essen, oder beim Kochen den Fernseher laufen lassen. Wenn wir uns aber ganz und gar dieser Aktivität widmen, entdecken wir das Gegenteil: Diese Aktivitäten genügen sich selbst, genau genommen vermitteln sie ein Gefühl der Einfachheit und Harmonie, das uns kein Tagtraum und keine Zerstreuung bieten kann.

Durch bewusste Aufmerksamkeit wird die ganze Welt faszinierender und schöner. Wir realisieren, dass die Faszination und Schönheit von Landschaften und Gegenständen im Verhältnis zu der Aufmerksamkeit steht, die wir ihnen widmen. Schönheit ist nicht etwas Angeborenes und Innewohnendes, eine Qualität, die ein Gegenstand besitzt, vielmehr handelt es sich um etwas, das wir *erschaffen*. Je größer die von uns erbrachte Aufmerksamkeit ist, desto mehr Faszination und Schönheit empfinden wir. Alltägliche Gegenstände und Landschaften wirken auf uns nur deshalb gewöhnlich, weil wir ihnen keine wirkliche Beachtung schenken. Wenn wir sie aber ganz bewusst betrachten, entdecken wir, dass sie mindestens so aufregend sind wie die antiken Artefakte, wegen denen wir ein Museum besuchen, oder wie unbekannte fremdländische Landschaften, für die wir einmal um die ganze Welt reisen.

Besitzen Sie erst einmal die Gewohnheit, sich selbst in die Gegenwärtigkeit zu versetzen, werden Sie überrascht sein, wie einfach das geht. Es fühlt sich bald schon ganz natürlich an und der normale Zustand der Abstraktion wirkt absurd. Sie könnten sich fragen: Warum sollte ich zulassen, dass diese wirren Wirbel aus Erinnerungen und Assoziationen meine ganze Aufmerksamkeit in Anspruch nehmen, wenn doch diese prall gefüllte und reichhaltige Welt direkt vor mir liegt, die aus einer Vielzahl von Schichten voller Gegenwärtigkeit und Wunder besteht? Im Gedankengeschwätz versunken zu sein, anstatt die ganze Aufmerksamkeit auf die eigene Erfahrung zu richten, ist so, als besuchten Sie eine schöne Stadt – etwa Paris oder Venedig – und verbrächten dort die ganze Zeit im Hotelzimmer vor dem Fernseher.

Bewusste Aufmerksamkeit in Beziehungen

Besonders wichtig ist die Praxis der bewussten Aufmerksamkeit in unseren Beziehungen. Häufig widmen wir den Menschen, mit denen wir zusammen sind, nicht unsere volle Aufmerksamkeit oder reden nicht richtig mit ihnen, weil wir uns teilweise woanders befinden. Besonders dann, wenn wir unsere Partner oder Freunde schon lange kennen und sie als selbstverständlich betrachten, lassen wir zu, dass das Gedankengeschwätz unsere Aufmerksamkeit unterdrückt, während wir uns mit ihnen unterhalten, oder – was noch respektloser ist – widmen unsere Aufmerksamkeit zum Teil dem Radio oder Fernsehen. Vielleicht berichtet Ihre Frau Ihnen von dem schrecklichen Tag, den sie im Büro hatte, aber so etwas Ähnliches hat sie schon Hunderte Male erzählt und Sie sind damit beschäftigt, an das Fußballspiel zu denken, das Sie sich später im Fernsehen anschauen wollen, oder daran, was Sie selbst am nächsten Tag am Arbeitsplatz erledigen müssen. Der Typ, der seit drei Jahren neben Ihnen im Büro sitzt, erzählt Ihnen von dem Sommerurlaub, den er gebucht hat. Doch Sie haben ihn schon immer ein wenig langweilig gefunden und nicken einfach automatisch, während Sie sich Ihren Träumen bezüglich der hübschen neuen Kollegin am Empfang hingeben.

Viele Paare, die schon lange zusammen sind, verhalten sich so. Sie kennen sich schon so gut, dass sie sich keine Mühe mehr geben, einander zuzuhören. Sie schalten ihre Aufmerksamkeit automatisch ab, weil sie annehmen, dass der andere nichts wirklich Neues oder Interessantes zu sagen hat. Deshalb entfremden sie sich voneinander. Sie teilen ihre Gedanken und Gefühle nicht mehr, sie tauschen keine Ideen, Emotionen und Energien mehr aus und führen keine echte Beziehung mehr. Zwischen ihnen entsteht eine Barriere – die Barriere ihres Gedankengeschwätzes, das auf beiden Seiten herrscht. Infolgedessen *begegnen* sich ihre Selbste nicht mehr.

Das erzeugt Uneinigkeit in Beziehungen. Wenn Sie sich größtenteils anderswo befinden, während Sie Zeit mit Ihrem Partner oder Ihren Freunden verbringen, dann teilen Sie ihnen unbewusst mit, dass Sie sie nicht wertschätzen. Das werden sie spüren und sich folglich unsicher und herabgesetzt fühlen, was zu Verstimmungen und Feindseligkeit führen wird.

Wenn zwei Leute sich überwiegend woanders aufhalten, während sie zusammen sind, bedeutet das auch, dass sie sich nicht wirklich kennen, in derselben Weise, wie wir uns selbst nicht wirklich kennen. Sie kommunizieren nicht auf vertraute und unmittelbare Weise miteinander, sondern nur über die Oberflächen ihrer Egos, ohne ihr wahres Selbst zu offenbaren. Das kann zu Uneinigkeit und Zerrissenheit führen, denn es schafft Missverständnisse und Misstrauen. Wenn Sie jemanden nicht wirklich kennen, werden Sie seine Taten und Absichten leicht falsch deuten. Sie können sich der Gefühle dieses Menschen nie völlig sicher sein.

Sobald Sie damit angefangen haben, die *Humanie* zu transzendieren, werden Sie schnell merken, dass Sie ganz natürlich gegenwärtiger sind – sowohl für Ihre Mitmenschen als auch für das Leben allgemein. Dennoch ist es sinnvoll, dies auch ganz bewusst zu üben. Unternehmen Sie den ganz bewussten Versuch, gegenwärtig zu sein, wenn Sie mit Ihrem Partner, Ihren Freunden und Kollegen zusammen sind. Versuchen Sie, ganz und gar bei ihnen zu sein – ohne Lärm und Ablenkungen, mit ausgeschaltetem Fernseher oder Radio und ohne Zeitungen oder Zeitschriften, die Sie ablenken könnten. Versuchen Sie, Ihrem Gegenüber Ihre volle Aufmerksamkeit entgegenzubringen, indem Sie sich daran erinnern, dass Sie diesen Menschen nicht einfach als gegeben und selbstverständlich hinnehmen und jeder seiner Gedanken oder Gefühle ebenso wertvoll ist wie die Ihren. Derart entblößt mit einem anderen Menschen allein zu sein, ist anfangs vielleicht unangenehm, so wie auch Untätigkeit, Stille und Einsamkeit unangenehm sein können. Haben Sie aber erst einmal eine echte Verbindung zu diesem Menschen aufgebaut und spüren den Austausch von Empathie, dann verschwindet dieses Unbehagen schnell.

Das trifft im Übrigen auch auf Leute zu, die uns nicht so nahe stehen. Die Bedienung im Laden, der Taxifahrer, die Empfangsdame, die Kellnerin oder Ihr Mitreisender im Zug – widmen Sie ihnen Ihre ganze Aufmerksamkeit. Seien Sie empfänglich und voller Respekt, behandeln Sie sie nicht wie Objekte. Selbst der geringste Kontakt mit einem Menschen kann ein Band der Empathie knüpfen.

In Beziehungen findet man häufig eine eigene Dynamik der Macht, bei der eine Partei der anderen häufig überlegen ist. So spürt ein Lehrer oft seine beherrschende Stellung gegenüber seinen Schülern, ein Manager fühlt sich seinen Untergebenen überlegen, der Passagier im Taxi hat das Gefühl, dass er einen höheren Status besitzt als der Fahrer und so weiter. In sexuellen Beziehungen kann sich ein Partner vom anderen dominiert fühlen. Die Beziehung kann aber auch ein immerwährender Machtkampf sein, bei dem sich ein oder beide Partner ständig herabgesetzt oder schlecht behandelt fühlen und darum kämpfen, den Willen ihres Partners dem eigenen anzupassen. Selbst bei Freunden oder Kollegen stellen wir oft fest, dass es Menschen gibt, die eine stärkere, selbstbewusstere Persönlichkeit besitzen als wir. Wir fühlen uns ihnen unterlegen, bei anderen hingegen verhalten wir souveräner, weil wir ihnen gegenüber eine Dominanz spüren.

Wenn wir nun anderen Menschen gegenüber völlig gegenwärtig sind, verliert dieser Machtkampf jede Bedeutung. Wir sind nicht länger zwei unterschiedliche Wesen, die miteinander um Vorherrschaft streiten oder uns je nach unserem Dominanzniveau über- oder unterlegen fühlen. Die Grenzen zwischen uns verschwimmen, weil uns der Fluss der Empathie vereint. Beziehungen vermitteln uns nicht länger ein egostärkendes Gefühl von Status, sondern das viel befriedigendere Gefühl von Verbundenheit und Verständnis.

Achtsamkeit

Ein anderes Wort für das, was ich „bewusste Aufmerksamkeit" nenne, ist natürlich Achtsamkeit. Ich verwende den Begriff „bewusste Aufmerksamkeit", weil er den tatsächlichen Zustand viel besser beschreibt.

Das Großartige daran, diese Übung zu praktizieren, ist, dass sie – anders als das sitzende Meditieren – jederzeit und überall durchgeführt werden kann. Das ist auch der Grund, warum manche Leute die Übung der Achtsamkeit natürlicher finden als die sitzende Meditation und warum man am besten mit ihr beginnt. Meditation und Achtsamkeit – oder bewusste Aufmerksamkeit – gleichen sich sehr. Der Hauptunterschied besteht aber darin, dass wir bei der Meditation versuchen, den Geist zu leeren und zu beruhigen, um einen Zustand des reinen (oder zumindest reineren) Bewusstseins zu erlangen. Die Meditation geht gewöhnlich mit einer Form des *Rückzugs* einher. Man verlässt sozusagen den Alltag, betritt ein ruhiges Zimmer, setzt sich still hin und schließt die Augen. Dagegen versuchen Sie in der Achtsamkeit, überhaupt nichts zu tun. Sie beobachten nur, was um Sie herum geschieht. Sie versuchen nicht, Ihren Geist zu beruhigen, Sie beobachten ihn nur. Sie ziehen sich nicht aus der Welt zurück, Sie widmen Ihre ganze Aufmerksamkeit ausschließlich Ihrer Erfahrung *in* der Welt. Sie können achtsam essen, trinken, spazieren gehen, die Zähne putzen oder sich mit Freunden unterhalten, wenn Sie all diesen Handlungen Ihre ganze Aufmerksamkeit widmen, ohne sie dabei zu analysieren.

Schließlich fühlt sich die bewusste Aufmerksamkeit ab einem gewissen Zeitpunkt so natürlich an, dass sie – wie das positive Denken und das Nichtidentifizieren mit den Gedanken – zur Gewohnheit geworden ist und Sie sie gar nicht mehr *praktizieren* müssen. Sie müssen keine bewusste Anstrengung mehr unternehmen, um sich auf das Gegenwärtige zu konzentrieren, Sie *sind* einfach gegenwärtig.

Stufe 7: Meditation

Auch Meditation ist eine notwendige – und äußerst effektive – Methode, unseren Geist zu heilen. Im neunten Kapitel haben wir erfahren, dass es sich bei der Meditation um das effektivste Mittel handelt, die *Humanie* zeitweise zu transzendieren. Sich von allen äußeren Reizen zurückzuziehen und die ganze Aufmerksamkeit auf ein Mantra zu richten (oder auf die Atmung oder eine Kerzenflamme), beruhigt unser Gedankengeschwätz und weicht die Grenzen des Egos auf, damit wir die Harmonie des Seins erleben können. Nach einer guten Übung kann diese Wirkung stundenlang anhalten.

Aber Meditation wirkt sich auch *langfristig* aus. Wenn wir sie über Monate oder Jahre regelmäßig praktizieren, trägt sie dazu bei, dass wir einen Zustand der dauerhaften Harmonie erreichen können.

Viele Menschen begehen den Fehler, mit dem Meditieren zu beginnen, bevor sie dafür bereit sind. Sie besuchen einen Meditationskurs, obwohl in ihnen noch jede Menge psychischer Zerrissenheit herrscht, noch bevor sie die Folgen eines Traumas geheilt oder ihr Gedankengeschwätz gestillt oder sich mit den ihm zugrunde liegenden negativen Gedankenmustern beschäftigt haben. Wenn Sie in dieser Phase mit dem Meditieren beginnen, kann das kontraproduktiv sein, möglicherweise sogar gefährlich. Plötzlich werden Sie von dem Schmerz einer verdrängten traumatischen Erfahrung verschlungen oder fühlen sich überwältigt von der chaotischen Negativität Ihrer Gedanken. Das schreckt Sie im geringsten Fall für absehbare Zukunft von dieser Praxis ab. Deshalb ist es so von Bedeutung, dass wir zuerst die ersten sechs Stufen zurücklegen, bevor wir uns zum Meditieren hinsetzen. Zu einem signifikanten Grad müssen Sie zuerst Ihre psychische Zerrissenheit geheilt haben. Aber an diesem Punkt, insbesondere nach der Praxis der bewussten Aufmerksamkeit, sollten Sie sich einigermaßen problemlos auf die sitzende Meditation einstellen können.

Meditation umfasst erwiesenermaßen ein breites Spektrum an Vorteilen: physische Vorteile wie etwa ein niedrigerer Blutdruck, ein stärkeres Immunsystem und höhere Schmerzunempfindlichkeit, psychische Vorteile wie verminderte Angst und Depression oder ein stärkeres Konzentrations- und Aufmerksamkeitsvermögen. Manche preisen sie auch als Mittel der Stressbewältigung und Leistungssteigerung im Büro an. Ich jedoch sehe als Hauptzweck – als größten Nutzen – der Meditation die Therapie unseres verwirrten Geistes. Sie ist das effektivste Mittel, die *Humanie* zu heilen und permanent zu transzendieren.

Forschungsergebnisse belegen, dass regelmäßige Meditation das Gehirn wie eine Therapie physisch verändert. Bei einer Untersuchung scannten Wissenschaftler der Universität von Wisconsin 2003 die Gehirne buddhistischer Mönche, die bereits seit Jahrzehnten meditierten. Sie fanden heraus, dass sich der linke präfrontale Cortex der Mönche – die Gehirnregion, die mit positiver Stimmung und Gefühlen in Verbindung gebracht wird – ungewöhnlich aktiv zeigte. Andere Untersuchungen bei langjährigen Meditierenden ergaben, dass ihre Großhirnrinde (die äußere Schicht des Gehirns) in den Bereichen dicker war, die man mit Aufmerksamkeit und emotionaler Integration in Verbindung bringt.

Eine Untersuchung von 2011 ergab, wie schnell sich diese Veränderungen vollziehen. Bei 16 Versuchspersonen wurde vor einem achtwöchigen Programm mit wöchentlichen Meditationen und täglichen, mit einer CD geführten Audiomeditationen ein MRT des Gehirns erstellt. Die Teilnehmer meditierten im Schnitt 27 Minuten pro Tag, am Ende der acht Wochen wurde erneut ein MRT erstellt. Die zweiten Bilder zeigten eine Zunahme an ‚grauer Substanz' in genau den Teilen des Gehirns, die mit dem Lern- und Erinnerungsprozess sowie mit Mitgefühl und Selbstbeobachtung in Zusammenhang gebracht werden. Bei den tibetischen Mönchen fand man weniger ‚graue Substanz' – und weniger Aktivität – in der Amygdala; ein Hinweis auf weniger Angst und geringeren Stress.

Einmal mehr ist das ein hervorragender Beleg für die Neuroplastizität. Und für uns ist dabei am wichtigsten, dass – wenn die Meditation so schnelle neurologische Ergebnisse zeigt – sie mit Sicherheit auch *psychische* Veränderungen zur Folge haben kann. So wie sie die physische Struktur und Form des Gehirns verändert, kann Meditation auch die Struktur der Psyche verändern – insbesondere indem sie unsere kognitive Zerrissenheit dauerhaft reduziert und die Grenzen unseres Egos aufweicht.

Das ist einer der Gründe, warum es so wichtig ist, regelmäßig zu meditieren, damit sich die Dynamik dieser Veränderung zu steigern vermag. Wenn Sie zweimal am Tag 20 Minuten lang oder länger meditieren – und darin auch ausreichend geübt sind –, dann schwächen Sie dabei jedes Mal ein klein wenig die normale Struktur der Psyche, so wie jeder kräftige Windstoß auf Dauer die Fundamente eines einsturzgefährdeten Hauses schwächt. Auch wenn sich die normale Struktur ein paar Stunden nach der Meditation wieder einstellt, wird sie nie mehr so stark sein wie zuvor. Es handelt sich um einen kumulativen Prozess – nach einigen Monaten der regelmäßigen Meditation sind Sie immer noch von Gedankengeschwätz betroffen, es ist aber längst nicht mehr so laut und chaotisch wie vorher. Es herrscht ein Grad an innerer Ruhe vor – oder zumindest weniger innere Unruhe – und Sie haben Zugriff auf das Reservoir an Wohlbefinden, das unter der Oberflächenunzufriedenheit unseres Geistes ruht. Zudem ist das Gefühl der Dualität zwischen Ihnen und Ihrer Umwelt und zwischen Ihnen und dem, was Sie tun, bei weitem nicht mehr so ausgeprägt. Sie empfinden sich als Teil der Welt, nicht mehr bloß als ihr Beobachter.

Wie ich zu Beginn des letzten Kapitels erwähnt habe, stärkt die regelmäßige Meditation auch die Fortschritte, die Sie in den frühen Stadien dieses Weges erreicht haben. Wenn Sie beispielsweise zur dritten Stufe zurückgehen, dann hilft Ihnen die Meditation dabei, sich nicht länger mit Ihren Gedanken zu identifizieren und neben ihrem Fluss zu stehen, anstatt sich von ihm mitreißen zu lassen. (Wie ich in diesem Abschnitt auch anmerkte, ist das Ziel der *Vipassana*-Meditation, uns selbst vom Strom unserer Gedanken und Gefühle abzutrennen und sie nur zu beobachten.)

Bei Stufe 4 ist es ähnlich: Die Meditation verringert die negative Färbung Ihrer Gedanken. Wenn Ihr Gefühl der Ego-Abtrennung und der Unvollständigkeit schwindet, ist die Atmosphäre Ihres Geistes weniger mit Ängsten aufgeladen. Folglich sind Ihre Gedanken weniger negativ, so wie auch ein Mensch in einem großen Raum voller Licht weniger aufgeregt und nervös ist als in einem engen, dunklen Zimmer. Alle Überreste des negativen „Drehbuchs", die Sie noch mit sich herumschleppen, werden immer schwächer und verschwinden hoffentlich für immer.

Und natürlich fördert die Meditation auch den Fortschritt, den Sie auf der ersten Etappe des Weges machten, und hilft Ihnen dabei, sich immer mehr an Ihren eigenen geistigen Raum zu gewöhnen. Nach wenigen Monaten regelmäßiger Meditation sollten Sie mit dem Territorium Ihres Geistes vertraut sein und sich dort wohler fühlen. In der Folge wird Ihr Impuls, Ihre Aufmerksamkeit in Ablenkungen und Aktivitäten zu versenken, immer weiter abklingen.

Das wird Ihnen auch dabei helfen, sich auf eine Weise *selbst zu erkennen*, die Ihnen zuvor nie möglich war. Gewöhnlich sind wir uns selbst fremd, da unsere Aufmerksamkeit ständig nach außen gelenkt wird. Alles, was wir von unserem Selbst kennen, ist die Zerrissenheit an der Oberfläche und die Unzufriedenheit, der wir zu entkommen versuchen. Die Meditation ermöglicht es uns jedoch, unter die Oberfläche zu gehen und unser inneres Wesen ausführlicher und tiefer zu erkunden. Sie versetzt uns in die Lage, die Arbeit unseres eigenen Geistes zu untersuchen: wie unsere Gedanken und Gefühle entstehen und wie Ereignisse im Außen unsere Stimmung beeinflussen und so weiter. Sie trägt dazu bei, dass wir besser auf uns selbst eingestimmt sind, dass wir wissen, wann wir uns zurückziehen und entspannen oder wann wir aktiv sein sollten. Unvertrautheit birgt gemeinhin Misstrauen und Angst in sich, wie zwei Nachbarn, die seit Jahren nebeneinander wohnen, aber noch nie ein Wort gewechselt haben. Wenn die Nachbarn aber erst einmal anfangen, miteinander zu plaudern und eine Beziehung einzugehen, verschwindet dieses Misstrauen. Das trifft auch auf unser inneres Wesen zu: Sobald wir beginnen, es zu erforschen und uns mit ihm zu verbinden, ersetzt Harmonie die Angst.

Regelmäßige Meditation mag Ihnen auch ein neues Gespür dafür geben, in sich selbst *verankert* zu sein. Ist die Identität im Ego verwurzelt, ist sie austauschbar. Ihr Identitätsgefühl ändert sich mit der Stimmung, in der Sie sich befinden, mit den Gedanken, die Sie haben, mit den Rollen, die Sie einnehmen, oder mit den Leuten, mit denen Sie sich umgeben. Sie haben vielleicht das Gefühl, eine bestimmte Person zu sein, wenn Sie schlecht gelaunt und einsam zu Hause hocken, und eine ganz andere Person, wenn Sie am Abend mit Ihren Freunden feiern gehen. Sie haben möglicherweise eine Identität, wenn Sie an Ihre Vergangenheit denken, und eine ganz andere, wenn Sie sich die Zukunft ausmalen. Das kann Ihnen das frustrierende Gefühl der Unbeständigkeit vermitteln, so, als säßen Sie auf einem Identitätskarussel, das nie länger als ein paar Stunden stillsteht. Der esoterische Philosoph G. I. Gurdjieff erklärte, der Mensch bestünde aus Millionen von „Ichs", die sich ständig im Streit um unser Bewusstsein befänden. Gurdjieff zufolge nimmt praktisch jede Sekunde ein anderes „Ich" den „Sitz" unserer Identität ein. Deshalb besäßen wir kein echtes Selbstgefühl. Das ist sicherlich übertrieben, dennoch stimmt die Idee grundsätzlich.

Die Meditation stabilisiert jedoch Ihr Identitätsgefühl. Die Millionen unterschiedlicher „Ichs" machen einem solideren und tief verwurzelten „Ich" Platz, dass in all den unterschiedlichen Erfahrungen und Situationen unverändert bleibt. Sie spüren, dass es das ist, was Sie *wirklich* sind – was Sie die ganze Zeit schon waren, das essenzielle Selbst, das wie der blaue Himmel von Wolken verdeckt war.

Es ist wichtig, sich daran zu erinnern, dass – zumindest auf der psychischen Ebene – Meditation an sich nichts Esoterisches ist. Es handelt sich ganz einfach nur um eine Methode, das Gedankengeschwätz zu beruhigen und die Grenzen des Egos aufzuweichen. Wie in Kapitel 9 gezeigt, gibt es jede Menge Aktivitäten, die eine ähnliche Wirkung besitzen, etwa Yoga, Tai-Chi, Schwimmen, Laufen oder der Kontakt zur Natur. Das alles sind gewissermaßen „meditative" Tätigkeiten; deshalb empfehle ich, eine oder mehrere davon neben der Meditation zu betreiben, um ihre Wirkung zu erhöhen. Besonders wichtig ist dabei der regelmäßige Kontakt zur Natur. Wie wir bereits erfahren haben, führt der Kontakt mit der Natur zu einem zeitweiligen Erleben der Harmonie, und zwar gerade wegen seiner meditativen, den

Geist beruhigenden Wirkung. Darüber hinaus trägt die Natur dazu bei, unsere Ego-Grenzen aufzulösen und bestärkt uns darin, dass wir keine isolierten Wesen, sondern ein Teil des unfassbar großen und komplexen Geflechts des Lebens sind. Der tägliche, ruhige Spaziergang über die Felder – oder durch einen Park oder ein Naturschutzgebiet, wenn Sie in einer Großstadt leben – hat deshalb eine ähnliche Wirkung wie die Meditation selbst.

Schritt 8: Den Geist durch Ruhe und Stille heilen

Da es sich bei der Harmonie um den naturgemäßen Zustand des Geistes handelt, haben wir alle von Natur aus die Neigung, zu ihr zurückzukehren, so wie Wasser sich wieder beruhigt, wenn Wind und Wellen verstummen. Unter der Ego-Verrücktheit herrscht aber so viel Chaos in unserem Geist, dass diese Neigung sich nicht von allein durchzusetzen vermag. Man kann es mit unserem Körper vergleichen: Er hat die natürliche Neigung, zu einem Zustand der Gesundheit zurückzukehren. Wenn wir jedoch zu beschäftigt und gestresst sind, wird das nicht funktionieren. Wir müssen unserem Körper die *Möglichkeit* zur Selbstheilung bieten, indem wir ihn zur Ruhe kommen und entspannen lassen. Und während unser Geist eifrig damit beschäftigt ist, zu schwatzen und Informationen aufzusaugen und sich auf irgendwelche Aufgaben zu konzentrieren, hebt er damit die Kraft auf, die ihn wieder in die Harmonie zurückziehen will. Genau wie beim Körper müssen wir auch dem Geist die *Möglichkeit* bieten, zur Harmonie zurückzukehren.

An diesem Punkt unserer Reise über die *Humanie* hinaus hilft uns nun diese natürliche Neigung. Wenn unser Geist sich beruhigt und wir lernen, in uns selbst zu leben, übt sie eine subtile Kraft aus, die unsere Bewegung beschleunigt.

Wir müssen diese Neigung jedoch auch bewusst *bestärken*, indem wir ihr jede Möglichkeit bieten, sich zu manifestieren. Am besten gelingt das, wenn wir der Stille und Ruhe (oder der Untätigkeit) in unserem Leben mehr Platz einräumen. Ruhe und Stille ermöglichen es der Anziehungskraft, in Richtung Harmonie zu wirken, so wie etwas Ruhe dem Körper ermöglicht, seine Heilungskräfte zu manifestieren.

Für die meisten Menschen stellen Ruhe, Stille und Einsamkeit Feinde dar, denen man nach besten Kräften aus dem Wege geht. Doch das ist teilweise erneut eine Frage der Gewöhnung. Wir führen unser Leben vor einem Hintergrund des beständigen Lärms – das Geschwätz der Fernseher und Radios, das Dröhnen der Autos und Flugzeuge, das Klappern und Surren von Maschinen. Wir sind so an den Geräuschpegel im Hintergrund gewöhnt, dass wir uns unwohl fühlen, wenn es verstummt. Das Geplärr von Fernseher und Radio in unseren Wohnungen ist uns so vertraut, dass es sich falsch anfühlt, wenn wir nach Hause kommen und alles ruhig ist: Die Atmosphäre wirkt kalt und leer.

Aber der Hauptgrund, warum wir das Alleinsein und die Stille nicht ertragen, liegt natürlich darin, dass sie uns unserer inneren Zerrissenheit ausliefern. Wenn wir allein sind, spüren wir unsere Ego-Isolation, die scheinbar unüberbrückbare Kluft zwischen uns und der Welt „da draußen". Und Stille bedeutet zudem, dass wir keine Ablenkung finden, auf die wir unsere Aufmerksamkeit richten können; wir erleben also das Chaos und die Negativität unseres Gedankengeschwätzes.

Sobald jedoch Ihre innere Zerrissenheit zu heilen beginnt, wird sich Ihre Einstellung gegenüber der Stille und dem Alleinsein radikal verändern. Sie werden diese Zustände genießen und nicht länger fürchten. Aus Feinden werden nun Ihre besten Freunde. Die leeren Augenblicke des Alleinseins, die vorher so quälend nackt erschienen, wirken plötzlich angenehm und vollkommen.

Während in unserem normalem Zustand Stille und Alleinsein uns der Zerrissenheit an der Oberfläche unseres Seins ausliefern, bringen sie uns, wenn diese Zerrissenheit auch nur ein wenig gewichen ist, in Kontakt mit der Harmonie *unter* der Oberfläche, dem strahlenden Wohlbefinden, das die unendliche Weite unseres ganzen Seins erfüllt. Wenn wir beim Alleinsein in der Regel unsere *Un*verbundenheit mit der Welt und mit unseren Mitmenschen empfinden, so bringt sie in diesem Zustand eine tiefgreifende Erfahrung der *Verbundenheit* mit sich – mit unserem tieferen Selbst und der Welt als Ganzes.

Ein Mensch, der die heilende Kraft der Stille und des Alleinseins ganz intensiv erlebte, ist der Australier Paul Naranda Alister. 1978 wurde er zu Unrecht wegen eines Terrorangriffs verurteilt und verbrachte sieben Jahre unschuldig im Gefängnis, bis er begnadigt wurde. In seinem Buch *Bombs, Bliss and Baba* (auf Deutsch etwa: „Bomben, Seligkeit und Baba") beschreibt er, wie schrecklich das Leben für seine Mitgefangenen war. Sie verbrachten mehrere Stunden am Tag allein in ihren Zellen. Diese Isolation machte sie apathisch und misstrauisch und verursachte Depressionen und Selbstmordgedanken. Sie erschuf zudem ein verzweifeltes Bedürfnis nach Ablenkung und führte somit zu Drogenmissbrauch, wahllosem Sex und dem Mitwirken in Gangs und Banden. Dies sind die Auswirklungen, wenn man zu stark der inneren Zerrissenheit ausgesetzt wird. Wir sind ihnen bereits häufiger in diesem Buch begegnet. (Erinnern Sie sich an Pascals Satz im ersten Kapitel, dass gerade der Mangel an Ablenkungen das Gefängnis zu einem solch schrecklichen Ort macht.)

Zuerst konnte auch Paul Naranda Alister die Stille und das Alleinsein kaum ertragen. Aber nach einer Weile hielt er sie für einen Segen. Bereits vor seiner Zeit im Gefängnis hatte er begonnen, dem spirituellen Pfad zu folgen: Er meditierte regelmäßig und machte Yoga, was dazu beitrug, dass er auch die positive Seite der Stille und des Alleinseins wahrnahm. Er nutze die Zeit, um nachzudenken, sich in Kontemplation zu begeben und stundenlang zu meditieren, und erfuhr so ein neues Gefühl des Wohlbefindens und der Lebendigkeit. Er entwickelte etwas, das er als „ein tiefes Gefühl von Freiheit und Positivität" beschrieb, und fand heraus, dass er damit bei seiner Arbeit im Gefängnis und bei seinem Umgang mit Mithäftlingen viel besser funktionierte.

Aus diesen Gründen ist er der Ansicht, er habe aus seinen Jahren im Gefängnis einen dauerhaften Nutzen gezogen. Er schreibt:

> *„Die innere Stille, die mir das Gefängnis gewährte, schenkte mir eine Erfahrung, die ich bis heute bewahre. Ich meide die Isolation und das Alleinsein nicht mehr. Wenn überhaupt, so freue ich mich auf sie als eine Zeit, in der ich meine innere Stille erleben darf,*

die mir so viel Glückseligkeit verleiht. Ob in der Meditation oder einfach nur, wenn ich ganz allein bin, so empfinde ich die Stille als golden, da ich sie als Möglichkeit erlebe, mich mit meinem spirituellen Selbst zu verbinden.“ (Alister, 1997, p. 171)

Die Romanautorin Sara Maitland machte eine vergleichbare Erfahrung, als sie sechs Wochen in Stille und Einsamkeit in einem abgelegenen Landhaus auf der Isle of Skye in den schottischen Highlands verbrachte. Als Erstes stellte sie fest, dass sich ihre Wahrnehmung schärfte. Sie schildert es folgendermaßen: „Gegen Ende der zweiten Woche spürte ich alles in einer ganz besonderen Intensität.“ Später erlebte sie ein starkes Gefühl der Einheit mit ihrer Umgebung. Sie beschreibt es als „eine Verbindung, als sei meine Haut fortgerissen worden … Ich fühlte mich mit allem völlig verbunden.“ All diesen Erfahrungen lag ein wachsendes Wohlbefinden zugrunde. „Momente intensiven Glücks, gefolgt von der kraftvollen Überzeugung, dass dieser Moment ein ganz besonderes Geschenk darstellte.“

Der wichtigste Faktor in diesem Zusammenhang ist, dass sowohl Paul Naranda Alister als auch Sara Maitland ihrer Ego-Verrücktheit zu einem gewissen Maße bereits transzendiert hatten. Was Paul von seinen Mithäftlingen unterschied, war, dass seine Praxis der Meditation (und sein spiritueller Weg vor dem Gefängnisaufenthalt) bedeutete, dass er weniger innere Zerrissenheit in sich trug. Das ermöglichte es ihm, die Stille und das Alleinsein anzunehmen. Bei Sara Maitland verhält es sich ähnlich: Sie ist gläubige Katholikin, die Gebet und Kontemplation gewohnt ist. Für jemanden mit einem normalen Grad an innerer Zerrissenheit können sechs Wochen der Stille und Einsamkeit in einem Nervenzusammenbruch oder im Wahnsinn enden. Aber für sie – wie auch für Paul – waren sie kein Anlass für Unzufriedenheit oder Unbehagen, sondern wirkten sich im Gegenteil äußerst positiv aus. Sie halfen ihrem Geist dabei, zu seinem natürlichen Zustand der Harmonie zurückzufinden.

Ich möchte damit sagen, dass Sie sich bewusst anstrengen sollten, Ruhe in Ihr Leben zu bringen, und dies als eine Art der spirituellen

Praxis wie Meditation oder Yoga betrachten sollten. Versuchen Sie, zwei oder drei Abende in der Woche – vielleicht auch einen ganzen Tag – in Stille zu verbringen und dabei nur wenig zu tun. Das sind dann Ihre „Rückzugszeiten". Ziehen Sie die Stecker von Fernseher, Computer und CD-Player und genießen Sie die warme, weite Stille, die den Raum flutet. Man muss nicht den ganzen Abend oder Tag mit Nichtstun verbringen, man kann ein paar Hausarbeiten erledigen oder ein bisschen lesen. Tatsächlich können diese Aktivitäten vor dem Hintergrund der Stille sicherstellen, dass Sie sie mit bewusster Aufmerksamkeit bewältigen.

Stille muss nicht immer gleichbedeutend mit Einsamkeit sein. Sie können einen Abend gemeinsam mit Ihrem Partner oder einem guten Freund in Stille begehen. Wenn Sie sich beide in der Stille wohlfühlen, müssen Sie nicht viel reden. Verbringen Sie aber tatsächlich Zeit mit einem anderen Menschen vor einem Hintergrund von angenehmer Stille, stellen Sie fest, dass Sie enger und vertrauter kommunizieren, auch wenn Sie vielleicht viel weniger reden. Statt Ihre Aufmerksamkeit für Ihren Mitmenschen mit Musik, dem Radio oder dem Fernsehen zu teilen, schenken Sie ihm Ihr ganzes Selbst. Sie erleben die Kraft und Gegenwart seines wie auch Ihres Seins. Falls die Beziehung durch Uneinigkeit belastet ist, verschwindet diese – so wie Ihre eigene innere Zerrissenheit.

Es ist jedoch auch von Bedeutung, etwas Zeit mit sich allein zu verbringen. Denken Sie daran, dass der Kontakt zu Ihrem eigenen Selbst genauso wichtig ist wie der Kontakt zu anderen Menschen. Ihre Beziehung zu Ihrem tieferen Wesen muss genauso gepflegt werden wie jede Freundschaft. Und es ist besser, dies allein zu tun als in Gesellschaft.

Es ist völlig natürlich, Freunde zu haben und soziale Bindungen einzugehen; einige der stärksten und tiefsten Erfahrungen in unseren Leben rühren aus dem Kontakt zu anderen Menschen her. Ich würde auf keinen Fall raten, sich vollkommen aus der Gesellschaft zurückzuziehen und zum Eremiten in der Wüste zu werden. In der *Humanie* wird allerdings unser *natürliches* Bedürfnis nach gesellschaftlichen Kontakten durch die psychische Zerrissenheit übersteigert.

Wie bei anderen Aktivitäten auch nutzen wir unsere soziale Aktivität häufig, um unserem Selbst zu entfliehen. Wir reden, nur um unsere Aufmerksamkeit von unserer inneren Zerrissenheit abzulenken, und überdecken so unser Gedankengeschwätz mit echtem Geschwätz. (Wir ziehen das echte Geschwätz dem Gedankengeschwätz sogar vor, weil wir es stärker kontrollieren können und es nicht in unseren Köpfen stattfindet und deshalb nicht unser Gefühl der Ego-Isolierung verstärkt.) Gespräche vereinnahmen unsere Aufmerksamkeit genauso wie Fernsehsendungen und Bücher. Sie tragen also dazu bei, dass wir uns unserer inneren Zerrissenheit nicht stellen müssen.

Andererseits *zwingt* uns unser Grundzustand der Ego-Isolation und Unvollständigkeit dazu, Kontakt zu anderen Menschen aufzunehmen. Wir brauchen soziale Kontakte, um die grundlegende Einsamkeit abzufedern, die wir empfinden, und um die Kluft zu überbrücken, die wir zwischen dem Innen und dem Außen erleben. Soziale Kontakte können uns wahrlich dabei helfen, da sich die Grenzen zwischen unserem und ihrem Selbst auflösen, wenn wir eine bedeutsame und enge Bindung zu einer anderen Person aufbauen. Nur zu häufig reden wir jedoch mit anderen Menschen, ohne wirklich eine Verbindung mit ihnen einzugehen. Häufig weicht gesellschaftlicher Umgang unsere Isolation also nicht wirklich auf, er lenkt uns nur von ihr ab.

Wenn Sie sich jedoch erst einmal in Richtung Harmonie bewegen, sind Sie nicht mehr von sozialen Kontakten abhängig. Sie müssen nicht wie wild alle Ihre Freunde anrufen, weil Sie Angst vor der Leere der Abende haben. Stattdessen freuen Sie sich darauf, diese Zeit still und geruhsam mit sich selbst zu verbringen. Vielleicht merken Sie, dass Sie dann Freunde verlieren; aber die Freundschaften, die bleiben, sind vertrauter und aufrichtiger. Sie genießen Ihr Alleinsein und erfreuen sich zur gleichen Zeit an Gesprächen und Freundschaften, wenn es angemessen erscheint. Wie zum Alleinsein wird sich auch Ihre Einstellung zu sozialen Beziehungen ändern. Sie nehmen Sie nicht mehr als Quelle der Freude oder Ablenkung wahr, sondern als Quelle der Empathie und Verbundenheit, als Mittel, um Grenzen aufzulösen und Güte und Zuwendung zu teilen.

Deshalb bilden natürlich Stille und Alleinsein integrale Bestandteile der monastischen Lebensweise. Für Mönche ist Stille eine spirituelle Übung. In den meisten Klöstern gibt es Orte, an denen geschwiegen wird, etwa die Kirche, das Refektorium oder das Dormitorium, und bestimmte Zeiten – unter anderem die Nacht –, in denen Sprechen strengstens untersagt ist. Die Stille gilt als Weg zur Selbsterkenntnis und zur Reinigung des Geistes von Ablenkungen, damit er offen und empfänglich für Gott bleibt. (Manche Orden verwenden eine bestimmte Zeichensprache, damit die Stille gewahrt werden kann.) Die meisten Mönche leben in Gemeinschaften. Dennoch bleiben gewisse Stunden des Tages dem einsamen Gebet, dem Lesen oder dem Nachdenken vorbehalten. Zugegebenermaßen scheinen es manche Orden damit zu weit zu treiben – die Kartäusermönche beispielsweise verbringen den ganzen Tag allein in ihren Zellen und verlassen diese nur, um dreimal am Tag in die Kirche zu gehen. (Sie dürfen auch nur zweimal in der Woche miteinander sprechen: am Sonntag nach dem Mittagessen und montags während eines Gemeinschaftsspaziergangs.) Doch all diesen Praktiken liegt die Erkenntnis zugrunde, dass Stille und Ruhe die Pforten zu innerem Frieden sind.

Langsam und einfach leben

Die Anziehungskraft der Harmonie kann sich, obgleich sie sich am stärksten in Stille und Alleinsein manifestiert, auch in unserem aktiven Leben äußern. Gewöhnlich ist unser Leben so geschäftig und kompliziert, dass es unseren Geist überlastet, uns mit Informationen bombardiert und einen Wirbelwind von Gedanken entfacht. Das hemmt die Anziehungskraft der Harmonie. Nichts steht dem Zustand der Harmonie so im Wege wie die Eile, wenn unser Geist prall gefüllt ist mit Pflichten und die Gegenwart völlig verdrängt, weil er so rasch wie nur möglich die Zukunft erreichen möchte. Wenn wir aber die allgemeine Geschäftigkeit und Komplexität unseres Lebens reduzieren wollen und uns bewusst anstrengen, *langsam* und einfach zu leben, dann besteht die Möglichkeit, dass wir selbst in unseren aktivsten Phasen genug Stille in uns haben, damit sich die Anziehungskraft der Harmonie entfalten kann.

Es wird zu einem ganz natürlichen Prozess, wenn Sie sich auf die Harmonie zubewegen, Sie können aber auch sehr bewusst daran arbeiten. Sie stellen einfach nur sicher, dass Ihr Leben nicht mit Pflichten und Aktivitäten vollgestopft ist. Praktisch kann das bedeuten, dass Sie Ihre Arbeitszeit reduzieren (wenn es denn geht) und auf unnötigen Besitz verzichten. Manchmal verlieren wir aus dem Blick, dass Besitz auch eine Belastung sein kann, dass er unsere Kraft und Zeit frisst. Je mehr wir haben, desto mehr Zeit müssen wir aufwenden, um uns darum zu kümmern, und desto mehr Energie schwindet dahin. Nicht wir besitzen unser Habe, unser Habe besitzt uns. Ein einfaches Leben zu führen kann auch bedeuten, die Verpflichtungen gegenüber anderen Menschen zu reduzieren, also etwa die Anzahl derjenigen, mit denen Sie sich E-Mails schreiben, oder die Zahl der Vereine, bei denen Sie Mitglied sind.

Es lohnt sich zudem, die bewusste Anstrengung zu unternehmen, zu entschleunigen und Hast und Eile zu vermeiden, wann immer es möglich ist. Immer wenn Sie feststellen, dass Sie sich gerade beeilen – beim Kochen, Essen, Spazierengehen, Saubermachen, bei der Arbeit oder bei einem Gespräch –, halten Sie einfach eine Sekunde lang inne und orientieren sich neu an der Gegenwärtigkeit. Bemühen Sie sich bewusst, diese Aktivität nun langsamer auszuführen. Hetzen Sie nicht beim Essen – widerstehen Sie der Anziehungskraft der Zukunft und nehmen Sie sich Zeit. Genießen Sie den Geschmack Ihres Essens wirklich, statt es unbewusst zu kauen und herunterzuschlingen. Rasen Sie nicht beim Autofahren – wenden Sie den Fokus Ihrer Gedanken von Ihrem Ziel ab und betrachten Sie die Fahrt nicht als nervige Belastung, die Sie so schnell wie möglich hinter sich bringen wollen. Entschleunigen Sie und richten Sie Ihre Aufmerksamkeit auf den Prozess des Fahrens und auf die Häuser und Straßen in Ihrer Umgebung. Denken Sie daran, dass es nicht so schlimm ist, ein paar Minuten später anzukommen – es ist wichtiger, einen ruhigen Geisteszustand zu pflegen, anstatt gestresst und mit dem Geist voller Gedankengeschwätz sein Ziel zu erreichen.

Wie das Beispiel vom langsameren Fahren schon zeigt, ist das Entschleunigen sehr eng mit der bewussten Aufmerksamkeit des sechsten Schrittes verknüpft. Sie begünstigen und erleichtern einander. Die Entschleunigung *ermöglicht* uns die bewusste Aufmerksamkeit für das, was wir gerade tun; und wenn wir dem, was wir gerade tun, bewusste Aufmerksamkeit entgegenbringen, entschleunigen wir ganz automatisch. Es ist nicht möglich, bewusste Aufmerksamkeit zu üben, wenn wir in Eile sind.

Zusammenfassend möchte ich also folgende acht Schritte zur Heilung der *Humanie* und zur Erlangung eines Zustandes der dauerhaften Harmonie des Seins empfehlen:

1. Eignen Sie sich die Gewohnheit an, in Ihrem eigenen geistigen Raum zu ruhen, vermindern Sie Ihre Abhängigkeit von Ablenkungen und Aktivitäten.
2. Wenn es aufgrund eines Traumas schwer für Sie ist, sich Ihrer inneren Zerrissenheit zu stellen, suchen Sie professionelle Hilfe.
3. Lernen Sie, sich zurückzunehmen und sich nicht länger mit Ihrem Gedankengeschwätz zu identifizieren. Beobachten Sie es, anstatt sich von ihm mitreißen zu lassen.
4. Ändern Sie die negative Grundhaltung Ihrer Gedanken, indem Sie die zugrunde liegenden negativen Drehbücher aufdecken, sie in Frage stellen und schließlich ersetzen. Verwenden Sie dazu die im Laufe dieses Buches beschriebenen kognitiven Übungen.
5. Praktizieren Sie eine Form des Dienens.
6. Üben Sie „bewusste Aufmerksamkeit“ oder Achtsamkeit im Alltag.
7. Meditieren Sie jeden Tag mindestens 20 bis 30 Minuten und/oder praktizieren Sie andere „meditative“ Tätigkeiten wie etwa den Kontakt mit der Natur, Laufen oder Schwimmen.
8. Nehmen Sie sich bewusst „Rückzugszeiten“ in Ruhe und Stille und leben Sie langsam und einfach.

KAPITEL 12

Ein neues Selbst, eine neue Welt

Im Zustand der *Humanie* kratzen wir nur an der Oberfläche des Lebens. Viele von uns hasten Jahrzehnte ihres Lebens von einer Ablenkung oder Aktivität zur nächsten und nehmen sich nur hin und wieder Zeit für eine eher unangenehme Innenschau. Wir leben in einer Art Trance, von unserem wahren Selbst und von der wirklichen Welt entfremdet. Wenn wir im mittleren Alter sind und uns in einer essenziellen Krise befinden, befreien wir uns möglicherweise einige Augenblicke lang aus dieser Trance, betrachten unser Leben und fragen uns: „Wo stehe ich? Wie bin ich hierhin gekommen? Was habe ich in den letzten 20 Jahren gemacht?"

Im Zustand der Harmonie erwachen wir dauerhaft aus dieser Trance. Und erst dann beginnen wir, wahrhaft zu leben; erst dann sind wir es wirklich *wert* zu leben. Während wir an *Humanie* leiden, *entfliehen* wir dem Leben, statt es einfach zu leben.

Das Leben im Zustand der Harmonie verändert uns in so vielerlei Hinsicht, dass es praktisch unmöglich ist, alle zu beschreiben. Eine der unmittelbarsten Auswirkungen der Heilung der Ego-Verrücktheit ist das Gefühl der Befreiung, da wir nun endlich von der ständigen Atmosphäre der Angst in unserem Geist erlöst sind. Diese bedrückende Atmosphäre hebt sich wie dunkle Wolken, die sich verziehen, und wir begreifen, dass es *keinen Grund zur Sorge* gibt. Wir haben uns so an die andauernde unterschwellige Angst gewöhnt, dass wir sie nicht einmal mehr wahrnehmen. Wenn sie sich aber verzieht, hinterlässt sie einen Zustand der Leichtigkeit, der sich völlig natürlich und richtig anfühlt.

Wir fühlen uns auch deshalb befreit, weil wir frei von dem beständigen *Druck* sind, den unsere normale innere Zerrissenheit erzeugt, der uns aus uns herausdrängt und uns dazu zwingt, nach immer anderen Orten zu fahnden, denen wir unsere Aufmerksamkeit widmen können.

In unserem normalen Zustand verhalten wir uns wie Drogensüchtige. Wir verspüren ständig den quälenden Drang, uns mit einem ununterbrochenen Nachschub an Aktivitäten und Ablenkungen füttern zu müssen. In der Harmonie verschwindet dieser Druck jedoch, wir fühlen uns erleichtert, friedvoller und freier. Wir entledigen uns des Druckes, etwas *zu tun*. Aktivitäten und Ablenkungen sind nicht länger notwendig, so wie man keine Schmerztabletten mehr benötigt, sobald eine Wunde geheilt ist. Wir sind in der Lage, der Gegenwart vollkommen nackt gegenüberzutreten. Und anstatt dass sie uns mit Unbehagen erfüllt, empfinden wir sie als wunderbar warm und angenehm. Wie Drogenabhängige, die einen Entzug hinter sich haben, sind wir befreit von dem ständigen inneren Druck, für einen *neuen* Schuss zu sorgen, und spüren eine Leichtigkeit, als wäre eine schwere Last von uns genommen.

In unserer Kultur ist der Begriff „Nichtstun“ äußerst negativ besetzt. In einer Welt, die niemals zur Ruhe kommt, gilt das „Nichtstun“ als faul und unproduktiv. Aber wahrhaft „nichts zu tun“, ist eine seltene Fähigkeit. Manchmal meinen die Leute, sie hätten am Wochenende oder im Urlaub „nichts getan“. Aber bei näherer Betrachtung stellt man fest, dass sie einfach nur nicht mit Dingen beschäftigt waren, die unsere Gesellschaft für produktiv hält. Es bedeutet, dass sie im Bett gelegen, Fernsehen geschaut, Zeitschriften gelesen, Kreuzworträtsel gelöst oder mit Freunden am Telefon geplaudert haben, anstatt zu arbeiten, handwerkliche Tätigkeiten im Haus zu erledigen oder woanders hinzureisen. Sie haben nicht wirklich nichts getan, da ihr Geist immer noch mit Aktivitäten und Ablenkungen beschäftigt war. *Wirklich* nichts tun, ist unendlich viel schwerer und hat auch nichts mit Faulheit oder Passivität zu tun. Ganz im Gegenteil: Wahrhaft nichts zu tun bedeutet, lebendig zu sein für den gegenwärtigen Augenblick und für das eigene Selbst, wach zu sein für jede Erfahrung und Empfindung. Es bedeutet, wirklich *entspannen* zu können, ohne das Gefühl zu haben, dass es noch Aktivitäten oder Pflichten gäbe, um die man sich kümmern müsste. Das wird aber nur im Zustand der Harmonie möglich. Nur dann werden Sie wahrhaft zu einem menschlichen Wesen.

Im genauen Gegensatz zu unserem gemeinhin ängstlichen Zustand (in dem wir selbst dann Furcht empfinden, wenn es überhaupt nichts Konkretes zu fürchten gibt) sind Sie im Zustand der Harmonie glücklich, wenn überhaupt kein konkreter Anlass besteht, glücklich zu sein. Wir sind so daran gewöhnt, Glück mit Dingen der Außenwelt in Verbindung zu setzen – guten Nachrichten oder Erfolg, angenehmen Aktivitäten oder Lob und Wertschätzung –, dass wir uns manchmal dieses inneren Wohlbefindens bewusst werden und uns dann fragen: „Das ist ja komisch – warum nur fühle ich mich so glücklich? Was ist mir denn Gutes widerfahren?“ Es ist jedoch nichts geschehen. Dieses Glück hat nämlich keinen äußeren Ursprung. Es ist auch mehr als nur die Abwesenheit von *Un*glücklichsein. Dieses Glück ist die Essenz unseres Seins, genauer gesagt, die Qualität der Kraft, die unser Sein oder Wesen ausmacht.

Wenn Sie erst einmal mit dieser natürlichen Quelle des Wohlbefindens in Kontakt gekommen sind, müssen Sie nicht mehr in der Außenwelt nach Glück suchen. Sie müssen weder Geld noch Erfolg nachjagen oder auf der ständigen Suche nach hedonistischen Kicks sein, nach Alkohol, Drogen, schnellen Autos, durchfeierten Nächten oder Shoppingtouren. (Auch diesbezüglich fühlen wir uns befreit – da wir nun frei von dem *Verlangen* nach solchen Sachen sind.) Die Ironie daran ist, dass man uns konditioniert hat, Glück als etwas zu betrachten, nach dem wir streben müssten, um es von der Welt zu bekommen. In Wirklichkeit jedoch ist Glück ein *innerer* Zustand. Wir verhalten uns wie Leute, die von einem verborgenen Schatz gehört haben und auf der ganzen Welt nach ihm suchen. Sie finden ihn nie, weil er sich die ganze Zeit direkt vor ihrer Nase befand, vergraben im eigenen Hinterhof. Das Glück ist uns so nahe, dass wir es nicht sehen können. In der Harmonie erkennen wir, dass es seinen Ursprung nicht in dem hat, was wir tun oder besitzen, sondern in dem, was wir *sind*.

In der *Humanie* gleicht unser Wesen einem finsteren Wald, dessen Grenze überwuchert und gefährlich ist. Betreten wir ihn, haben wir Angst. Deshalb verbringen wir unsere Zeit lieber außerhalb. Aber der Waldrand trügt. Weil er so dicht ist – und weil uns unsere Angst davon abhält, weiter voranzuschreiten –, kommen wir selten darüber hinaus. Im richtigen Geisteszustand verblassen jedoch manchmal Finsternis und Gefahr einfach und das Laub lichtet sich genug, um uns einen Blick bis zum Herzen des Waldes zu gewähren. Dort ist es hell und geräumig, eine Lichtung öffnet sich zwischen den Bäumen. Und schließlich wird uns bewusst, wie schön und wohlwollend der Wald tatsächlich ist.

In einem dauerhaften Zustand der Harmonie verschwinden Finsternis und Gefahr völlig. Der Wald hat nicht einmal mehr eine Grenze. Sobald man ihn betritt, befindet man sich in seinem warmen und friedlichen Herzen.

Da wir nicht mehr vor uns davonlaufen müssen, werden wir auch nicht länger aus der *Gegenwart* herausgedrängt. Zukunft und Vergangenheit bedeuten uns nicht mehr so viel. Wir leben in der Gegenwart und gehen nur woanders hin, wenn wir wirklich müssen – um Pläne zu schmieden oder aus vergangenen Fehlern zu lernen. Alles, was wir tun, erledigen wir langsam und achtsam, ohne uns von unserer Ungeduld zum Ende der Aktivität ziehen zu lassen – und zur darauffolgenden. Wir steigen aus dem Zug der linearen Zeit aus und halten in der Gegenwart. Es fühlt sich an, als fänden wir nach tagelanger rastloser Betriebsamkeit endlich Frieden.

In der *Humanie* ist das Leben ein ständiger Kampf: Wir kämpfen darum, unsere Aufmerksamkeit von unserer psychischen Zerrissenheit abzuwenden, von unserer grundlegenden Isolation und Unvollständigkeit und Verwirrtheit in uns; wir kämpfen darum, beschäftigt zu sein und neue Wege der Zerstreuung zu entdecken oder unsere innere Unzufriedenheit zu kompensieren oder unsere fragilen Egos aufzuplustern. In der Harmonie aber wird das Leben leicht. Wir müssen nicht mehr kämpfen. Es existiert kein Bedürfnis nach Ablenkung oder Zerstreuung, kein Grund, sich auf die Zukunft zu freuen oder sich zu beeilen. Wir müssen uns nicht betrinken oder Drogen nehmen und nach Geld und Macht streben.

Wir brauchen all diese Dinge nicht, weil *kein Bedürfnis* besteht. Bedürfnisse bringen einen Mangel zum Ausdruck. In der Harmonie herrscht kein Mangel. Die Gegenwart reicht völlig aus. Wir nehmen sie so an, wie sie ist. Wir entfliehen ihr nicht oder versuchen, sie zu vervollkommnen. Sie ist ja schon vollkommen. Sie ist nicht im Geringsten leer, sondern erfüllt von Schönheit und Güte.

Jenseits der Trennung

Wir haben bereits gesehen, dass sich ein Großteil des Leids und der pathologischen Verhaltensweisen in unserem Leben auf unsere Ego-Abtrennung zurückführen lässt. Deshalb wirkt sich die Transzendierung dieser Abtrennung positiv auf unser Verhalten aus. Im Zustand der Harmonie ist das Selbst kein isoliertes und unvollständiges Wesen mehr. Wir sind nicht länger in unserem Kopf gefangen, während die Welt „da draußen" existiert. Die Abgrenzung ist verschwunden. Wir sind Teil des Universums geworden statt Buchstücke desselben. Wir sind Teilnehmer geworden statt Beobachter. Wir sind ein Teil des gleichmäßigen Flusses der miteinander geteilten Erfahrung.

Folglich müssen wir unsere zerbrechlichen Egos auch nicht mehr mit mentalen Anhaftungen wie Besitztümern aufplustern. Wir müssen nicht mehr an irgendetwas glauben, auf irgendetwas hoffen, irgendetwas besitzen oder ein Image als gut aussehende, erfolgreiche, schlaue oder mächtige Persönlichkeit aufrechterhalten. Sie können immer noch schlau oder erfolgreich sein – sogar vermögend –, aber Ihr Wohlbefinden hängt nicht mehr davon ab. Es wäre nicht tragisch, wenn dies alles verschwinden würde. Wir müssen uns an nichts mehr festhalten, weil wir unabhängig und vollständig sind.

Aus den gleichen Gründen brauchen wir auch keine Gruppenidentität mehr. Wir müssen keiner Bande beitreten, nicht Fan einer Fußballmannschaft sein und der Mode hinterherhecheln. Wir müssen unsere Identität nicht an eine Religion oder eine ethnische oder gesellschaftliche Gruppierung knüpfen und dann denken, dass unsere Gruppe sich von anderen Gruppierungen besonders unterscheidet und ihnen überlegen ist. Sie dürfen nach wie vor die Sitten und Bräuche einer kulturellen und religiösen Tradition pflegen, weil Sie sich eng mit ihr verbunden fühlen. Gleichzeitig aber wissen Sie, dass es sich mit Religionen und Kulturen wie mit der Pflanzenwelt verhält – sie entwickelt sich einfach überall auf der Welt unterschiedlich ohne eine ihr innewohnende Überlegenheit. Sie sind nicht mehr der Ansicht, dass Ihre Gruppierung „auserwählt“ ist, dass Sie im Alleinbesitz der Wahrheit sind und die anderen missionieren müssen. Sie begreifen, dass alle Unterschiede zwischen Menschen nur zufällig und oberflächlich sind. Sie fühlen eine tiefe Verbundenheit mit Ihren Mitmenschen, die jede Kultur oder Religion transzendiert.

Der Verlust der Trennung bedeutet auch, dass unsere Angst vor dem Tod vergeht. Da wir nun eine Verbundenheit fühlen – mit anderen Menschen, mit der Natur, mit dem Universum an sich –, halten wir das Ende unserer individuellen Existenz nicht mehr für eine so niederschmetternde Tragödie. Wir hängen nicht mehr so sehr an unseren vergangenen Leistungen, an unsere Hoffnungen für die Zukunft, unserem Besitz oder unseren Beziehungen. Folglich können wir sie loslassen. Wir wissen, dass wir nicht der Mittelpunkt des Universums sind und dass die Welt ganz gut ohne uns auskommt. (Zu diesem Zeitpunkt spüren wir vermutlich ohnehin, dass der Tod nicht das Ende unseres Daseins bedeutet und dass der tiefste Kern unseres Wesens den Tod des Körpers überleben und zu einem Teil des Universums werden wird.)

Der Mangel an Trennung wird auch unsere Beziehungen transformieren. Er öffnet uns für andere Menschen und schafft eine empathische Verbindung mit ihnen, sodass wir uns mit ihnen identifizieren und ihnen helfen wollen. Da wir mit ihnen verbunden sind, können wir ihre Trauer und Sorgen spüren, ihre Freude und Erleichterung. Unsere eigenen Wünsche sind nicht mehr so wichtig. Wirklich wichtig *ist*, dass wir das Leid unserer Mitmenschen lindern und ihre Entwicklung voranbringen. Wir betrachten andere Menschen nicht mehr als Wettbewerber um Geld und Status, nicht mehr als Widersacher, die es zu beurteilen und niederzumachen gilt, damit wir uns selbst besser fühlen. Sie sind nicht länger fremde Wesen, von denen wir uns bedroht fühlen und deren Anerkennung und Zustimmung wir erheischen wollen. Die Verbindung zu ihnen löst Zerrissenheit und Misstrauen auf.

Wie kann man Feindschaft empfinden, wenn es keine Abtrennung gibt?

Das bedeutet auch, dass wir ehrlich und offen mit anderen Menschen kommunizieren. Wenn man sich in der Gesellschaft einer anderen Person befindet, existieren nicht mehr zwei getrennte Egos, die oberflächlich über eine große Kluft hinweg kommunizieren, gegenseitig versuchen, ihre Gedanken und Gefühle zu erraten, und immer die Angst empfinden, zu viel von sich preiszugeben. Der tiefe Fluss der Empathie und Kraft zwischen ihnen ermöglicht es ihnen, sich *wahrhaft* zu erkennen. Sie gelangen unter die Oberfläche des Egos zum wahren Selbst des jeweils anderen, so wie Sie auch mit Ihrem eigenen tieferen Selbst in Berührung kommen. Daraus resultiert ein festes Band von tiefem Verständnis und Vertrauen.

Eine neue Sicht der Wirklichkeit

Hat sich unsere innere Welt erst einmal gewandelt, verändert sich auch die äußere Welt. In der Harmonie wird die Welt zu einem völlig anderen Ort. Unsere Augen öffnen sich für eine weitere, vollständigere und hellere Sicht, die uns eine neue Welt der Gegenwärtigkeit und Bedeutung wahrnehmen lässt. Wir erkennen, dass es ein Fehler war, unsere alte Sicht der Dinge für objektiv und wahr zu halten.

In unserem gewohnten Zustand betrachten wir die Welt durch einen Nebel aus Gedankengeschwätz und schenken ihr nur wenig Beachtung. Folglich wirkt sie öde und eindimensional. Bäume, Blumen, Tiere, Flüsse, der Himmel und die Häuser um uns herum erscheinen so alltäglich, dass sie kaum einen zweiten Blick wert sind. Wir nehmen sie als Gegenstände ohne eigenes Wesen und ohne Verbindung untereinander wahr. Im Zustand der Harmonie aber begreifen wir die all dem zugrunde liegende Schönheit und Sinnhaftigkeit. Wir realisieren, dass die Welt weder unbeseelt noch gleichgültig ist. Bäume, Flüsse, Steine und Wolken, ja sogar von Menschen errichtete Gebäude sind individueller und schöner – und *lebendiger*. Sie scheinen von einer Kraft durchströmt zu sein, die sie erstrahlen lässt und lebendig *macht*.

Wir begreifen, wie begrenzt und falsch unsere alte Sicht der Welt war – wie das verwackelte Bild einer alten Videokamera im Vergleich zu den Aufnahmen mit einem modernen, hochauflösenden Gerät.

Der „Sinn des Lebens" lässt sich weder mit einer Formel zum Ausdruck bringen noch in Worte fassen. Er ist einfach *da*, eine echte, greifbare Atmosphäre, die wir entweder empfinden – oder auch nicht. Sie können ihn überall um sich herum als wohlwollende Energie spüren. Der Sinn macht uns bewusst, dass es irgendwie richtig ist, dass wir auf diesem Planeten in diesem Augenblick am Leben sind. Durch ihn fühlen wir uns auf der Welt „zu Hause".

In der Harmonie *lernen* wir auch die Welt wahrhaft kennen, genauso wie wir uns selbst wahrhaft kennenlernen. In der *Humanie* ist die Welt ein fremder Ort, ganz wie unser eigenes Sein. Unsere Umgebung bildet einen zufälligen Hintergrund, dem wir wenig bis gar keine Beachtung schenken, vergleichbar mit einem Bild in unserem Wohnzimmer, das wir schon seit Jahren nicht mehr richtig betrachtet haben. In der Tat können wir die Welt nicht wirklich kennen, weil wir ja nicht *in* ihr leben.

In der Harmonie werden wir jedoch zu echten Bewohnern dieses Planeten, und wir nehmen ihn in all seiner Komplexität und seiner Beschaffenheit wahr, mit seinen großen Wundern und seiner Schönheit.

Harmonie und Aktivität

Sobald die *Humanie* geheilt ist, werden Sie mit Sicherheit bemerken, dass Sie weniger aktiv sind, weil Sie den Drang zur Geschäftigkeit verlieren. Sie tun jetzt nur noch etwas, wenn es Sie interessiert, wenn es Ihnen Freude bereitet, aus Selbstlosigkeit oder weil es wirklich nötig ist, und nicht mehr aus dem *inneren* Bedürfnis, Ihrem eigenen geistigen Raum zu entfliehen. Gleichzeitig stellen Sie fest, dass Sie bei allem, was Sie tun, effizienter und effektiver sind. Wenn Sie sich in der *Humanie* auf eine Aktivität zu konzentrieren versuchen, strömt beständiges Gedankengeschwätz durch Ihren Geist und buhlt um Ihre Aufmerksamkeit und stört Ihre Konzentration. Sie arbeiten beispielsweise an einem Computerprogramm, füllen ein Formular aus oder schreiben einen Roman, aber immer wieder merken Sie, wie Ihr Geist abdriftet und Sie damit beschäftigt sind, an die schöne Frau oder den tollen Mann zu denken, die bzw. den Sie gestern an der Bar getroffen haben, oder an das Essen, das Sie für die Party später noch besorgen müssen.

Wenn das Gedankengeschwätz sich aber in der Harmonie beruhigt, ist der Strahl Ihrer Aufmerksamkeit viel stärker gebündelt und gleichmäßiger. Er wird nicht mehr vom Gedankengeschwätz unterbrochen und daher müssen Sie ihn auch nicht ständig wie ein ungehorsames Kind zurück zu seiner eigentlichen Beschäftigung zerren. Sie konzentrieren sich viel leichter und müheloser und erreichen mit weniger Aufwand mehr. Sie tun, was zu tun ist, und widmen sich erst danach der nächsten Aufgabe.

Auf ähnliche Weise ermöglicht uns die Harmonie auch, klarer zu *denken*. Da bedeutet nicht unbedingt, dass wir das Denken einstellen. Wir befreien uns vom automatischen, unwillkürlichen Denken, sind aber nach wie vor in der Lage, *bewusst* zu denken, wenn wir müssen. Das heißt, dass wir weiterhin Entscheidungen treffen, Pläne schmieden und Probleme durch logisches Nachdenken lösen können. Wie im zweiten Kapitel bereits erwähnt, erschwert uns das Gedankengeschwätz, in einer vernünftigen, bewussten Weise zu denken, weil es dazu neigt, unsere ganze Aufmerksamkeit in Anspruch zu nehmen, und wir uns nur schwer auf das vorliegende Problem konzentrieren können. Versuchen Sie zum Beispiel mal, auf einer überfüllten Straße in einer geraden Linie zu gehen. Zuerst müssen Sie in dem Chaos der wirbelnden Gedanken einen Ausgangspunkt finden; und wenn Sie dann losgehen, tauchen wieder neue Gedanken auf und versuchen, Sie in verschiedene Richtungen mitzunehmen. Das kann dann auch zu Assoziationen führen, die Ihre Urteilskraft beeinträchtigen: Beispielsweise überlegen Sie gerade, ob Sie einen neuen Mitarbeiter einstellen sollen, aber der Bewerber heißt Jones und Sie kannten schon einmal einen Jones, der für Sie gearbeitet hat und den Sie nicht leiden konnten – und unbewusst entscheiden Sie sich gegen diesen Meier …

Aber nun, da unser Geist vom Gedankengeschwätz befreit ist – oder zumindest freier –, wird unser „bewusstes Denken" klarer und effektiver. Um die Metapher fortzuführen: Die Straße ist jetzt leer und kann geraden Weges beschritten werden.

Neue Energie

Eine weitere positive Auswirkung der Harmonie des Seins besteht darin, dass sie uns viel mehr *Kraft* und *Energie* verleiht.

Die *Humanie* entzieht uns Energie. Einerseits benötigt es eine Menge an Kraft, um unser Leben mit Aktivitäten vollzustopfen, damit wir unsere Aufmerksamkeit stets auf das Außen richten. Ich spreche hier weniger von *physischer* muskulärer Kraft, sondern von der *geistigen* Kraft, die wir verbrauchen, wenn wir uns konzentrieren, wenn wir kommunizieren und Informationen verarbeiten. Wir sind praktisch den ganzen Tag permanent mit solchen geistigen Tätigkeiten beschäftigt: bei der Arbeit, mit Freunden, beim Schreiben von E-Mails, bei Telefonaten, beim Surfen im Internet, beim Spielen und so weiter. Entweder wir konzentrieren uns oder wir verarbeiten Informationen, sodass konstant Energie abfließt.

Wenn man ein Leben vor einem Hintergrund von Lärm und Bewegung führt, entzieht einem auch das Energie. In unserer modernen Welt – insbesondere in Städten und Großstädten – werden wir ständig mit äußeren Reizen bombardiert. Unser Blickfeld ist andauernd überfüllt mit sich stets verändernden Objekten, während eine Kakophonie aus vielen unterschiedlichen Geräuschen auf unsere Ohren einhämmert. Unser Geist sortiert zwar die vertrauten Reize weitestgehend aus, dennoch bleibt uns noch ein Riesenberg an Informationen, die wir verarbeiten müssen. Das erfordert jede Menge an Kraft. Überlegen Sie mal, wie es Ihnen nach einer Einkaufstour zur Hauptgeschäftszeit in der Innenstadt geht? Sie kommen heim und sinken erst mal für eine halbe Stunde aufs Sofa – und zwar nicht, weil das Gehen so anstrengend war, sondern weil Sie so viel geistige Energie verbraucht haben, um den Lärm der Stadt und das Chaos der Menschenmassen und Autos zu verarbeiten.

Die Aktivität *in* uns stellt ebenfalls ein Problem dar. Unser Gedankengeschwätz nimmt viel Kraft in Anspruch. Wir ziehen gewöhnlich nicht in Betracht, dass auch Denken Energie verbraucht. Aber es handelt sich dabei auch um eine Aktivität, die von mentaler Energie „angetrieben" wird, so wie ein Radio Strom benötigt. Wenn Ihr Geist also sehr beschäftigt ist und ein ununterbrochener Strom aus Gedankenfetzen durch Ihren Kopf wirbelt, frisst das eine beträchtliche Menge an Energie.

Tatsächlich ist unser Leben in der modernen Welt so voller Aktivitäten und äußerer Reize und unser Geist so voller Gedankengeschwätz, dass viele von uns an chronischer „Energieknappheit" leiden, was wiederum zu gesundheitlichen Problemen führen kann. Um gesund zu bleiben, muss sich unsere Kraft regenerieren können – und das erfordert Ruhe und Entspannung. Aber viele von uns gönnen sich nicht genug Ruhezeiten. Im Zustand der *Humanie* fällt uns das zudem schwer, da echte Erholung und Ruhe bedeuten, dass wir uns keinen Aktivitäten und Ablenkungen hingeben. Das heißt, dass wir uns nach innen wenden und dort unsere innere Zerrissenheit erleben. Oft besteht unsere einzige Art der Entspannung darin, dass wir unsere Geschäftigkeit einstellen und uns den am wenigsten kraftraubenden Zerstreuungen hingeben, etwa dem Fernsehen. Aber auch dabei müssen wir uns konzentrieren und Informationen verarbeiten, es handelt sich also nicht um eine komplett entspannende Beschäftigung.

Manchmal zwingt uns unser Körper mit Gewalt, von Aktivitäten und Reizen Abstand zu nehmen, indem er krank wird. Wir haben dann keine andere Wahl, als nichts zu tun. Unsere Batterien laden sich wieder auf. Aber einige Menschen können selbst dann noch längere Zeit weitermachen, wenn sie völlig „leergepumpt" und am Ende sind. Sie werden angetrieben vom Adrenalin der ständigen Aktivität – was kurzfristig ganz attraktiv klingen mag, letztendlich aber zu ernsthaften Gesundheitsproblemen führt.

In der Harmonie des Seins verschwindet auch dieses Problem. Weil Sie weniger aktiv sind und mehr Stille und Alleinsein im Leben erfahren, verbrauchen Sie auch viel weniger Energie für die Konzentration und Informationsverarbeitung. Da Ihr Geist ruhiger wird, benötigen Sie viel weniger Kraft für das Denken. Ebenso von Bedeutung ist, dass Sie im Zustand der Harmonie *richtig* entspannen und ausruhen können. Es stellt kein Problem mehr für Sie dar, sich eine Zeitlang von allen Aktivitäten und äußeren Reizen zurückzuziehen, damit Ihre geistige Kraft eine Regenerationsmöglichkeit erhält – es erfüllt uns sogar mit Freude, dies zu tun! Sie erleiden keine Energiekrise mehr. Ganz im Gegenteil: Sie verspüren immer einen *Überschuss* an Energie in sich, eine Art Vitalitätsdynamo. Sie werden seltener müde und stecken stets voller Enthusiasmus und Lebensfreude. Als Bonus kommt hinzu, dass dies auch Ihre Gesundheit verbessert.

Eine neue Welt

Wichtiger als die Frage, wie der Zustand der Harmonie sich auf uns als Einzelpersonen auswirkt (oder auswirken *könnte*, wenn ihn genug Menschen auf der Welt erleben würden), ist jedoch seine Wirkung auf uns als Spezies.

Die *Humanie* läuft auf globales Chaos und Zerstörung hinaus. Seitdem sie zum ersten Mal auftauchte, steuert die Menschheit auf eine Katastrophe zu. Tatsächlich ist diese Katastrophe bereits in vollem Gange: immer mehr Naturkatastrophen, die durch Umweltveränderungen verursacht werden, immer knappere Wasserreserven, das Aussterben von Millionen Spezies und dazu noch die unerklärliche Gleichgültigkeit gegenüber unserem Dilemma, ja sogar die Leugnung seines Vorhandenseins. Wie sollte es auch anders sein? Eine irre Spezies kann nicht auf Dauer auf einem zerbrechlichen Planeten existieren, der nur ein begrenztes Aufnahmevermögen besitzt. Milliarden Menschen mit ihren unersättlichen Wünschen und einer unbegrenzten einem Potenzial für Kriege und Brutalität – und ohne jedes Gefühl der Zusammengehörigkeit mit dem Netzwerk der Natur, mit dem sie untrennbar verbunden sind – sind sozusagen auf Selbstzerstörung programmiert. Eine Spezies, die sich selbst nicht erträgt, muss sich einfach zerstören.

Unsere einzige wirkliche Hoffnung, als Spezies zu überleben, besteht daher darin, die *Humanie* zu transzendieren. Dies bedeutet im Umkehrschluss, auch das pathologische Verhalten zu transzendieren, welches von der *Humanie* verursacht wird. Solange wir an Ego-Abtrennung und kognitiver Zerrissenheit leiden, werden diese Pathologien immer existieren, auch wenn wir sie bis zu einem gewissen Grade kontrollieren oder lindern können. Es wird immer Kriege geben, Ungleichheit, Unterdrückung und Umweltzerstörung. Es wird immer dogmatische Religionen geben und immer eine ethnische oder religiöse Gruppe, die sich scharf abgrenzt und die anderen bekämpft. Letztendlich entstammt alle Zwietracht in der Welt unserer inneren Zerrissenheit.

Sobald aber unser Geist geheilt ist, tragen wir nicht mehr zu dieser Krankheit bei. Da wir uns innerlich ganz fühlen, müssen wir uns nicht mehr durch Wohlstand oder Status vervollständigen. Weil wir eine tief verankerte natürliche Zufriedenheit empfinden, benötigen wir weder das Gefühl von Bedeutung und Macht noch den hedonistischen Kick des Kaufens und Konsumierens zur Kompensation unserer Unzufriedenheit. Jetzt, da wir gelernt haben, zu *sein*, ist es nicht mehr von Bedeutung, zu *haben*.

In gleicher Weise müssen wir auch nicht mehr unsere zerbrechlichen Egos stärken, indem wir uns mit einer Religion, einer Nationalität oder einer Ideologie identifizieren und alle anderen Gruppen als „fremd" und „anders" betrachten. Wir halten sie nicht mehr für unterlegen oder verweigern ihnen unsere Empathie oder unseren Respekt. Stattdessen empfinden wir eine natürliche Empathie für sie, eine Verbundenheit und ein Mitgefühl, die alle oberflächlichen Unterschiede transzendieren. Wir wollen sie weder ausbeuten noch unterdrücken, sondern uns mit ihnen verbinden, ihnen helfen und ihr Leid lindern. Und diese Empathie erstreckt sich auch auf die Natur. Wir fühlen uns mit ihr auf das Stärkste verbunden, was mit einem Gefühl der Verantwortung einhergeht. Unsere tiefere Wahrnehmung hat zur Folge, dass wir ihre *Lebendigkeit* fühlen und sie nicht länger als unbeseeltes Rohstofflager wahrnehmen – und aus diesem Grund behandeln wir sie wesentlich respektvoller.

Wenn die Zahl der Menschen, die ihre *Humanie* transzendieren, nur groß genug wäre, würde sich die Welt von Grund auf verändern. Die Zahl der Kriege und Konflikte würde erheblich zurückgehen, wenn nicht sogar komplett verschwinden. Die Unterdrückung der Frau und anderer ethnischer Gruppen oder Klassen würde ebenfalls abnehmen. Religiöse und ethnische Unterschiede fielen kaum noch ins Gewicht und würden schließlich gänzlich verschwinden. Unsere selbstmörderische Umweltzerstörung würde beherrschbar werden und letztlich zum Erliegen kommen.

Das klingt natürlich wie eine absurde Utopie, denn gegenwärtig befinden wir uns noch weit von diesem Zustand entfernt. Wir sind der Selbstzerstörung bereits so nahe und die *Humanie* hat die Menschheit als Spezies schon so fest im Griff, dass wir diesen Punkt vielleicht nie erreichen. In der Vergangenheit ist bislang jede Utopie gescheitert, weil sie die menschliche Natur nicht mitberücksichtigte. Der Kommunismus scheiterte, weil er nie den Drang nach Anhäufung von Reichtum und Status in Betracht zog, den die *Humanie* erzeugt. (Und auch wenn es den Kommunismus dem Namen nach gab, so war er doch von Selbstsucht und der Jagd nach Status verzerrt, sodass auch die vermeintlich kommunistischen Staaten selbst von Ungleichheit und Hierarchiedenken zersetzt waren.) Die meisten politischen und religiösen Kommunen sind aus ähnlichen Gründen gescheitert, weil es zu Streitigkeiten um Macht, Status, Sex und Besitz kam.

Eine Utopie ist aber dann nicht unrealistisch, wenn sie einem inneren Wandel entspringt. Die menschliche Gesellschaft spiegelt zum größten Teil nur die menschliche Natur wider. Und wir sollten bedenken, dass diese nicht starr und für immer festgelegt ist. Wir sollten nicht länger glauben – wie viele Neodarwinisten und evolutionäre Psychologen –, dass wir alle nur als Sklaven unserer Verhaltensmuster handeln, die wir von unseren Vorfahren in der afrikanischen Savanne, die vor Hunderttausenden von Jahren lebten, ererbt haben. Gehirn und Psyche lassen sich formen. Wir können uns bewusst bemühen, sie zu verändern.

Sobald wir begonnen haben, die *Humanie* als Individuen zu transzendieren, erleichtern wir anderen, dasselbe zu tun. Im Laufe der letzten Jahrzehnte hat in manchen Teilen der Welt – etwa in Westeuropa – eine stetige Abnahme der sozialen Identität und des „Andersseins" stattgefunden. Das erklärt auch, warum viele europäische Staaten seit 70 Jahren keine Kriege mehr gegeneinander geführt haben. Darüber hinaus scheint sich ein zunehmendes Gefühl der Empathie entwickelt zu haben, das zu wachsendem Respekt vor den Rechten anderer und einer besseren Behandlung von Gruppierungen geführt hat, die früher ausgegrenzt und brutal behandelt worden sind, so wie Schwule, Behinderte oder ethnische Minderheiten. (Das reicht mit Blick auf die zunehmende Empathie für Tiere sogar über die Grenzen unserer Spezies hinaus und beschert den Anhängern einer vegetarischen Lebensweise oder der Tierrechtsbewegung stetigen Zulauf.) In Gestalt der Ökobewegung hat es sogar eine Initiative gegeben, die eine neue Verbindung zur Natur suchte und damit einhergehend einen neuen Respekt für die Kulturen und die Weisheit der indigenen Völker. Ebenso bedeutsam ist, dass in diesem Zusammenhang auch eine neue Welle des Interesses an Selbstverwirklichung und Spiritualität aufgekommen ist.

All diese Entwicklungen zeigen eine Bewegung, die über die Abtrennung und den Egoismus der *Humanie* hinausgeht. Sie zeigen, dass die Dynamik des kollektiven geistigen Wandels – einer Transzendierung der Ego-Verrücktheit – zunimmt. Vielleicht gelangen wir an den Punkt, an dem die kritische Schwelle erreicht ist und die geistige „Form" der *Humanie* einfach verschwindet, sodass Sie nicht mehr zu unserem „normalen" Zustand wird, wenn wir erwachsen werden.

Mit jedem Schritt, den Sie über die Ego-Verrücktheit hinaus unternehmen, können Sie zur Erschaffung einer neuen Welt beitragen. Sie können dazu beitragen, die dunklen Schatten zu verscheuchen, die seit Tausenden von Jahren über der menschlichen Psyche hängen, und einen neuen Geist der kollektiven Harmonie ins Leben zu rufen.

Letztendlich können wir die Konflikte in der Welt nur dadurch transzendieren, dass wir unser eigenes Wesen heilen. Wir schaffen nur dann Frieden in der Welt, wenn in uns selbst Frieden herrscht. Wie der Lakota-Indianer Black Elk erklärte:

> *„Der erste Friede, welcher der wichtigste ist, ist der, welcher in die Seelen der Menschen einzieht, wenn sie ihre Verbundenheit, ihr Einssein mit dem Universum und all seinen Kräften begreifen und wissen, dass im Mittelpunkt des Universums der Große Geist lebt und dass dieser Mittelpunkt in Wirklichkeit überall ist, in uns allen."*
> *(Black Elk, 2011)*

Transzendieren wir die *Humanie*, ist das Leben nicht mehr schmerzvoll und unbefriedigend, sondern wird zu einem großen Abenteuer voller Freude und Wunder. Nach Jahren der Unvollständigkeit werden wir endlich ganz. Nach Jahren des Schlafes erwachen wir. Nach Jahren der Flucht vor der Gegenwart, vor der Welt und uns selbst ruhen wir nun behaglich in ihnen.

Nach Tausenden von Jahren der Furcht und Verwirrung, in denen wir wie Flüchtlinge durch eine feindliche Welt irrten, kommen wir endlich nach Hause.

Über den Autor

Steve Taylor PhD arbeitet als Dozent an der Leeds Metropolitan University in Großbritannien, wo er Psychologie und Soziologie lehrt. Er hat mehrere Bestseller über Spiritualität und Psychologie geschrieben, darunter *Waking From Sleep*, *The Fall* (deutsch: *Der Fall, Sphinx)*, *Making Time* und *Out of the Darkness*. Seine Bücher wurden in elf Sprachen übersetzt, seine Artikel in über 30 Fachzeitschriften, Magazinen und Zeitungen veröffentlicht, darunter *The Journal of Humanistic Psychology, The Journal of Consciousness Studies, The Journal of Transpersonal Psychology, Psychologies*, *Daily Express* sowie *Resurgence*. Über seine Arbeit wird in Großbritannien ausgiebig in den Medien berichtet, etwa auf *BBC Breakfast*, *BBC World TV*, *BBC Radio 4* und 5 sowie in der liberalen Tageszeitung *The Guardian*. Steve Taylor schreibt auch Lyrik, sein erster Gedichtband, *The Meaning*, erschien 2012 bei O Books.

Bei einer kürzlich erfolgten Umfrage des Magazins *Mind, Body, Spirit* wurde Steve Taylor auf Rang 31 der spirituell einflussreichsten lebenden Menschen der Welt gewählt. Er hält regelmäßig Vorträge und lebt mit seiner Frau und seinen drei kleinen Kindern in Manchester.

www.stevenmtaylor.co.uk

Über den Verlag

Mit Liebe fürs Detail und für die Umwelt

Bei der Auswahl der Inhalte, die wir präsentieren, achten wir auf Originalität, Kompetenz, Praxisrelevanz und Qualität. So können wir mit Herz und Seele hinter unseren Büchern, Hörbüchern, Filmen und den anderen Produkten stehen, die wir mit viel Liebe und Aufmerksamkeit bis ins letzte Detail fertigen.

Wir leisten einen aktiven Beitrag zum Umweltschutz und verbrauchen nur wirklich notwendige Ressourcen – so sparsam wie möglich. Wir drucken überwiegend auf 100% Recyclingpapier oder produzieren unsere Titel klimaneutral. 99% unserer Fertigung findet in Deutschland statt, so haben wir kurze Transportwege und unterstützen die lokale Wirtschaft.

Inspirationen, interessante und wertvolle Neuigkeiten, Wahres, Schönes & Gutes sowie wichtige Termine können Sie regelmäßig in unserem Newsletter erfahren oder hier: **www.facebook.com/weltinnenraum**